Gegenwartsliteratur in Mitteleuropa. Kulturwissenschaftliche und komparatistische Studien

Herausgegeben von
Anna Majkiewicz und Agata Mirecka

Band 9

2025
Harrassowitz Verlag · Wiesbaden

Anna Majkiewicz

Im Dialog

Prosa und Theatertexte Elfriede Jelineks in der polnischen Rezeption und Übersetzung

2025

Harrassowitz Verlag · Wiesbaden

Gedruckt mit finanzieller Unterstützung der Jan Długosz Universität in Częstochowa.

Umschlagabbildung: *Odbicie* [Spiegelbild] (watercolor on paper, 25 x 34 cm, 2024) © Justyna Talik (www.justynatalik.pl)

Peer reviewer: Prof. Dr. habil. Anna Rutka (Katholische Universität Johannes Pauls II. in Lublin [Der Zweite]).

Bibliografische Information der Deutschen Nationalbibliothek
Die Deutsche Nationalbibliothek verzeichnet diese Publikation in der Deutschen Nationalbibliografie; detaillierte bibliografische Daten sind im Internet über https://dnb.de/ abrufbar.

Bibliographic information published by the Deutsche Nationalbibliothek
The Deutsche Nationalbibliothek lists this publication in the Deutsche Nationalbibliografie; detailed bibliographic data are available on the internet at https://dnb.de/.

Informationen zum Verlagsprogramm finden Sie unter
https://www.harrassowitz-verlag.de/

Kreuzberger Ring 7c–d, 65205 Wiesbaden, produktsicherheit.verlag@harrassowitz.de

Gedruckt auf alterungsbeständigem Papier.
Druck und Verarbeitung: Prime Rate Zrt.
Printed in Hungary

ISSN 2749-7119 eISSN 2749-7127
ISBN 978-3-447-12448-5 eISBN 978-3-447-39736-0

Inhalt

Für Michalina – mit Dank und Liebe

Einleitung

Der Begriff des Dialogs inkludiert eine Interaktion, eine Bewegung in die Richtung des Anderen. Das angestrebte Ziel der Bewegung ist demnach nicht nur die Interaktion mit dem anderen Subjekt, sondern auch die Annäherung an sich selbst. Auch die Rezeption in Form von Literaturkritik und Theateraufführungen fremdsprachiger Werke sowie deren Übersetzungsprozess implizieren eine grenzüberschreitende Bewegung, die eben dialogisches Denken als Handlung und Haltung voraussetzt. Ein echter Dialog zeichnet sich durch Merkmale aus, die über das übliche Maß an Diskussionsverhalten hinausgehen. Dazu zählen etwa Aspekte wie Überzeugungsarbeit, Druck oder Rhetorik. Der Dialog erfordert bestimmte Fähigkeiten, die nach dem Dialogforscher William Isaacs in vier Dialogpraktiken definiert werden können: 1) Zuhören als Fähigkeit, sich in andere Standpunkte einzufühlen oder diese vollständig aufzunehmen, 2) Respektieren als Wertschätzung des Gesagten, 3) Suspendieren eigener Haltungen, Annahmen und Bewertungen als eine Form der Achtsamkeitspraxis, 4) Mitteilen im Sinne von der eigenen, authentischen Sprache finden und diese in den Raum bringen.[1] In der vorliegenden Monographie wird gefragt, inwieweit Dialogpartner*innen (Rezensent*innen, Regisseur*innen und Übersetzer*innen) aus Polen in der Lage waren, sich in Elfriede Jelineks Standpunkt als Prosa- und Dramaautorin einzufühlen und ihn vollständig aufzunehmen. Darüber hinaus wird erörtert, ob sie bereit waren, für den Moment des Dialogs auf jede Form von Abwertung oder Abwehr zu verzichten und neue Perspektiven zu begrüßen sowie die Gedanken, Emotionen und Meinungen der Autorin ebenso die eigenen anzuerkennen und anzunehmen, ohne in automatische Verhaltens- und Bewertungsmuster zu verfallen, und letztendlich, das Implizite zu entfalten, um die ‚eigene Wahrheit' zum Ausdruck zu bringen.

Seit dem sogenannten *cultural turn* in den Sozial- und Geisteswissenschaften in den 1980er Jahren des 20. Jahrhunderts, der zu einem Paradigmenwechsel führte, wird für ein erweitertes Kulturverständnis plädiert.[2] In der Folge lässt sich das Phänomen der Rezeption fremdsprachlicher Literaturwerke (Kritik, Inszenierung, Übersetzung) als eine spezifische Form der Deplatzierung und Verfremdung, der Differenzbildung und Vermittlung verstehen. Der Akt der Versetzung (Deplatzierung) impliziert sowohl verschiedene kulturbedingte Änderungen (Differenzen) im Aneignungsprozess des Textes als auch eine Verfremdung der zu vermittelnden Inhalte. In diesem Kulturkontakt werden Grenzen verschoben bzw. neue Räume geschaffen. In einem neuen kulturellen Kontext

1 Vgl. W. Isaacs, *Kapazitäten für neues Verhalten*, in: ders., *Dialog als Kunst gemeinsam zu denken*, übers. v. I. Hölscher, EHP, Köln 2011, S. 84–158.

2 Vgl. D. Bachmann-Medick, *Cultural turns. Neuorientierungen in den Kulturwissenschaften*, Rowohlt, Reinbek bei Hamburg 2009, S. 240.

kann es jedoch auch zur sogenannten ‚Enträumlichung' und damit zu ‚Entortungen' kommen, die bis zur Ortlosigkeit reichen können. Die Verwendung dieser Begriffe ist nicht zufällig mit der Raummetaphorik verbunden. Die literarischen Werke entstehen in einem Kulturraum. Die Kategorie Raum inkludiert eine Grenzziehung und lenkt die Aufmerksamkeit auf die räumliche Bedingtheit kultureller Prozesse. So lassen sich Resultate kultureller Produktions- und Aneignungsprozesse wie etwa Translation und daraus resultierende (kulturelle) Praktiken, wie literaturkritische Debatten oder Theaterinszenierungen als kulturelle Transferprozesse, die eben räumlich bedingt sind, zu ordnen.

Die vorliegende Monographie hat daher das Ziel, den Aktionsraum, in dem sich das literarische Schaffen Elfriede Jelineks in Polen bewegt, näher zu beleuchten. Einerseits werden Reaktionen auf die Prosawerke der österreichischen Nobelpreisträgerin im literaturkritischen Umfeld und andererseits öffentliche Zurschaustellungen ihrer Texte (Theateraufführungen) besprochen. Die Literaturkritik ist demnach als eine Form der Literaturaneignung zu betrachten, die sich durch die spezifischen Merkmale eines bestimmten Zeitgeistes sowie Kulturraums auszeichnet. In diesem Sinne kann sie als ein ‚Dialog' zwischen Autor*innen und Leser*innen verstanden werden. Eine Analyse literaturkritischer Rezensionen zur Prosa Jelineks ermöglicht nicht nur die Rekonstruktion des in Polen praktizierten Kritikmodells, sondern auch die Veranschaulichung kulturbedingter Rezeptionsprozesse fremdsprachiger Literatur. Im weiteren Verlauf wird der Versuch unternommen, die Frage zu beantworten, inwieweit Literaturkritiker*innen in Polen diese Prosa als historisch und/oder literarisch bedeutsam beurteilen.

Ein weiterer Kulturraum, in dem ein Dialog zwischen den Autor*innen und ihrer Leserschaft stattfindet, ist die Theaterlandschaft. Die Entscheidungen von Regisseurinnen und Regisseuren, bestimmte Texte für die Bühne zu adaptieren, basieren auf individuellen Interessen, Erfahrungen und Vorlieben. Gleichzeitig offenbaren sie eine Aktualität, die sowohl durch das Thema als auch durch die Wirksamkeit des Textes bedingt sein kann. Demzufolge manifestieren Inszenierungen als Folge einer bewussten Interessenahme ihre tatsächliche gesellschaftliche Bedeutung. Als Bestätigung werden hier szenische Umsetzungen des Romans *Die Liebhaberinnen* sowie Aufführungen von fünf Dramoletten mit dem Titel *Der Tod und das Mädchen. Prinzesinnendramen* herangezogen.

Das Phänomen der literarischen Übersetzung ist auch mit der Raummetaphorik verbunden, da die Translation als eine Art Bewegung zwischen den Kulturräumen interpretiert wird. Die Übertragung eines Originaltextes in die Zielsprache impliziert stets eine Versetzung in eine andere Kultur sowie eine damit einhergehende Verfremdung und Differenzbildung. Daher widmet sich der dritte Teil der Thematik der literarischen Übersetzung. Im Folgenden soll der Versuch unternommen werden, Fragen zu beantworten, wie sich im Original und in der polnischen Übertragung der gewählten Werke Jelineks (*Präsident Abendwind*, *Die Ausgesperrten*, *Lust*, *Die Kinder der Toten*) folgende Räume durch die Verortung in eine andere Kultur gestalten:

1. der Raum der (Re)Kontextualisierung der Kultur
2. der Raum der ‚intertextuellen Verdichtung' infolge der (in einem weiten Sinne verstandenen) Zitation
3. der Raum der dem Haupttext vorangestellten Textelemente (Paratexte).

Das Ziel besteht dabei nicht darin, eine ‚traditionelle' Übersetzungskritik zu betreiben, sondern auf Textpassagen hinzuweisen, die bei der ersten Lektüre nicht unbedingt als relevant erscheinen, jedoch erst durch den translatologischen Vergleich der übersetzten Texte mit den Originaltexten erschlossen werden können und sich dann als ein subversiver Bedeutungsüberschuss – eine ontologische Eigenschaft literarischer Werke – erkennen lassen.

Die vorliegende Monografie beinhaltet Fragmente bzw. überarbeitete Versionen von Beiträgen, die in diversen polnischen oder deutschen Zeitschriften sowie Sammelbänden in polnischer oder deutscher Sprache publiziert wurden. Der Schwerpunkt lag auf einer rezeptionsästhetischen und übersetzungstheoretischen Auseinandersetzung mit den Prosawerken und Theatertexten Elfriede Jelineks sowie mit deren Inszenierungen in Polen. Diese Beiträge fußen auf der Prämisse, dass literarische Übersetzer*innen die aufmerksamsten und sorgfältigsten Leser*innen eines Textes sind und im Prozess der De- und Re-Verbalisierung die kleinsten Markierungen sinntragender textueller Details erkennen. Wenn die Übersetzer*innen zudem als Expert*innen auftreten und ihre Einsicht in den Text literaturwissenschaftlich fundiert ist, dann verliert der Zieltext als komplexes Gefüge aus Sprache und Kultur nicht an innerer ‚Kohärenz' und die Intention des Ausgangstextes (*intentio operis* – Umberto Eco) sowie seine Struktur als ‚offenes Werk' (Roman Ingarden) bleiben erhalten. Infolgedessen ist es höchstwahrscheinlich, dass die Übersetzung dieselbe Dialogizität wie das Original aufweisen wird. Die gesammelten Beiträge legen nahe, dass Kulturbegegnungen als Folge von Übersetzungen stets eine dialogische Dimension erhalten. Die Art des Dialogs, den diese Begegnungen ermöglichen, führt zur Autoreflexion und vertieft bzw. vervollständigt unser Verständnis von uns selbst sowie unseren kulturellen Wertvorstellungen und Annahmen.

Eine visuelle Ergänzung des vorliegenden Bandes sowie des hier angenommenen Konzepts vom dialogischen Charakter des Literaturtransfers stellt das eindrucksvolle Aquarell von Justyna Talik *Odbicie* [Spiegelbild] dar, wofür der Künstlerin für die Abdruckerlaubnis des Titelbildes herzlich gedankt wird.

Kapitel 1: Die literaturkritische Rezeption der Prosa Elfriede Jelineks in Polen

Die Literaturkritik ist eine Form der Literaturaneignung zu einer bestimmten Zeit und in einem bestimmten Kulturraum. Für den Literaturhistoriker stellen die kritischen Aussagen in der Regel die einzige (wenn nicht die einzige, so doch die hörbarste) Stimme der Leser*innen dar, denn sie geben darüber Auskunft, dass ein Werk (oder eine Gruppe von Werken, das Oeuvre eines/einer Schriftstellers/in) zu einer bestimmten Zeit und an einem bestimmten Ort auf eine bestimmte Art und Weise rezipiert wird. In dieser Perspektive fungieren die Literaturkritiker*innen als Repräsentant*innen eines breiten Publikums und ihre Aufgabe besteht darin, eine Erklärung zu literarischen Werken abzugeben. Ihre kritischen Aussagen spiegeln eine große Palette möglicher Reaktionen auf die ‚Produktion' der Autor*innen in einem bestimmten sozialen und historischen Kontext wider.[1] In diesem Sinne ist die Kritik nicht nur eine Äußerung über die eigene Leseerfahrung und eine Aussage über einen literarischen Text, sondern vor allem ein Ausdruck vieler denkbarer Äußerungen (Leserrepliken).[2] Dies führt laut Sławiński dazu, dass die Kritiker*innen zu Sprecher*innen einer bestimmten Gruppe innerhalb des literarischen Publikums aufgewertet werden.[3] Die Untersuchung der kritischen Rezeption eines/einer

---

1 Vgl. J. Sławiński, *Krytyka jako przedmiot badań historycznoliterackich*, in: *Badania nad krytyką literacką*, hrsg. v. J. Sławiński, Zakład Narodowy Ossolińskich Wydawnictwo Polskiej Akademii Nauk, Wrocław–Warszawa–Kraków–Gdańsk 1974, S. 7–25, hier 15.

2 Ebd., S. 15–16.

3 Für Sławiński ist die Kritik unter diesem Gesichtspunkt ein wesentlicher Bestandteil des literarischen Faktums (*fakt literacki*), das aus einem Werk und seiner Rezeption unter bestimmten sozioliterarischen Bedingungen besteht. Da das literarische Faktum (Ereignis) von drei Textkategorien miterschaffen wird: dem Werk, der Kritik sowie der „potentiellen Realität", d.h. einem ungeschriebenen Text, dessen Subjekt eine Gemeinschaft von Rezipienten ist, die wiederum das Objekt der Rekonstruktion sind, hat das literarische Faktum – als Bestandteil des historisch-literarischen Prozesses laut Sławiński die Struktur einer Menge intertextueller Beziehungen. Das heißt, es gibt Bezüge zwischen a) einzelnen Kritiktexten und dem Werk, b) Kritiktexten im Feld (es geht um ihre dialogischen gegenseitigen Bezüge), c) Kritiktexten und der stimmlosen Meinung des Publikums, d) der stimmlosen Publikumsmeinung und dem Werk. Vgl. J. Sławiński, *Krytyka jako przedmiot badań historycznoliterackich*, S. 17.
Der Aspekt der Überzeugungskraft (bzw. Manipulation) der Kritik, der darin besteht, dass die potenzielle Leserschaft zum Lesen ermutigt oder davon abgeraten wird, ist nicht nur ein wesentlicher Bestandteil der Rezeptionsprozesse literarischer Werke, sondern spiegelt auch – in einer breiteren Perspektive – die Art und Weise wider, wie eine bestimmte Generation von Lesern Literatur aufnimmt (was insbesondere bei ausländischer Literatur von Bedeutung ist), sowie bestimmte

bestimmten Schriftstellers/Schriftstellerin ermöglicht somit die Analyse der Verhältnisse und Werte in der Gesellschaft.

Gemäß der Argumentation Krzysztof Dybciaks aus den 1970er Jahren fungiert die Literaturkritik als Instanz, die zur Dynamisierung der Literaturdebatten beiträgt und die angehenden Phasen des literaturhistorischen Prozesses in eine bestimmte Richtung lenkt.[4] Innrehalb eines bestimmten Kulturraums wird den Kritiker*innen eine Rolle der Vermittler*innen zwischen dem Autor bzw. der Autorin und den Rezipient*innen zugewiesen. Wenn die Kritik auch als eine Form des öffentlichen Dienstes, welche zwischen Autor*innen und Publikum, Text und Leser*innen vermittelt, betrachtet wird, nehmen die Kritiker*innen die Rolle der ‚Über-setzer*innen' bzw. Interpret*innen ein, deren Aufgabe darin besteht, Wahrheiten über das rezensierte Werk zu übermitteln. In vielen Fällen agiert er oder sie als Kritiker-Apologet, der die Literatur fördert.[5] Anna Legeżyńska bezeichnet diese Art von Kritiker*innen als „Hausierer" (*domokrążca*), womit sie auf die Funktion des Vermittlers verweist. Dieser hat die Aufgabe, die Rolle eines „Begleiters" durch die Welt der Literatur zu übernehmen, und Leser*innen außerhalb des Expertenkreises bei der Entscheidung über den Erwerb eines literarischen Werkes zu unterstützen.[6]

Die vorangegangenen Ausführungen beziehen sich auf die Kritiker*innen, die sich mit einheimischer Literatur beschäftigen. Es stellt sich die Frage, ob den Kritiker*innen, die Meisterwerke der Weltliteratur rezensieren, dieselben Aufgaben gestellt werden. Ob die Person über die Qualitäten eines/einer zuverlässigen Experten/in und über eine profunde Kenntnis der behandelten Themen verfügt. Ob sie ein gutes Gespür für fremdkulturelle Inhalte besitzt. Ob sich sie auch ihrer Verantwortung gegenüber der Literatur bewusst ist, wenn sie in die Vermittlerrolle zwischen den Kulturen tritt. Auch ob sie bloß den Publikumsgeschmack repräsentiert. Die Beantwortung der obigen Fragen kann durch die Analyse literaturkritischer Rezensionen zu Prosawerken von Elfriede Jelinek sowie durch die Rekonstruktion des in Polen betriebenen Kritikmodells erfolgen.

In Bezug auf die Art der Präsentation sowie den Grad der ‚Raffinesse' des Inhalts von (schriftlich fixierten) Kritiktexten lassen sich drei grundlegende Rezeptionswege differenzieren: die journalistische Kritik (in der auflagenstarken Tagespresse), die literatur-

---

Merkmale und Tendenzen im Literaturbetrieb. Somit prägt die Kritik das literarische Feld mit, denn sie ist sowohl an der Produktion als auch an der Rezeption literarischer Werke aktiv beteiligt und schafft somit literarische Fakten. Vgl. K. Dybciak, *Istota i struktura krytyki literackiej*, in: *Problemy teorii literatury*, ausgewählt v. H. Markiewicz, Band 3, Zakład Narodowy im Ossolińskich – Wydawnictwo, Wrocław–Warszawa–Kraków–Gdańsk–Łódź 1988, S. 485–500, hier 487.

4 Im Original: „Krytyka literacka jest tą instytucją, która stymuluje życie literatury i dąży do przekształcenia go poprzez nadanie określonego kierunku przyszłym fazom rozwoju procesu historycznoliterackiego". K. Dybciak, *Personalistyczna krytyka literacka. Teoria i opis nurtu z lat trzydziestych,* Zakład Narodowy im. Ossolińskich Wydawnictwo Polskiej Akademii Nauk, Wrocław–Warszawa–Kraków–Gdańsk–Łódź 1981, S. 6.

5 Über das Konzept der Kritik als eine Übertragung des aufschlussreichen Lesens von einem Fachmann für nicht-professionelle Leser*innen schreibt Anna Legeżyńska. Vgl. A. Legeżyńska, *Krytyk jako domokrążca. Lekcje z literatury z lat 90.*, Wydawnictwo Poznańskie, Poznań 2002, S. 9.

6 Ebd., S. 9–10.

kritisch-missionarische Kritik[7] (in Literaturzeitschriften) und die akademische Literaturkritik. Die erste Kategorie richtet sich an die breite Öffentlichkeit, wobei zu konstatieren ist, dass das Interesse eher den Autor*innen gilt als ihrem Werk. Die zweite spricht diejenigen an, die potenzielle Leser*innen der betreffenden Werke sind, während die letzte ein enges Publikum umfasst, das sich aufgrund seiner beruflichen Tätigkeit und seiner Forschungspräferenzen für ein bestimmtes Thema interessiert. Manchmal überschneiden sich diese Felder, manchmal haben sie dasselbe Publikum, und dennoch stellt sich die Kritik innerhalb dieser Felder unterschiedliche Aufgaben und wird von unterschiedlichen Regeln und Formen des kritischen Ausdrucks geleitet, zu denen Buchnotizen und Buchbesprechungen, Skizzen, Miniaturen, Silva rerum, essayartigen Abhandlungen, Rezensionen und schließlich kritischen Literatursynthesen gehören. Die Vielfalt der Formen wird durch den Ort der Veröffentlichung der Kritik und ihrer Zielgruppe bestimmt. Die Literaturkritik – so Maria Gołaszewska – lässt zwei Gruppen von Leser*innen unberücksichtigt. Einerseits, diejenigen, die zu jedem Buch greifen (d.h. sie lesen, um sich die Zeit zu vertreiben), und andererseits diejenigen, die zu wissenschaftlichen Zwecken lesen. Die Literaturkritik richtet sich stattdessen an die zwei Arten von Leser*innen, die für ihren Einfluss besonders empfänglich sind.[8] Die erste Gruppe setzt sich zum Ziel, sich mit Meisterwerken der Weltliteratur auseinanderzusetzen und sich mit den Strömungen und Stilen der zeitgenössischen Literatur vertraut zu machen, um auf diese Weise ihre Allgemeinbildung zu erweitern. Die zweite betrachtet ästhetische Erlebnisse als Hauptgrund für die Lektüre. Zudem sei die Literatur für sie ein wesentlicher Bestandteil ihres Lebens und ein unmittelbar empfundenes Bedürfnis.[9] Beide Gruppen sind potenzielle Adressaten der Literaturkritik im journalistischen und literaturkritischen Feld.

Im Folgenden wird der Fokus auf diese beiden Gruppen gelegt, wenn die Rezeption der Prosa Elfriede Jelineks in Polen beleuchtet wird. Die Daten entstammen der Polnischen Literaturbibliografie (Polska Bibliografia Literacka) aus den Jahren 1988–2012[10] sowie der Bibliografie der Zeitschrifteninhalte (Bibliografia Zawartości Czasopism – BZCz), welche seit 2005 lediglich in elektronischer Form zur Verfügung steht (Daten von 1996 bis 2005 waren in gedruckter und elektronischer Form vorhanden) und auf der Website der polnischen Nationalbibliothek eingesehen werden kann.[11] In der BZCz finden

7 Ich verwende hier den von Maria Cyranowicz geprägten Begriff. Laut der Autorin zeigt die Kritik in Literaturzeitschriften einen missionarischen Charakter, da sie zur Wissenschaft tendiert und zugleich eine leidenschaftliche Auseinandersetzung mit Literatur darstellt. Vgl. M. Cyranowicz, *Jak krytyka nie służy krytykowi – czyli o tym, co traci krytyk jako czytelnik, pisząc recenzję*, in: *Dyskursy krytyczne u progu XXI wieku. Między rynkiem a uniwersytetem*, hrsg. v. D. Kocicka u. T. Cieślik-Sokołowski, Towarzystwo Autorów i Wydawców Prac Naukowych „Universitas", Kraków 2007, S. 237.

8 M. Gołaszewska, *Filozoficzne podstawy krytyki literackiej*, PWN, Warszawa 1963, S 154.

9 Ebd.

10 Vgl. Polska Bibliografia Literacka, http://pbl.ibl.poznan.pl/dostep/index.php?s=d_biezacy&f=zapisy&p_tworcaid=15508 (Zugriff am 1.07.2023).

11 Vgl. Bibliografia Zawartości Czasopism, http://bn.org.pl/katalogi-i-bibliografie/bibliografia-narodowa/bibliografia-zawartosci-czasopism (Zugriff am 10.04.2023). Auf der Website der BZCz finden

sich keine kurzen Verlagsnotizen, Informationen zu Neuerscheinungen und die ‚obligatorischen' Kommentare in der auflagenstarken Presse. Rezensionen aus dem Web werden in dieser Analyse nur dann berücksichtigt, um eine spezifische Rezeptionstendenz zu untermauern, da dieses Medium für Rezensionen erst seit jünger Zeit eine zunehmende Attraktivität erfährt. Wie Artur Jabłoński darlegt, besteht zudem die Gefahr, dass Internetbenutzer*innen aufgrund des spezifischen Charakters des Mediums zufällige Kritikempfänger*innen darstellen. Dies ist dadurch bedingt, dass den Internetbenutzer*innen häufig die Motivation fehlt, mit der Rezension eine Diskussion aufzunehmen, oder dass sie das Textangebot oft nicht bis zum Ende lesen. Dies ist darauf zurückzuführen, dass sie die Geduld verlieren und das Ziel verfolgen, das Gelesene zu verändern.[12] Die Mehrheit der Vortals (internetbasierte Informationsportale mit einer thematischen Beschränkung auf spezialisierte Themenbereiche und einer Fokussierung auf eine klar umrissene Nutzergruppe) erwartet von Rezensent*innen, dass sie sich in ihrer Bewertung so kurz wie möglich fassen, was dazu führt, dass Online-Rezensionen häufig zu einer kompakten, jedoch substanzarmen Notiz werden. Eine Ausnahme bilden die Kulturportale, auf denen auch längere Kritiktexte zu finden sind. Dies hat jedoch keinen Einfluss darauf, dass diese Rezensionen anderen Gesetzen unterliegen als Besprechungen in literaturkritischen Teilen von Kulturzeitschriften (*medium is the message* – ändert sich das Medium, ändert sich auch die Botschaft). Darüber hinaus tragen die Begleitphänomene der Online-Literaturkritik (beispielsweise Lawinen negativer, nicht sachkundiger Kommentare) zu einer Verunsicherung hinsichtlich kritischer Texte in diesem Medium bei.

In der polnischen Literaturkritik besteht eine weitverbreitete Überzeugung, dass die Schriftsteller*innen eine bedeutende Rolle spielen und eine Leserschaft finden, wenn sie ihre Werke im W.A.B. Verlag (Warszawa) veröffentlichen und eine Rezension in der Tageszeitung Gazeta Wyborcza erscheint.[13] Die Zeitung verfügt über eine durchschnittliche Auflage von ca. 500.000 Exemplaren und eine eingeschätzte Leserschaft von 4,5 Millio-

wir die folgende Information: Die Bibliographie des Inhalts von Zeitschriften ist eine Auswahlbibliographie. Sie erfasst nicht den Inhalt aller in Polen erschienenen Zeitschriften. Die Auswahl des Materials findet auf zwei Ebenen statt: 1) die Auswahl der Titel der erfassten Zeitschriften, 2) die Auswahl der Artikel aus den einzelnen Zeitschriften, die für die bibliographische Erfassung in Frage kommen. Eine ausführlichere Erörterung der Probleme bei der Auswahl des Materials für die BZCz befindet sich in der folgenden Studie: *Polska bieżąca bibliografia narodowa: dobór i selekcja materiału*, hrsg. v. J. Sadowska [=Prace Instytutu Bibliograficznego, Nr. 33], Biblioteka Narodowa, Warszawa 1999.

12 Zu diesem Thema vgl. A. Jabłoński, *Machejek kontra Internet – rzecz o zmieniającym się obliczu recenzji*, in: *Na recenzowanym. Recenzje niezależne i drapieżne*, hrsg. v. R. Moczkodan, Wydawnictwo Naukowe UMK, Toruń 2011, S. 24.

13 M. Urbanowski, *Centrala? Krytyka literacka w „Gazecie"*, in: *Dyskursy krytyczne u progu XXI wieku. Między rynkiem a uniwersytetem*, S. 266. In seinem Beitrag über die Rolle der Tageszeitung Gazeta Wyborcza im literarischen Leben Polens hebt Urbanowski hervor, dass diese Zeitschrift eine einzigartige und äußerst wichtige Rolle spielte, die es ihr ermöglichte, den literarischen Geschmack ihrer Leser wirksam zu prägen und über die Art und Form der polnischen Literatur zu entscheiden. Von Belang sind auch die Verbreitung der Gazeta Wyborcza, ihr Prestige und ihre außerliterarische Bedeutung (politisch, wirtschaftlich) sowie die Tatsache, dass sie bis 2005 keine Konkurrenz hatte.

Abb. 1: Die Anzahl der veröffentlichten Kritiktexte in Polen über Elfriede Jelineks Werke in Zeitschriften sowie Tages- und Wochenzeitungen (© Autorin)

nen, was sie zum wichtigsten Organ der Meinungsbildung in Polen macht. Es sei die Frage aufgeworfen, ob Jelinek infolge der Veröffentlichung ihrer Romane im W.A.B. und der regelmäßigen Besprechungen ihrer Werke in Artikeln, Kolumnen und Essays in der Gazeta Wyborcza eine signifikante Stellung innerhalb der polnischen Literaturszene innehat.[14] Ist sie der breiten Leserschaft bekannt und sind ihre Werke Gegenstand von Diskussionen? Die Beantwortung der ersten Frage kann derzeit nicht abschließend geklärt sein, während die nächsten beiden Fragen unter Berücksichtigung der Anzahl und Vielfalt der kritischen Besprechungen in der Tagespresse, in Fachzeitschriften und im akademischen Feld bejahend zu beantworten sind. Bis zum Jahr 2004 wurden acht Artikel (und fünf über Theaterstücke) in Zeitschriften sowie vier in polnischen Wochenzeitschriften und Zeitungen publiziert. In den Jahren 2005 bis 2012 wurden vierzig Artikel (zusätzlich 18 über Theater) in Zeitschriften sowie zwanzig Artikel in Zeitungen und Wochenzeit-

In der Gazeta Wyborcza über jemanden zu schreiben, ist daher eine Auszeichnung, zumal sich die Kritik zwischen Information und Affirmation bewegt. Vgl. ebd. S. 265–267, 271–272, 276.

14 Die Gazeta Wyborcza ist die einzige auflagenstarke Tageszeitung, die dies tut. Der Grund dafür ist, dass die Zeitung auch im literaturkritischen Teil eine „eigene Linie“ vertritt, die Urbanowski wie folgt charakterisiert: Die Aufgabe der Gazeta Wyborcza bestehe darin, die Polen auf besondere Weise „umzuerziehen“, sie zu modernisieren und aufzuklären. Ein wichtiges Element dabei sei der Kampf gegen alles, was als autoritär, nationalistisch, antisemitisch, chauvinistisch oder engstirnig wahrgenommen wird, während gleichzeitig für Phänomene wie „Europäertum“, „Offenheit“ und „Modernität“ plädiert wird. Vgl. M. Urbanowski, *Centrala? Krytyka literacka w „Gazecie“*, S. 272. Wie Michał Paweł Markowski sagt, ist jede Kritik ‚politisch‘, denn es ist schwierig, sich Urteile vorzustellen, die nicht in sozialen Umständen verankert wären. Zu diesem Thema äußert sich Jerzy Jarzębski. Vgl. J. Jarzębski, *Krytyka: kilka słów wstępu*, in: *Dyskursy krytyczne u progu XXI wieku. Między rynkiem a uniwersytetem*, S. 5–9, hier 6.

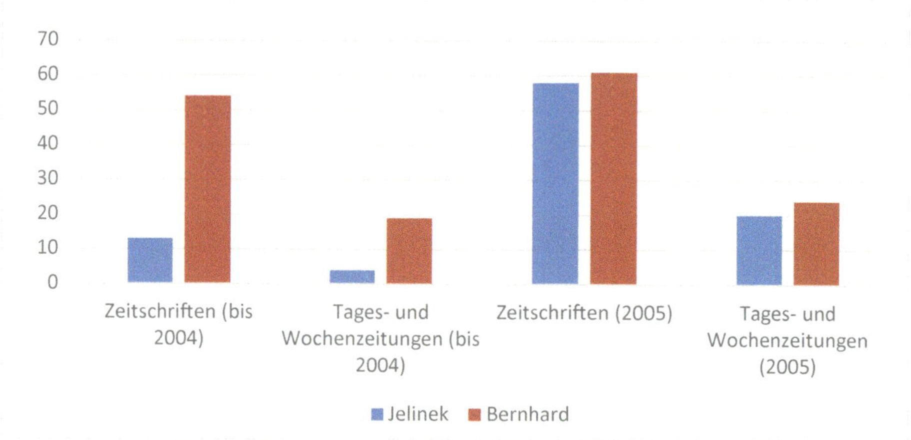

Abb. 2: Die Anzahl der veröffentlichten Kritiktexte in Polen über Werke Thomas Bernhards und Elfriede Jelineks in Zeitschriften sowie Tages- und Wochenzeitungen (© Autorin)

schriften veröffentlicht. Die Gesamtzahl der kritischen Diskussionen und wissenschaftlichen Artikel beläuft sich folglich auf 105.[15]

Vergleicht man die genannten Zahlen und Rezensionen sowie Buchbesprechungen zum Werk von Thomas Bernhard, so ergibt sich ein bestimmtes Bild: Zwischen 1996 und 2004 wurden 54 Artikel in Zeitschriften und 19 in polnischen Tages- und Wochenzeitungen publiziert. Im Jahr 2005 wurde ein Anstieg auf 61 in Zeitschriften und 24 in Zeitungen und Wochenzeitungen verzeichnet. Die Anzahl der veröffentlichten Kritiktexte über Bernhard lag mit 158 (Angaben der BZCz) um fast ein Drittel über die Anzahl der Texte über Jelinek. Abbildung 2 veranschaulicht die zuvor erwähnten Unterschiede.

Auch wenn diese Daten unvollständig sind, da die Bibliographie der Zeitschrifteninhalte nicht alle veröffentlichten Artikel erfasst, sind die dargestellten Proportionen signifikant genug, um eine stärkere Präsenz Bernhards als der Nobelpreisträgerin in der Kritik zu bestätigen. Diese Beobachtung legt nahe, dass die Verleihung des Nobelpreises die Popularität eines bestimmten Schriftstellers zwar erhöht, dies lediglich über einen Zeitraum von mehreren Monaten bis zur Bekanntgabe des nächsten Nobelpreisträgers anhält. Hier sind die strengen Richtlinien der medialen Regulierung des Literaturbetriebs gemäß dem Prinzip der Aktualität maßgeblich. Diese Anzahl der Besprechungen einzelner Werke Jelineks in den Jahren 2004–2012 lässt sich wie in Abb. 3 grafisch darstellen. Die in der polnischen Übersetzung veröffentlichten Romane Jelineks werden immer seltener rezensiert, was auf ein nachlassendes Interesse an der Prosa der Autorin hinweist (ganz im Gegensatz zur Rezeption von Theaterstücken). In Bezug auf die kritische Rezeption der Prosa von Jelinek ist der erste bedeutende Beitrag in der polnischen Presse

15 Dies sind Daten aus der Bibliographie der Zeitschrifteninhalte der Nationalbibliothek.

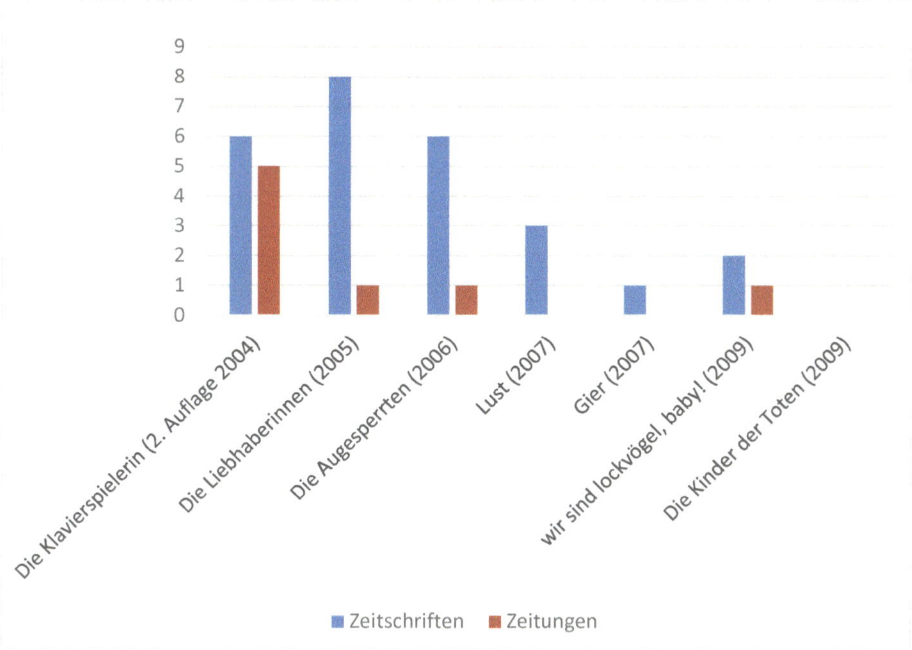

Abb. 3: Die Anzahl der veröffentlichten Kritiktexte in Polen zu Prosawerken Jelineks in Zeitschriften sowie Tages- und Wochenzeitungen im Zeitraum 2004–2012 (© Autorin)

über sie in der Czas Kultury[16] aus Poznań (Chefredakteur Rafał Grupiński) aus dem Jahr 1990 hervorzuheben. Der Beitrag widmete sich dem Roman *Lust*, der damals ein Bestseller auf dem deutschen Markt war und eine Welle von Diskussionen und zahlreichen Polemiken auslöste. Dies führte dazu, dass Jelinek – laut Maria Ciechemska – in den Rang eines „echten literarischen Stars"[17] aufstieg. Ciechemska präsentierte die inhaltliche Struktur des Romans und beleuchtete die sprachliche Strategie sowie Anwendung parodistischer Verfahren und legte eine polnische Variante des Titels (*Rozkosz*) vor. Die Autorin wies in ihrer Analyse darauf hin, dass die Rezeption des Romans in der deutschen

16 M. Ciechemska, *Antypornografia Elfriede Jelinek*, in: Czas Kultury, 1990, nr 21, S. 69–72. Czas Kultury ist eine unabhängige literarische Monatszeitschrift, die seit 1985 unzensiert in Poznań erscheint. Die Ausgabe von 1990 trug den Untertitel *Kultur. Literatur. Philosophie* und wurde von der Organisation Solidarność Walcząca (in Zusammenarbeit mit der Zeitschrift Czas. Pismo społeczno-polityczne) herausgegeben. Seitdem wird sie offiziell herausgegeben und veröffentlicht unter anderem literarische, philosophische, kulturelle und politische Artikel, Skizzen sowie Werke junger Schriftsteller*innen. Die Zeitschrift wurde durch die radikalen Stellungnahmen ihres Chefredakteurs R. Grupiński bekannt. Vgl. *Czas Kultury. Niezależny Miesięcznik Literacki*, http://katalog.czasopism.pl/index.php/Czas_Kultury (Zugriff am 4.4.2024).

17 Vgl. M. Ciechemska, *Antypornografia Elfriede Jelinek*, S. 69.

Kritik Schwierigkeiten hervorrief. Des Weiteren erfolgte eine Rekonstruktion der Schlüsselbedeutungen. Ciechemska hob das literarische Talent Jelineks und ihren ungewöhnlichen und unversöhnlichen Blick auf die Wirklichkeit hervor, der in Verbindung mit einer „inneren Wachsamkeit" mehr erahnen lässt.[18] Diese Rezension blieb unberücksichtigt, da sie weder in Bezug auf den Veröffentlichungsort noch in Bezug auf die Wahrnehmung einen signifikanten Einfluss auf die Popularisierung des Werks der Schriftstellerin hatte. Ebenso wenig führte sie zu einer Entscheidung bezüglich der Übersetzung ihrer Werke ins Polnische. Wenn man bedenkt, dass sich die Tätigkeit eines Literaturkritikers/einer Literaturkritikerin – wie von Maria Gołaszewska dargelegt – in erster Linie auf eine praktische Umsetzung bezieht, denn er/sie kann Veränderungen bewirken, den Sachverhalt umgestalten, neue Zustände initiieren (hinsichtlich der Leserschaft, Autor*innen sowie der Tendenzen im Literaturbetrieb),[19] erfüllte die Rezension von Ciechemska diese Aufgabe nicht. Stattdessen verfolgte sie theoretische und kognitive Ziele. So liefert sie Erklärungen, die nicht zur Erleichterung der Rezeption, sondern zum Verständnis des Werkes und der Autorin dienen, und übernahm die Vermittlerrolle zwischen der Autorin und ihren Leser*innen.

Weitere kritische Stellungnahmen, dieses Mal zu den Bühnenwerken der Schriftstellerin, erfolgten erst Mitte der 1990er Jahre. Im Jahr 1994 erschien in der Monatszeitschrift Dialog, deren Fokus auf der zeitgenössischen Dramaturgie (Theater, Radio und Fernsehen) liegt, ein Text von Monika Muskała, der sich mit dem Stück *Totenauberg* (Nr. 4)[20] auseinandersetzte, und die polnische Übersetzung des Dramas *Krankheit oder Moderne Frauen. Wie ein Theaterstück* (*Choroba albo współczesne kobiety. Jak sztuka*),[21] begleitet von einem Artikel von Ute Nyssen[22] (übersetzt von Barbara Janowska-Michnowska), in dem folgende Werke: *Nora, Clara S., musikalische Tragödie, Krankheit oder Moderne Frauen, Burgtheater* untersucht wurden (Nr. 6). Es kann festgestellt werden, dass diese Artikel einen signifikanten Beitrag zur Popularisierung Jelineks unter Theaterliebhabern und -fachleuten geleistet haben.[23]

Im Jahre 2001 wurden in der Reihe *Zeitgenössisches Drama* der Krakauer Księgarnia Akademicka drei (in gewissem Sinne ‚feministische') Stücke in der polnischen Über-

18 Vgl. ebd., S. 72.

19 Vgl. M. Gołaszewska, *Filozoficzne podstawy krytyki literackiej*, S. 144–145.

20 M. Muskała, *„Totenauberg" Elfriede Jelinek*, in: Dialog, 1994, Nr. 4, S. 152–154.

21 E. Jelinek, *Choroba albo współczesne kobiety. Jak sztuka*, übers. v. M. Zeller, in: Dialog 1994, Nr. 6, S. 24–66.

22 U. Nyssen, *Nieładne problemy Elfriede Jelinek*, über. v. B. Janowska-Michnowska, in: Dialog (Warszawa), 1994, Nr. 6, S. 96–101.

23 Diese These wird durch die Tatsache bestätigt, dass in der Monatszeitschrift Dialog regelmäßig über Inszenierungen Jelineks Stücke im Ausland berichtet wurde. 1996 wurde das Stück *Stecken, Stab und Stangl* (*Kij, laga i Stangl*) und seine Aufführung am Deutschen Schauspielhaus in Hamburg (Regie: Tirza Bruncken) besprochen, ein Jahr später die Aufführung am Burgtheater in Wien (Regie: Georg Tabori). Vgl. mr, *Elfriede Jelinek przeciw Austriakom*, in: Dialog, 1996, Nr. 8, S. 166–167; mr, *Koniec teatru: nibysztuki nibypisarzy*, Dialog, 1997, Nr. 12, S. 181–183. Im Jahre 1998 wurde eine Besprechung von *Sportstück* (*Sztuka sportowa*) und seiner Inszenierung am Burgtheater in Wien veröffentlicht. Vgl. mr, *Tragedia sportowa na osiem godzin*, in: Dialog, 1998, Nr. 5, S. 178–179.

setzung veröffentlicht: zwei aus Jelineks Frühwerk (*Clara S.* und *Was geschah, nachdem Nora ihren Mann verlassen hatte oder Stützen der Gesellschaften*) und eines aus dem Jahre 1994 (*Raststätte oder sie machen's alle*),[24] dessen Uraufführung in Österreich am 6.10.1979 in Vereinigte Bühnen Graz im Rahmen des Festivals steirischer herbst (Regie: Kurt Josef Schildknecht) stattfand. Man kann sich des Eindrucks nicht erwehren, dass die Wahl dieser und nicht anderer Stücke auch die Rezeption des Prosawerkes der österreichischen Schriftstellerin beeinflusst hat. Diese Behauptung wird durch den Fakt gestützt, dass der erste Roman, der ins Polnische übersetzt wurde, *Die Klavierspielerin* (poln. *Pianistka*) war, der im Jahr 1997 in der Übersetzung von Ryszard Turczyn erschien.[25] Im selben Jahr erfolgte die Vorstellung der Schriftstellerin durch die Monatszeitschrift Literatura na świecie an die polnische Leserschaft.[26] Auch die in Rzeszów erscheinende Zeitschrift Fraza widmete ihr einen Artikel von Monika Szczepaniak.[27] Zudem wurde in der Monatszeitschrift für zeitgenössische Dramatik Dialog ein Beitrag von Małgorzata Sugiera über Jelineks Theaterstücke veröffentlicht.[28] Diese Artikel sind dem literaturkritischen Feld zuzuordnen, obschon ihre Adressaten aus dem Kreis der akademischen Fachleute und ihre Autoren Literaturwissenschaftler*innen sind.[29] Diese Tatsache erweist sich für

---

24 Vgl. E. Jelinek, *Nora; Clara S.; Zajazd*, übers. v. S. Lisiecka, D. Sajewska u. K. Sajewski, Księgarnia Akademicka, Kraków 2021. Das Stück *Clara S.* übersetzte Sława Lisiecka und zwei weitere Dorota Sajewska und Krzysztof Sajewski (*Co się zdarzyło, kiedy Nora opuściła męża albo Podpory społeczeństw*, orig. *Was geschah nachdem Nora ihren Mann verlassen hatte oder Stützen der Gesellschaften* und *Zajazd albo tak czynią wszyscy*, orig. *Raststätte oder sie machen's alle*).

25 In der Polnischen Literaturbibliographie sind nur zwei Rezensionen zu diesem Roman verzeichnet: von Zbigniew Bauer in Nowe Książki und von Szymon Hołownia in der Beilage der Gazeta Wyborcza. Vgl. Z. Bauer, *Ślamazarna walka płci*, in: Nowe Książki, 1998, Nr. 4, S. 34–35; Sz. Hołownia, *Między nami, kobietami*, in: Książki. Gazeta 1997, Nr. 12, S. 11. Vgl. Polska Bibliografia Literacka, http://pbl.ibl.poznan.pl/dostep/index.php?s=d_biezacy&f=zapisy&p_tworcaid=15508 (Zugriff am 1.07.2023).

26 Neben einem Auszug aus *Der Klavierspielerin* ist ein Interview mit Elfriede Jelinek erschienen, das sie mit Riki Winter führte und das Andrzej Kopacki übersetzte. Vgl. *W ogóle mnie nie ma... Elfriede Jelinek rozmawia z Riki Winter*, übers. v. A. Kopacki, in: Literatura na Świecie, 1997, Nr. 1/2, S. 45–53. Ein Fragment aus *Der Klavierspielerin* wurde auch in der Wochenbeilage der Gazeta Wyborcza abgedruckt. Vgl. E. Jelinek, *Pianistka* [Fragment], übers. v. R. Turczyn, in: Gazeta. Magazyn, 1997, Nr. 21, S. 41–42.

27 M. Szczepaniak, *Pióro jak skalpel: o wiedeńskiej pisarce Elfriede Jelinek*, in: Fraza, 1997, Nr. 3, S. 93–100.

28 M. Sugiera, *Elfriede Jelinek: demontaż powszednich mitów*, in: Dialog, 1997, Nr. 3, S. 176–189.

29 Die Artikel von Monika Szczepaniak über die Prosa der Schriftstellerin waren bereits im akademischen Feld publiziert worden, jedoch war ihre Wirkung aufgrund ihrer Veröffentlichung auf Deutsch begrenzt. Vgl. M. Szczepaniak, *Böse Mütterlichkeit. Dekonstruktion des Mutter-Mythos im Prosawerk Elfriede Jelineks*, in: Convivium. Germanistisches Jahrbuch. Polen, Deutscher Akademischer Austauschdienst Bonn, Poznań 1995, S. 79–91; M. Szczepaniak, *„Mein Gehirn ist seltsam. Es speichert nur die negativen Dinge". Zur Prosa Elfriede Jelineks*, in: *Die deutsche Sprache und Literatur als Brücke in Europa*, Bd. 2: Beiträge zur Literaturwissenschaft, Wydawnictwo Wyższej Szkoły Pedagogicznej, Rzeszów 1996, S. 169–181. Im Jahr 1998 wurde in der Krakauer Theaterzeitschrift Didaskalia auch Jelineks schriftstellerisches Werk von Monika Muskała vorgestellt. Vgl. M. Muskała, *Dawid, smutna feministka i brzytwa w odbycie*, in: Didaskalia, 1998 Nr. 24 S. 62–65. Norbert Honsza veröffentlicht eine Rezension von der Monographie von Veronika Vis unter dem Titel *Darstellung und*

die weitere Rezeption der österreichischen Schriftstellerin in dem hier behandelten Zeitraum als nicht unerheblich. Es handelt sich hierbei nicht um Literaturkritik im engeren Sinne, sondern um Wissenschaftskritik. Die beiden Arten der Kritik sind zwar divergend, jedoch ergänzen sie sich gegenseitig und sind beide für den Prozess der Rezeption unerlässlich. Die Aufgaben, denen sie sich stellen, sind jedoch unterschiedlich, wie bereits Manfred Kridl im Jahre 1923 schrieb:

> Das ist das Gebiet der Literaturkritik. Ein Feld für tiefe Erlebnisse, starke Emotionen, hohe Sehnsüchte, manchmal schweres Leid, manchmal große Freude und Begeisterung. All dies kommt in seinen Überlegungen oder Studien zu literarischen Werken zum Ausdruck. Sie sind durchdrungen von dem, was man gemeinhin als Subjektivismus bezeichnet. So wie der sogenannte Objektivismus der Literaturhistoriker oft mit Gleichgültigkeit und Herzlosigkeit gleichgesetzt wird, so verwandelt sich auch hier die „subjektive" Haltung gegenüber dem Werk allzu oft in ein reines Erzählen über sich selbst, ohne jegliches tieferes Bestreben, den inhaltlichen und formalen Wert des Werks gewissenhaft zu untersuchen und zu analysieren.[30] [übers. v. d. V.]

Kridl gelangt in seinem Studium zu einer schlüssigen Erkenntnis, dass eine strikte Abgrenzung der beiden Formen des Umgangs mit Literatur nicht möglich ist. Diese Schlussfolgerung stieß damals auf wenig Zustimmung. Es ist erwähnenswert, dass der polnische Literaturwissenschaftler Michał Paweł Markowski Jahre später ebenfalls eine radikale Trennung von Literaturgeschichte und -kritik forderte, wenngleich er letztlich der kritischen Erkenntnis eine größere Bedeutung beimaß. Er vertrat die Auffassung, dass die Situation des Interpreten eine existenzielle Situation im strengen Sinne sei: Sie sei eine Ex-Position, eine Exposition gegenüber dem Text und eine Exposition des Textes gegenüber der Lektüre, was mitunter riskant erscheine.[31] Es ist daher als riskant einzustufen, da es das Eingehen von Risiken, sowohl im kognitiven als auch existenziellen Sinne, und die Implikationen für das Resultat einer solchen Begegnung ungewiss sind, sowohl für den

---

Manifestation von Weiblichkeit in der Prosa von Elfriede Jelinek (Frankfurt am Main 1998). Vgl. N. Honsza, *Elfriede Jelinek – aktuell und agresiv,* in: Zbliżenia Polska-Niemcy – Annäherungen Polen Deutschland, 1999, Nr. 3, S. 116.

30 Im Original: „Oto jest dziedzina krytyka literackiego. Pole do głębokich przeżyć, silnych wzruszeń, wysokich pożądań, czasami ciężkich cierpień, czasami wielkich radości i uniesień. Temu wszystkiemu daje on wyraz z swoich rozważaniach czy studiach nad dziełem literackim. Przepojone są one tym, co się popularnie nazywa subiektywizmem. Jak zaś tzw. obiektywizm historyków literatury często utożsamiany jest z obojętnością i bezdusznością, tak tu znowu „subiektywny" stosunek do utworu przeradza się zbyt często w wyłącznie opowiadanie o sobie z pominięciem wszelkiej głębszej dążności do sumiennego zbadania i zanalizowania wartości treściowych i formalnych dzieła". M. Kridl, *Historia literatury a krytyka literacka*, in: ders., *Krytyka i krytycy*, Gebethner & Wolff, Warszawa 1923, S. 30–31.

31 Im Original: „Sytuacja interpretatora jest sytuacją egzystencjalną w sensie ścisłym: jest eks-pozycją, wystawieniem się na działanie tekstu i wystawieniem tekstu na próbę lektury, która jest nieraz próbą ryzykowną". Zit. nach Jerzy Jarzębski. Vgl. J. Jarzębski, *Krytyka: kilka słów wstępu,* in: *Dyskursy krytyczne u progu XXI wieku. Między rynkiem a uniwersytetem*, S. 6.

Text als auch für den Kritiker. Die Aufgaben der akademischen Kritik bestehen demnach in der Integration des wissenschaftlichen Lesens mit dem kritischen Lesen.

Vor der Verleihung des Nobelpreises für Literatur an Jelinek wurden in Polen mehrere Artikel über die Autorin veröffentlicht. Die Äußerungen zu ihrem Werk erfolgten primär durch Wissenschaftler*innen und Literaturhistoriker*innen und richteten sich an einen engen Kreis von Expert*innen.[32] Eine Ausnahme bilden eine Besprechung von Anna Kiejna, die das Gesamtwerk der Schriftstellerin näher beleuchtet,[33] sowie sechs Artikel im literaturkritischen Feld. Zwei dieser Artikel stammen von Sabine Treude (aus dem Deutschen übersetzt von Z. Owczarek) in Katedra – Gender Studies UW[34] (hrsg. von Fundacja Res Publica) und vier über Jelineks Dramaturgie verfasst von Karolina Prykowska-Michalak und Artur Pełka in der Kulturzeitschrift aus Łódź Tygiel Kultury,[35] von Katarzyna Szumlewicz in der kulturpolitischen Vierteljahresschrift Bez Dogmatu[36] und von Maria Cyranowicz in der Stettiner Kulturzeitschrift Pogranicza. Von den sechs Artikeln sind lediglich zwei der Prosa gewidmet. Es wurde von Sabine Treude der Roman *Die Kinder der Toten* besprochen, der zu diesem Zeitpunkt noch keine polnische Übersetzung besaß. Treude fokussierte sich in ihrer Analyse auf die Elemente des Gespenstischen und Grausamen. Maria Cyranowicz unternimmt eine detaillierte Analyse des Romans *Die Klavierspielerin* und stellt einen Vergleich zwischen dem literarischen Werk und sei-

32 Im Laufe der Jahre wurde Jelinek im akademischen Feld immer häufiger thematisiert, was zweifellos – noch vor der Verleihung des Literaturnobelpreises – durch die Verfilmung ihres Romans *Die Klavierspielerin* beeinflusst wurde. Diese Behauptung wird durch die Artikel von Anna Maria Borowska-Stankiewicz, Artur Pełka, Anna Rutka und Estera Piekarz gestützt. Vgl. A. M. Borowska-Stankiewicz, *„Die Klavierspielerin" von Elfriede Jelinek,* in: Zeszyty Naukowe. Colloquia Germanica Stetinensia (Uniwersytet Szczeciński), Nr. 11, 2001, S. 123–134. Vgl. A. Pełka: *Vampirinnen und Kannibalen: die Dissemination des Herrenmahles im österreichischen Gegenwartsdrama am Beispiel „Krankheit oder Moderne Frauen" Elfriede Jelineks und „Übergewicht, unwichtig: Unform" Werner Schwabs,* in: Zeszyty Naukowe Wyższej Szkoły Humanistyczno-Ekonomicznej w Łodzi, 2002, Nr. 5, S. 57–73. Vgl. A. Rutka, *Geschlechterrollen und -verhältnisse im Zerrspiegel der Hörspiele von Elfriede Jelinek,* in: Kwartalnik Neofilologiczny, 2003, H. 4, S. 435–448. Vgl. E. Piekarz, *Emanzipiertes Künstlertum am Beispiel von Werken Elfride Jelineks,* in: Studia Germanica Posnaniensia, 2006, Vol. 30, S. 205–216.

33 A. Kiejna: *Co powiedzą kobiety: „Pianistka", czyli apologia wstrętu,* in Rzeczpospolita, 2001, Nr. 263, S. D2.

34 S. Treude, *O ptakach, zającach i innych przytulnościach: przeniesienie przestrzeni u Annetty Messager i Elfriede Jelinek,* übers. v. Z. Owczarek, in: Katedra – Gender Studies UW, 2001, Nr. 2 , S. 154–161; S. Treude, *O heterotopii upiorności i inwersji maskarady: o powieści „Die Kinder der Toten" Elfriede Jelinek,* übers. v. Z. Owczarek, in: Katedra – Gender Studies UW, 2001, Nr. 4, S. 193–204. Beide Artikel wurden in der polnischen Übersetzung im Rahmen des vom Institut für angewandte Sozialwissenschaften der Universität Warschau durchgeführten und von der Ford Foundation finanzierten Gender-Programms in zwei thematischen Heften veröffentlicht: *Przestrzenie kobiecości* [Räume der Weiblichkeit] und *Women's studies.*

35 K. Prykowska-Michalak, *Dom lalki – Barbie?,* in: Tygiel Kultury, 2002, Nr. 4/6, S. 34–37; A. Pełka, *„Królowa olch" czyli jak skorzystać na wojnie: Elfriede Jelinek w sporze z „aktorką stulecia",* übers. v. S. Lisiecka, in: Tygiel Kultury, 2002, Nr. 4/6, S. 124–132.

36 K. Szumlewicz, *Teatr po Brechcie czyli o radykalnej dramaturgii Elfriede Jelinek, Heinera Müllera i Wernera Schwaba,* in: Bez Dogmatu, Nr. 57, 2003, S. 28–30.

ner Verfilmung *La Pianiste* (Österreich–Frankreich 2001) von Michael Hanecke (Drehbuchautor und Regisseur)[37] an. Laut Cyranowicz gehört der Roman zu einem Kanon von Werken, die eine gnadenlose Kulturkritik auf verschiedenen Ebenen üben. Diese reicht von der höchsten, repräsentiert durch das Wiener Konservatorium, bis zur niedrigsten, die durch einen Sexshop für nach Österreich kommende Gastarbeiter verkörpert wird.[38] Sie verweist darauf, dass sich die Kulturkritik Jelineks insbesondere in der Sprache manifestiert, deren kennzeichnende Merkmale Spott, Witz, bösartige Ironie, Satire sowie Groteske sind.[39] Dies ist eine Stimme von eminenter Wichtigkeit in der Literaturkritik, da die Bedeutung des spezifischen Stils von Jelinek in den Diskussionen der polnischen Kritiker*innen nur selten zur Sprache kommt. Cyranowicz gelangt zu der Schlussfolgerung, dass Jelinek und Michael Hanecke den instrumentellen Charakter zwischenmenschlicher Kontakte aufdecken. Das impliziert, dass der Mensch lediglich ein Instrument der patriarchalischen Kultur ist, wobei der Begriff ‚patriarchalisch' von Cyranowicz nicht verwendet wird, um eine Einordnung in den feministischen Diskurs zu vermeiden. Sie fügt hinzu, dass man sich dieser Kultur bewusst unterordnen kann, jedoch immer unbewusst von ihr abhängig sein wird.[40] Cyranowiczs Artikel ist als literaturkritische Stellungnahme mit einer problematisierenden Funktion (*funkcja problematyzująca*) zu definieren. Wie Krzysztof Dybciak darlegt, konstituiert sich diese Funktion in der intellektuellen Bearbeitung des ästhetischen Materials.[41]

Der Standpunkt, dass Jelinek in Polen als Romanautorin erst nach der Verleihung des Literaturnobelpreises Bekanntheit erlangte, erscheint durchaus valide. Zu den Maßnahmen zählte nicht nur die Wiederveröffentlichung des Romans *Die Klavierspielerin*, sondern in erster Linie die Veröffentlichung weiterer Prosawerke der Schriftstellerin. Es ist jedoch darauf hinzuweisen, dass die Verleihung des höchsten Literaturpreises an Jelinek in gewissem Maße negative Auswirkungen auf die Rezeption ihres Werks in Polen hatte.[42] Im journalistischen Feld haben sich zwei Kategorien von Kritiker*innen heraus-

---

37 M. Cyranowicz, *Instrumentaliści*, in: Pogranicza, 2002, Nr. 1, S. 55–65.

38 Ebd., S. 55.

39 Ebd., S. 56. Im Original: „mieni się odcieniami kpiny, żartu, zjadliwej ironii i satyry, a także groteski".

40 Ebd., S. 65.

41 Im Original: „...intelektualne podporządkowanie materiału estetycznego". K. Dybciak, *Personalistyczna krytyka literacka. Teoria i opis nurtu z lat trzydziestych*, S. 16. Dybciak beschreibt diesen Prozess wie folgt: Zunächst wird der Text in Teile aufgeteilt, anschließend lernt man ihre Morphologie und Funktion kennen, dann wird das Gesamtwerk konstruiert, verstanden und in einen übergeordneten Zusammenhang integriert. Schließlich wird die Position aufgezeigt, die das Werk einnehmen sollte, und es wird mit anderen Äußerungen verglichen, die als kontextuell identifiziert wurden (im Original: „rozłożenie tekstu na części, poznanie ich morfologii i funkcji, konstruowanie całości dzieła, rozumienie go, wintegrowanie w układ nadrzędny, pokazanie pozycji, jaką powinno zajmować to dzieło, i porównanie go z innymi wypowiedziami, zidentyfikowanymi jako kontekstowe"). Ebd., S. 16.

42 Über die Reaktionen der polnischen Massenmedien auf die Verleihung des Nobelpreises für Literatur an Elfriede Jelinek schrieben Krzysztof Lubczyński und Justyna Górny. Vgl. K. Lubczyński, *Bez lukru proszę!*, in: Bez Dogmatu, Nr. 65, 2005, S. 10; J. Górny, *Nobel dla Jelinek a prasa*, in: Tygiel Kultury, 2004, Nr. 10/12, S. 42–47. Górny veröffentlicht auch einen ähnlichen Artikel im akademi-

kristallisiert: Die einen bezeichnen die Nobelpreisträgerin als umstrittene feministische, linke Avantgardistin, die sich des Tabus der menschlichen Sexualität bedient, die anderen sind ‚unverbissene' Kritiker*innen, die in der Verwendung und Instrumentalisierung der Sprache die Entlarvung von Automatismen sehen, die ‚Wahrheiten' über die Gesellschaft ans Licht bringt. Eine Analyse der Tagespresse offenbart zudem die signifikante Präsenz von in der Tageszeitung Gazeta Wyborcza veröffentlichten,[43] zumeist informativen Aussagen zu Leben und Werk Jelineks. Gemäß Krzysztof Dybciak lassen sich Funktionen der Kritik, die als wertend und problematisierend bezeichnet werden, in Bezug auf diese Tageszeitung als marginal beschreiben.[44] Eine weitere Besonderheit des journalistischen Diskurses über Jelinek ist ebenfalls zu beobachten: die Verleihung des Nobelpreises wurde in den Medien vornehmlich von Männern thematisiert und kommentiert.[45] Demgegenüber wurden die anschließenden Diskussionen oder längeren literaturkritischen Stellungnahmen in Form von Kolumnen und Porträts über die Schriftstellerin überwiegend von Frauen verfasst.[46] Als Beispiel gilt Bożena Umińska, die zwei Artikel in der linksorientierten polnischen Zeitschrift Przekrój (ein General-Interest-Magazin) publiziert, sowie Magdalena Miecznicka, die für eine überregionale Tageszeitung Dziennik schreibt, und Angelika Kuźniak für die Tageszeitung Gazeta Wyborcza.[47] Die Ausnahmen sind Radosław Kobierski (die katholische Zeitung Tygodnik Powszechny[48]) und Jan Zdzisław Brudnicki (die Tageszeitung mit linkspolitischer Ausrichtung Trybuna, verlegt in den

---

schen Umfeld. Vgl. J. Górny, *Twórczość i biografia Elfriede Jelinek w gazetach i czasopismach polskich*, in: *„Mówię i mówię": teatralne maski Elfriede Jelinek*, hrsg. v. M. Szczepaniak, Wydawnictwo Uniwersytetu Kazimierza Wielkiego, Bydgoszcz 2008, S. 159–178.

43 Vgl. K. Ahnlund, *Noblowska katastrofa: spór o literacką Nagrodę Nobla*, übers. v. K. Tubylewicz, in: Gazeta Wyborcza (WAW), 2005, Nr. 247, S. 20; A. Drotkiewicz, *Proces Elfriede J.*, in: Gazeta Wyborcza, 2006, Nr. 6, S. 21; A. Kuźniak, *Jelinek: Trzeba tresować mnie jak psa*, in: Gazeta Wyborcza, 2009, Nr. 171, Zul. Duży Format, Nr. 28, S. 16–17 (Besprechung der Biografie Jelineks); M. Miecznicka, *Amatorki nienawiści*, in: Gazeta Wyborcza (WAW), 2005, Nr. 126, S. 16 (Rezension zu *Der Liebhaberinnen*).

44 Vgl. K. Dybciak, *Personalistyczna krytyka literacka. Teoria i opis nurtu z lat trzydziestych*, S. 14–17.

45 Dies bestätigen u.a. folgende Besprechungen: P. Bratkowski, *Nobel za kontrowersje*, in: Newsweek 2004, 42, S. 96; G. Górny, *Lewy sztokholmski*, in: Wprost, 2004, Nr. 42, S. 108–110; E. Likowska, *Pierwszy Nobel literacki w Austrii*, in: Przekrój 2004, Nr. 42, S. 29, K. Masłoń, *Nagroda za brutalny język*, in: Rzeczpospolita, 2004, Nr. 237, S. 1, A14, A2; T. Sobolewski, *„Pianistka" z Noblem*, in: Gazeta Wyborcza, 2004, Nr. 42, S. 12–13.

46 Auch im akademischen Feld dominieren Frauen, die sich mit Jelineks Werk befassen.

47 Vgl. B. Umińska, *Korpusy kobiece (ale nie wojskowe)*, in: Przekrój, 2005, Nr. 28, S. 44–45 (hier werden Werke von Jelinek und Masłowska miteinander verglichen); B. Umińska, *Nadejdź, gniewie: polska literatura potrzebuje głosu wściekłego, w rodzaju tego, jakim w Austrii mówi Elfriede Jelinek*, in: Przekrój, 2006, Nr. 2, S. 46–47; Elfriede Jelinek, *Nie dziwią mnie zbrodnie popełniane w Austrii*, interv. von Magdalena Miecznicka u. Karolina Wigura, in: Dziennik, (Ausg. 2), 2008, Nr. 191, S. 20–21; A. Kuźniak, *Jelinek: Trzeba tresować mnie jak psa*, S. 16–17.

48 Diese Zeitung aus Krakau wurde bereits in der Volksrepublik Polen (seit 1945) verlegt und gilt bis heute als Forum katholischer Intellektueller.

Jahren 1990–2009).[49] Drittens wurde in einer Vielzahl von Kritiktexten den Prosawerken der Nobelpreisträgerin ein einziges Interpretationsschema ‚auferzwungen', das bedeutet, dass die Werke durch die Linse eines linksliberalen ideologischen Diskurses sowie der vermeintlichen feministischen Verstrickung der Schriftstellerin und ihrer Werke gelesen wurden. Die Reproduzierbarkeit dieses Interpretationsschemas wird durch Aleksander Kaczorowski belegt. In einem ‚obligatorischen' Artikel über den Literaturnobelpreis 2004 stellt er fest, dass Jelineks Theaterstücke kaum auf polnischen Bühnen präsent und literaturkritische Texte angeblich nur den Redakteur*innen feministischer Zeitschriften bekannt seien.[50] In seinem Artikel stellt er die Frage, ob Jelineks linksradikale und literarisch verarbeitete Empörung über die Situation in ihrem Land (beispielsweise der Wahlsieg von Haider) ausreichend ist, um sie als eine der herausragendsten Schriftstellerinnen zu bezeichnen und mit dem Nobelpreis zu ehren.[51] Kaczorowski begründet seinen Standpunkt mit der Biografie der Schriftstellerin. Diese Tatsache ist evident. Es liegen jedoch Ausnahmen vor, wie zum Beispiel ein wertvoller Artikel von Joanna Mieszko-Wiórkiewicz[52] in der wissenschaftlichen und sozial-künstlerischen Vierteljahresschrift Czas Kultury. Die Verfasserin geht über die Grenze der feministischen Perspektive hinaus und bedauert in ihrer Schlussfolgerung, dass Jelineks Bücher trotz ihres Literaturnobelpreises immer noch in den Regalen mit der Frauenliteratur zu finden sind.[53]

Ein weiteres Beispiel für eine Rezension, die nicht unbedingt als positiv zu bewerten ist, ist jene von Renata Spodzieja, die dem Werk *Die Klavierspielerin* gewidmet ist.[54] Obwohl die Autorin die Einzigartigkeit von Jelineks Roman und die Virtuosität ihrer Sprache hervorhebt,[55] verzichtet sie auf eine argumentative Auseinandersetzung und beschränkt sich stattdessen auf eine rekonstruierende Darstellung der Handlung. Mit

---

49 R. Kobierski, *Rękawiczka, która stworzyła dłoń,* in: Tygodnik Powszechny, 2012, Nr. 28, Zul. Książki w Tygodniku, S. 10–11; J. Z. Brudnicki, *Noblistka Jelinek ostrzega!*, in: Trybuna (Ausg. 3), 2006, Nr. 53, S. 11–12.

50 Im Original: "... sztuki niemal nie zaistniały na polskich scenach, a teksty krytycznoliterackie znane są chyba tylko redaktorom pism feministycznych". A. Kaczorowski, *Pianistka, co gra na nerwach*, in: Polityka, 2004, Nr. 42, S. 106.

51 Ebd., S. 106–107.

52 J. Mieszko-Wiórkiewicz, *Biopsja z wynikiem pozytywnym, czyli Jelinek w butonierce*, in: Czas Kultury, 20, 2004, Nr. 5/6, S. 118–121. Es lohnt sich, hinzuzufügen, dass die Autorin auch auf den wichtigsten Roman der Schriftstellerin eingeht: *Die Kinder der Toten*. Der Roman ist für Jelinek – laut Mieszko-Wiórkiewicz – die Erfüllung einer moralischen Verpflichtung gegenüber ihrem Vater und sich selbst. Er ist „der Wahnsinn der Geschichte als Geistergeschichte" („szaleństwo historii jako historia duchów", S. 121). Angesichts der Tatsache, dass es zum Zeitpunkt der Veröffentlichung des Textes von Mieszko-Wiórkiewicz noch keine polnische Übersetzung dieses Romans gab, stoßen diese Informationen in eine „Rezeptionslücke".

53 Im literaturkritischen Feld finden sich noch zwei Besprechungen: von Agnieszka Drotkiewicz und Zbigniew Bochenek. Vgl. A. Drotkiewicz, *Mówmy sobie wszystko: Elfriede Jelinek i Sławomir Shuty w walce z dyskursem elementarza,* in: Krytyka Polityczna, 2005, Nr. 9/10, S. 312–317; Z. Bochenek, *Elfriede Jelinek – i jej pierwsza biografia,* in: Odra, 2006, R. 46, Nr. 7/8, S. 131–133.

54 R. Spodzieja, *Pianistka,* in: Orbis Linguarum, Wrocław, 2005, Nr. 28, S. 437–439.

55 Vgl. ebd., S. 437.

einem Wort: Sie lobt und fasst zusammen. Diese Rezension orientiert sich am Modell des Informations- und Gebrauchstextes (nach Bolecki) und fokussiert sich auf die Analyse der Probleme des Werkes. Dabei wird eine intellektuell transparente Herangehensweise verfolgt, in dem die Rezensentin keinen eigenen Standpunkt zum kommentierten Werk zum Ausdruck bringt.[56] Spodzieja führt die Lesenden nicht zu den relevanten Kontexten und offeriert keine ‚Konkretisierung' des Werks (im Sinne von Roman Ingarden). Diese Rezension stellt nicht die Ausnahme dar. Nach der Analyse literaturkritischer Beiträge, die nach 2004 erschienen sind, entsteht der Eindruck, dass viele ihrer Autor*innen über keine adäquaten (philologischen) Kompetenzen für die Dekonstruktion der semantischen Dichte der Romane verfügen und um einer ideologisierenden Interpretation, wie sie in den Massenmedien im Zusammenhang mit Jelineks Werk häufig zu beobachten ist, zu entgehen, beschränken sie sich auf eine Zusammenfassung der Handlung.

1.1 *Pianistka* (2. Aufl. 2004) – *Die Klavierspielerin*

Nach der Wiederveröffentlichung *Der Klavierspielerin* von W.A.B. Verlag (2004), der die Übersetzungsrechte an den meisten Prosawerken der Nobelpreisträgerin erworben hatte, wurde das Werk nur in wenigen Rezensionen gewürdigt. Die sprichwörtliche Welle kritischer Texte folgte es einige Monate später, als ein weiterer Roman der Nobelpreisträgerin, *Die Liebhaberinnen*, auf Polnisch veröffentlicht wurde (*Amatorki*, 2005). Die BZCz (Bibliografie der Zeitschrifteninhalte) dokumentiert lediglich drei Rezensionen im literaturkritischen Feld.[57] Einer Analyse des Romans widmet sich Renata Spodzieja in der wissenschaftlichen Zeitschrift Orbis Linguarum aus Wrocław, Izabela Filipiak in der Kulturzeitschrift aus Łódź Tygiel Kultury und Krzysztof Derdowski in der Monatszeit-

56 W. Bolecki *Co to jest krytyka? Wypowiedzi metakrytyczne 1918–1939*, in: *Badania nad krytyką literacką*, hrsg. v. M. Głowiński u. K. Dybciak, Wrocław–Warszawa–Kraków–Gdańsk–Łódź 1984, S. 105. Auf der Grundlage einer Analyse metakritischer Äußerungen während der Zweiten Republik Polen, die die Frage nach dem Wesen der Kritik im literarischen Bewusstsein zu beantworten suchte, unterscheidet Włodzimierz Bolecki drei Grundmodelle der Ausübung der Literaturkritik: 1. das informativ-utilitaristische Modell der Kritik (*model krytyki informacyjno-użytkowej*), 2. das kognitiv-postulative Modell der Kritik (*model krytyki poznawczo-postulatywne*) und 3. das programmatisch-operative Modell der Kritik (*model krytyki programująco-operacyjnej*). Im ersten Modell wird die zuverlässige Information über Bücher als die primäre Funktion der Kritik angesehen, und der Kritiker ist in erster Linie ein Vermittler zwischen dem Autor und dem literarischen Publikum. Der Kritiker ist umso vollkommener, je geschickter es ihm gelang, seine eigene intellektuelle Persönlichkeit zu reduzieren, je stärker er seine eigenen ästhetischen und axiologischen Vorlieben unterdrückte. Beim zweiten Modell wird die Kritik als eine vom Werk unabhängige intellektuelle Tätigkeit verstanden. Von Belang ist das theoretische Bewusstsein des Kritikers. Vgl. ebd., S. 104–110.

57 In den nächsten Jahren erschienen Artikel von Magdalena Miecznicka und Bernadetta Darska. Vgl. M. Miecznicka, *Poetka odrzucenia*, in: Literatura na Świecie, 2007, Nr. 1/2, S. 426–430; B. Darska, *Kontrakty płci u Elfriede Jelinek*, in: Pogranicza, 2009, Nr. 5, S. 23–27.

schrift Odra (Wrocław).[58] Filipiak zufolge eignet sich die Freudsche Psychoanalyse sowie das Konzept der weiblichen Sexualität von Helene Deutsch als Interpretationsrahmen sowie als Hauptthema des Romans und in diesem Kontext definiert sie den weiblichen Masochismus. Das Verständnis und die Erläuterung gehen hier Hand in Hand, wobei den Leser*innen die Möglichkeit gegeben wird, eine eigene Rekonstruktion der verborgenen Inhalte vorzunehmen. Auch Derdowski liefert Erklärungen, die es ermöglichen, tiefer auf die evozierten Bedeutungen einzugehen, und die den Leseprozess erleichtern. Da – wie Krzysztof Dybciak betont – jede kognitive und interpretative Operation in einer kritischen Stellungnahme – im Gegensatz zur Wissenschaft und Philosophie – zu einer Bewertung des untersuchten Phänomens führt,[59] finden wir auch hier Aussagen, die das untersuchte Werk – *notabene* sehr positiv – beurteilen.

1.2 *Amatorki* (2005) – *Die Liebhaberinnen*

Die Liebhaberinnen werden in der Literaturkritik von sieben Zeitschriften behandelt: Nowe Książki, Bez Dogmatu, Literatura na Świecie, Fa-Art, Odra, Tygiel Kultury und im Jahre 2008 von Ruch Filozoficzny.[60] Die Monatszeitschrift Nowe Książki – eine Kulturzeitschrift, die von der polnischen Nationalbibliothek als „unverzichtbare Wissens- und Meinungsquelle" für Verlagsneuheiten empfohlen wird – erweist sich nicht immer als Quelle sachkundiger Kritik.[61] Zbigniew Bauer, der eine Rezension des Romans *Die Liebhaberinnen* verfasst hat,[62] ordnet das Werk in den Kontext der feministischen Bewegung der 1970er Jahre ein. Er empfiehlt den Roman als Dokument des Geisteszustandes der durch Gegenkultur, Kontestation und Hippiebewegungen „verseuchten" Feministinnen zu lesen.[63] Darüber hinaus etikettiert er Jelinek mit folgenden Epitheta: „umstrittene Autorin", „Exkommunistin", „erbitterte Feministin", „Spinnerin" („kontrowersyjna autorka", „ekskomunista", „zajadła feministka", „dziwaczka"). Für Bauer ist die Parodie der niedrigen Genres in *Den Liebhaberinnen* ein Zeichen von Naivität und ein Element journalistischer Demagogie, das von den ersten Seiten an vorhanden ist. Der Autor der Rezension polemisiert auch mit dem Titel und wünscht sich, dass er (fälschlicherwei-

58 R. Spodzieja, *Pianistka,* in: Orbis Linguarum, 2005, Vol. 28, S. 437–439; I. Filipiak, *Strumień nadświadomości,* in: Tygiel Kultury, 2004, Nr. 10/12, S. 36–41; K. Derdowski, *Udręczona*, in: Odra, 2005, R. 45, Nr. 4, S. 110–111. Magdalena Miecznicka bespricht den Roman in der Zeitung Gazeta Wyborcza. Vgl. M. Miecznicka, *E. Jelinek: Pianistka,* in: Gazeta Wyborcza, 2004, Nr. 288, S. 16.

59 Vgl. Dybciak, *Personalistyczna krytyka literacka. Teoria i opis nurtu z lat trzydziestych,* S. 15.

60 Die Zeitschrift Teatr veröffentlicht unterdessen eine Rezension der Aufführung von *Der Liebhaberinnen* unter der Regie von Emilia Sadowska, die am Teatr Polski in Poznań stattfand. Vgl. E. Guderian-Czaplińska, *Stanąć obok postaci,* in: Teatr, 2007, Nr. 3, S. 24–27.

61 Die Rezension zu *Lust* von Agata Pyzik ist dagegen ein positives Beispiel. Vgl. die nachfolgenden Überlegungen.

62 Z. Bauer, *Amatorki i kochanice*, in: Nowe Książki, 2005, Nr. 11, S. 12–13.

63 Im Original: „Powieść jest raczej dokumentem stanu umysłów feministek lat 70, skażonych przez kontrkulturę, kontestację i ruchy hipisowskie". Ebd., S. 12.

se!) ‚Kochanki' (dt. Die Geliebten) lauten sollte.[64] Ähnlich hatte sich Bauer einige Jahre zuvor zu *Der Klavierspielerin* geäußert und Jelinek als feministische Nischenautorin bezeichnet.[65] Er hatte weiter ausgeführt, dass sobald der Skandal und die Pornografisierung ihrer eigenen Biografie, mit denen die österreichische Kritik den Roman bedacht hatte, entkräftet würde, sei Jelineks literarisches Werk als durchschnittlich, schockierend, unanständig und zweitrangig zu erachten.[66] Zbigniew Bauer vertritt die Auffassung, dass jede als ‚feministisch' bezeichnete Literatur, die also eine ideologisch geprägte Ausrichtung aufweist, als zweitrangig zu betrachten sei. Bauer vertritt die Meinung, dass der Roman *Die Klavierspielerin* auch kein exzellentes literarisches Werk sei. Er kritisiert, dass der Roman in Banalitäten (wie etwa das Verhältnis zwischen Weiblichkeit und Männlichkeit, der Konflikt zwischen den Geschlechtern und die Rivalität zwischen Mutter und Tochter) verfalle, weil die Themen aufgrund der Entstehungszeit des Romans heute keineswegs innovativ wirken. Der Rezensent fügt hinzu, dass es sich um eine verflachte, sprachlich banale Version von Strindbergs *Fräulein Julie* mit einer reinen Frauenbesetzung handelt.[67] Bemerkenswert ist, dass Bauer als Kritiker überzeugend wirkt – wenn er sich weit von der Wahrheit entfernt –, denn er begründet seine Stellung auf geschickte Weise, ohne dabei den Wert oder Nicht-Wert des rezensierten Werks zu beschließen. Andererseits legt er seine Lesepräferenzen offen, und seine Art, Kritik zu üben, kann in die Kategorie der Selbstdarstellung (*autoprezentacja*) eingestuft werden. Die Aufmerksamkeit auf sich selbst und auf die eigene Lektüre zu lenken, stellt demgegenüber den Gegenpol des Kritikers als Interpreten oder als einen Hausierer – im Sinne von Legeżyńska – dar oder auch als einen Fachkritiker. Unter Berücksichtigung der Tatsache, dass die Kunst der Kritik ‚Fehler' bei der Lektüre beinhaltet, wie Jerzy Jastrzębski betont, kann Bauers subjektive Rezension lediglich als Ausdruck persönlicher Ansichten klassifiziert werden. Diese lassen sich ebenfalls in dem Kommentar in der 11. Ausgabe von Nowe Książki (2004) erkennen, der der Nobelpreisträgerin gewidmet ist und ebenfalls von Bauer verfasst wurde. In seiner Bewertung des Urteils der Schwedischen Akademie verweist er auf „diplomatisches Geschick", „politische Korrektheit" und bezeichnet die Nobelpreisträgerin selbst in der Einleitung als Synonym für „Linksradikal", „kämpferischen Feminismus" und „Sittenfall" („synonim lewactwa, wojującego feminizmu i zepsucia"). Auch nennt er Jelinek in einer kurzen biographischen Notiz eine „linke Feministin", „aggressive Gegnerin des Heiderismus" und ständig am Rande der Pornographie schwankende und dem System und der

---

64 Zum semantischen Feld, das durch das Substantiv ‚Liebhaberinnen' im Titel ausgelöst wird, siehe A. Majkiewicz, *Intertekstualność – implikacje dla teorii przekładu. Wczesna proza Elfriede Jelinek*, PWN, Warszawa 2008, S. 152–155.

65 Vgl. Z. Bauer, *Ślamazarna walka płci,* in: Nowe Książki, 1998, Nr. 4, S. 34–35.

66 Im Original: „... powłoczki skandalu i pornografizowania własnej biografii, w jaką oblekli tę powieść krytycy austriaccy [...] pozostałaby rzecz raczej przeciętnie szokująca i w miarę nieprzyzwoita." Ebd.

67 Im Original: „spłaszczoną, trywialną w sferze językowej wersji Strindbergowskiej *Panny Julii* w całkiem damskiej obsadzie." Ebd., S. 35.

selbstgefälligen Gesellschaft verzerrten Spiegel vorhaltende Autorin.[68] Bauer akzeptiert die literarische Ästhetik der Autorin nicht vorbehaltlos, stimmt ihr nicht zu, missachtet sie jedoch auch nicht, sondern betrachtet sie als eine wichtige Stimme, die die „Schatten der Vergangenheit“ ans Licht bringt.

Eine gänzlich divergierende Perspektive manifestiert sich in der Rezension von Agnieszka Zieniuk.[69] Die Rezensentin verweist zwar auf Jelineks Diskurs über das weibliche Trauma in der patriarchalischen Gesellschaft, überschreitet jedoch den Rahmen der feministischen Optik. In der Analyse wird deutlich, dass die Verfasserin die bissige Ironie, den Spott über die blöde Demut der Protagonistinnen hervorhebt und auf den sarkastischen Ton und den schwarzen Humor aufmerksam macht. Obwohl sich die Rezension auf die Rolle der Sprache bei Jelinek beschränkt und über den Inhalt informiert wird, ist sie ein Beispiel für eine Kritikart, die den feministischen Interpretationsmustern entgegenwirkt. Joanna Roszak[70] und Magdalena Miecznicka[71] widmen sich in der Monatsschrift Literatura na Świecie einer Besprechung von drei Romanen Jelineks, *Die Liebhaberinnen*, *Die Ausgesperrten* und *Lust*. Im Fokus der Analyse von Roszak steht der Roman *Die Liebhaberinnen*. Roszak konstatiert die oberflächliche Handlung mit einer tiefgründigen Ausdruckweise und vergleicht sie mit einer Retorte für die Destillation des Sprachmaterials.[72] Bei der Formulierung weiterer Argumente für den Roman beruft sie sich auf Wittgensteins Philosophie der Sprache (*Tractatus logico-philosophicus*) und Ingeborg Bachmanns *Malina* und ordnet schließlich *Die Liebhaberinnen* als feministisches Moralstück ein. Ihre Rezension ist als Kritiktext zu betrachten, der das Werk in einen breiteren literarischen Kontext stellt. Dadurch fügt sich die Rezension in das von Włodzimierz Bolecki definierte Modell der kognitiv-postulativen Kritik (*krytyka poznawczo-postulatywna*) ein. Auch Magdalena Miecznicka folgt diesem Modell und versucht das Wissen über den besprochenen Roman zu verbreiten. Des weiteren analysiert Miecznicka die Ideologisierung des kritischen Diskurses über Jelinek in Polen.[73]

Einen ähnlichen Ansatz verfolgt Agnieszka Stasińska in einer ausführlichen und detaillierten Besprechung in der Kulturzeitschrift Tygiel Kultury.[74] Sie hebt die Originalität und Innovationskraft des Romans hervor, äußert jedoch auch Kritik an einigen Aspekten, insbesondere aus feministischer Perspektive, und bewertet diese als über-

68 Z. Bauer, *Literacki Nobel dla Jelinek*, in: Nowe Książki, 2004, Nr. 11, S. 1. Im Original: „lewicująca feministka“, „agresywna przeciwniczka heideryzmu“, i „oscylująca stale na pograniczu pornografii“, „podsuwająca systemowi i zadufanemu społeczeństwu krzywe zwierciadła“. Ebd.

69 A. Zieniuk, *Pełne amatorstwo*, in: Fa-Art, 2005, Nr. 1, S. 52–54.

70 J. Roszak, *Trzymać języka (za zębami)*, in: Literatura na świecie, 2005, Nr. 7/8, S. 462–465.

71 Vgl. M. Miecznicka, *Poetka odrzucenia*, in: Literatura na świecie, 2007, Nr. 1/2, S. 426–430. Die Rezensentin veröffentlicht auch eine ausführliche Besprechung des Romans in der Tageszeitung Gazeta Wyborcza. M. Miecznicka, *Amatorki nienawiści*, in: Gazeta Wyborcza (WAW), 2005, Nr. 126, S. 16.

72 Vgl. J. Roszak, *Trzymać języka (za zębami)*, in: Literatura na świecie, 2005, Nr. 7/8, S. 463. Im Original: „przypomina retortę, ogniotrwałą komorę do destylacji materiału słownego“. Ebd.

73 Vgl. M. Miecznicka, *Poetka odrzucenia*, S. 426–427.

74 Vgl. A. Stasińska, *Amatorki i amatorzy*, in: Tygiel Kultury, 2005, Nr. 10/12, S. 181–184.

trieben. Stasińska erkennt ebenfalls die als Truismen bezeichnete Phänomene, auf die Bauer hinweist, und klassifiziert sie als gespielte Naivität. Letztere ist ihrer Meinung nach notwendig, um Probleme in Gesellschaft und Brauchtum sowie die psychologischen Grundlagen menschlicher Beziehungen aufzuzeigen. Die Kritikerin lenkt ihre Aufmerksamkeit auch auf Jelineks sprachliche Verfahren, die auf der Stil- und Formebene mit der Brutalität des beschriebenen Lebens im Einklang stehen. Sie weist darauf hin, dass die Prosa durch Poetisierung, Binnenreime, Alliterationen, die klangliche Ähnlichkeit von Wörtern, Parallelismen, Paradoxien sowie die bewusste Verbindung von Ernsthaftigkeit und Kolloquialität charakterisiert ist.[75] Stasińska nimmt ebenfalls eine Analyse des Übersetzungsprozesses vor und bewertet die in der polnischen Version des Romans enthaltenen erklärenden Fußnoten, die die kontextuellen Elemente und Sprachspiele beleuchten, positiv. Es ist bedauerlicherweise eine Seltenheit in der polnischen Literaturkritik, auf die Tatsache hinzuweisen, dass es sich bei dem Werk um eine Übersetzung handelt. Des Weiteren geht Stasińska über die Grenze des feministischen Interpretationsschlüssels hinaus und postuliert in ihrer Rezension, dass die Bitterkeit des Romans aus einer antifeministischen Perspektive interpretiert werden könnte.[76] Auch Marta Cuber diagnostiziert antifeministische Inhalte in ihrem Artikel in der Monatszeitschrift Odra.[77] Darüber hinaus hebt sie parodistische Bearbeitung des Genres hervor und macht die architextuellen Bezüge (von Gérard Genette definiert) zum Hauptthema der Rezension. Auch Verweise auf den außerliterarischen Raum – die deutschsprachige Popkultur – finden Berücksichtigung. Katarzyna Szumlewicz[78] hingegen bespricht *Die Liebhaberinnen* aus der Perspektive des zum Verkauf gestellten Körpers als Grundlage des Plots. Alle drei Rezensionen lassen sich durch den Einsatz von systematisierenden und hermeneutischen Verfahren als Kritiktexte mit der problematisierenden Funktion (*funkcja problematyzująca* – Dybciak) kategorisieren.[79]

In der Vierteljahresschrift der Polnischen Philosophischen Gesellschaft an der Nikolaus-Kopernikus-Universität, Ruch Filozoficzny (2008, 4), findet sich eine Skizze von Barbara Grabowska mit dem Titel *Czy literatura „kobieca" przyczynia się do poszerzania wspólnoty „nas"?* [dt. Trägt „weibliche" Literatur dazu bei, die Gemeinschaft von „uns" zu erweitern?]. Zur Veranschaulichung wird die Darstellung weiblicher Charaktere in der von Frauen geschriebenen Literatur anhand von zwei Beispielen: Elfriede Jelineks *Die Liebhaberinnen* und Helen Fieldings *Bridget Jones – Schokolade zum Frühstück* aufgegriffen.[80] Gemäß der Autorin der Skizze manifestieren sich in diesen zwei Romanen zwei zentrale Motive: das Streben der Protagonistinnen nach Glück sowie die Suche nach

75 Vgl. ebd., S. 182.

76 Vgl. ebd., S. 184.

77 Vgl. M. Cuber, *Rozważna i romantyczna,* in: Odra, 2005, R. 45, Nr. 12, S. 120–121.

78 K. Szumlewicz, *Ciała nie własne,* in: Bez Dogmatu, 2005, Nr. 65, S. 11–12.

79 Vgl. K. Dybciak, *Personalistyczna krytyka literacka. Teoria i opis nurtu z lat trzydziestych,* S. 16.

80 B. Grabowska, *Czy literatura „kobieca" przyczynia się do poszerzania wspólnoty „nas"?,* in: Ruch Filozoficzny 65, 2008, Nr. 4, S. 697–708.

ihrer gesellschaftlich anerkannten Rolle.[81] Dabei kommt es zu einer Konfrontation mit den herrschenden gesellschaftlichen Zwängen. Die Auswahl der Romane erfolgt unter Berücksichtigung der Spezifik der österreichischen Schriftstellerin zu dem betreffenden Leitthema sowie der Popularität von Fieldings Werk, das als Manifest der Generation betrachtet wird.[82] Diese Skizze ist ein Beispiel für eine Vereinfachung der Lektüre, die darauf beruht, nur die Oberflächenstruktur des Textes zum Gegenstand einer Reflexion zu machen. Die Autorin scheint die satirische Betrachtungsweise der dargestellten Welt sowie den ironischen Ton durch den Einsatz von Elementen, die von dem Parodisierungsverfahren der Trivialliteratur im Roman zeugen, nicht zu bemerken.[83] Grabowska analysiert *Die Liebhaberinnen* unter dem Ansatz eines Heftchenromans über die Liebe, ohne dabei auf Rechercheinstrumente oder ein literaturwissenschaftliches Paradigma zurückzugreifen, welches eine Rekonstruktion der evozierten Bedeutungen ermöglicht hätte. In der Schlussfolgerung wird betont, dass Jelinek sich als außerordentlich scharfsinnige und eindringliche Beobachterin und Entlarverin präsentiert, über eine ausgeprägte Intelligenz und Ironie verfügt und sich durch eine hohe Begabung im Schreiben sowie im Experimentieren mit Worten auszeichnet. Zudem thematisiert sie die Tatsache, dass Frauen im öffentlichen Raum zum Schweigen verdammt sind.[84] Diese Worte offenbaren nicht nur eine infantile Beurteilung des Werks Jelineks, sondern legen auch eindeutig dar, dass Grabowska den Roman in das „Nischenregal mit Frauenliteratur" – um Bauers Terminologie zu verwenden – einordnet, obwohl sie Richard Rorty (*Kontingenz, Ironie und Solidarität*, 1989) zitiert, dass ein signifikanter Roman auf die Auswirkungen sozialer Praktiken und Institutionen verweisen sollte.[85] Das Zitat fungiert lediglich als kompositorische Klammer und verleiht der Aussage einen ‚wissenschaftlichen' Anstrich. Daher repräsentiert diese Skizze nicht einmal das Modell der informativ-utilitaristischen Kritik dar, wie es von Włodzimierz Bolecki definiert wird und deren Hauptfunktion darin besteht, einem Laien zuverlässige Informationen über das Buch zu liefern.[86] Grabowska fasst zuverlässig den gelesenen Text zusammen, äußert Sympathie für die Autorin und liefert verlässliche Informationen über die Handlung, erfüllt sie aber nicht die Pflicht, die sie gegenüber der Schriftstellerin hat, da sie kein Verständnis (*sic!*) für die Intention der

81 Vgl. B. Grabowska, *Czy literatura „kobieca" przyczynia się do poszerzania wspólnoty „nas"?*, S. 699. Im Original: „dążenie do szczęścia i poszukiwanie przez kobiety swojego miejsca w życiu w konfrontacji z naciskami społecznymi". Ebd.

82 B. Grabowska, *Czy literatura „kobieca" przyczynia się do poszerzania wspólnoty „nas"?*, S. 699.

83 Mehr zu diesem Thema vgl. A. Majkiewicz, *Intertekstualność – implikacje dla teorii przekładu. Wczesna proza Elfriede Jelinek*, S. 185–201.

84 Vgl. B. Grabowska, *Czy literatura „kobieca" przyczynia się do poszerzania wspólnoty „nas"?*, S. 704. Im Original: „... prezentuje się jako niezwykle bystra i przenikliwa obserwatorka i demaskatorka zarazem. Jest inteligenta i ironiczna, obdarzona umiejętnością pisania i eksperymentowania ze słowem. Podważa w ten sposób również przekonanie, że kobiety skazane są na milczenie w przestrzeni publicznej". Ebd.

85 Ebd., S. 707.

86 W. Bolecki *Co to jest krytyka?...*, S. 104–110.

Autorin aufbringt.[87] Die Skizze ist als ein Beispiel für die ‚kritischen Ignoranz' gegenüber versteckten Bedeutungen, *intentio auctoris* und *intentio operis* (U. Eco) zu betrachten, die als Gegenpol zur Fachkritik verstanden werden kann.

1.3 *Wykluczeni* (2005) – *Die Ausgesperrten*

Die polnische Übersetzung des Romans *Die Ausgesperrten* wurde in demselben Jahr wie *Die Liebhaberinnen* verlegt. Agnieszka Drotkiewicz rezensiert *Die Ausgesperrten* für Nowe Książki[88], eine Monatszeitschrift, die sich mit Neuerscheinungen auf dem polnischen Buchmarkt, d.h. sowohl mit kürzlich erschienenen Titeln als auch mit Phänomenen und Tendenzen im literarischen Leben, befasst, und sich an Personen richtet, die beruflich mit dem Buchmarkt verbunden sind. Drotkiewicz analysiert den historischen und sozialen Kontext, erinnert an die Wiener Aktionisten und beschreibt die Lektüren der Hauptfiguren des Romans als wichtigen Kontext für die Handlung. Jugend und Gewalt identifiziert sie als Leitthema des Romans. Ihrer Ansicht nach demonstriert Jelinek, dass die Gewalt nicht aus dem Nichts entsteht, sondern als ein Resultat von Entfremdung und schwarzer Einsamkeit zu betrachten ist.[89] Drotkiewicz fungiert hiermit als Kritikerin-Domestiziererin (im Sinne von Legeżynska) und befürwortet den Roman der Nobelpreisträgerin. In der Konsequenz manifestieren sich in ihrer Rezension bewertende und kognitive Ziele.

Der Artikel von Arleta Galant in der zweimonatlich erscheinenden Stettiner Zeitschrift Pogranicza[90] dient demgegenüber nahezu ausschließlich kognitiven Zwecken. Er stellt fast ein exemplarisches Musterbeispiel für einen kritischen Rezensionstext (*recenzja krytyczna*) dar und wird, Głobaszewska folgend, wissenschaftlich verortet. Galant nimmt Bezug auf das frühere literarische Werk Jelineks, setzt sich mit der Struktur des Romans auseinander und kontextualisiert diesen sowohl sozial als auch politisch. Sie betont, dass die österreichische Geschichte und Mentalität den Plot strukturieren, verweist auf historische und ethische Kontexte in *Den Ausgesperrten* und schlägt einen von der polnischen Kritik bisher kaum kontextuellen Interpretationsrahmen vor. Angesichts der thematischen Vielheit, die nicht nur diesen Roman Jelineks auszeichnet, ist die geringe Anzahl an ähnlichen Rezensionen überraschend.[91]

87 Im Original: „... rozumiejącym przedstawieniu intencji twórczych pisarza". Ebd., S. 105.

88 A. Drotkiewicz, *Austria Drei,* in: Nowe Książki, 2006, Nr. 1, S. 12–13.

89 Im Original: „przemoc nie bierze się znikąd, nie jest perwersyjnym ornamentem, jest funkcją wyobcowania, czarnej samotności". Ebd., S. 13.

90 A. Galant, *Fizjologia przemocy,* in: Pogranicza, 2005, Nr. 6, S. 106–108.

91 Zwei weitere Rezensionen sind in der Literaturkritik erschienen: von Andrzej Kopacki in Literatura na Świecie und Katarzyna Szumlewicz in Bez Dogmatu. Vgl. K. Szumlewicz, *Szpetne kulisy rozkwitu,* in: Bez Dogmatu, 2006, Nr. 69, S. 25–26. In der akademischen Welt findet sich hingegen ein Artikel, der sich mit dem Problem der Übersetzung intertextueller Verweise in *Den Ausgesperrten* befasst. Vgl. A. Majkiewicz, *Intertekstualność jako nowe (stare) wyzwanie w teorii i praktyce przekładu literackiego,* in: Rocznik Przekładoznawczy, Bd. 5, 2009, S. 121–131.

Eine Gegenposition vertritt Andrzej Kopacki in seiner Rezension *Zgasło na panewce* in der seit 1971 in Warschau herausgegebenen und in Polen einzigen fremdsprachigen Literatur gewidmeten polnischen Monatszeitschrift Literatura na świecie.[92] Der polnische Literaturwissenschaftler kritisiert die ‚ideologische' Verankerung (Faschismus, Pornographie) als schwaches Handlungsgerüst im Roman, da das Bild der dargestellten Welt trivial und unwahr bewertet wird. Kopacki verweist auf eine mangelnde Sinnstiftung sowie auf das Fehlen kognitiv-ästhetischer Auswirkungen. Kopacki zufolge sind der Hass als ordnende Kategorie im Narrativen und das Vorhandensein einer starken souveränen narrativen Instanz unzureichend, um den Roman die literarische Qualität zu attestieren, die für eine adäquate Rezeption erforderlich ist. Es entsteht der Eindruck, dass sich die Rezension an den entgegengesetzten Pol der Expertenkritik stellt, da sie Ausdruck der subjektiven Gefühle ihres Verfassers nach der Lektüre des Romans ist.

Jan Zdzisław Brudnicki wendet im journalistischen Feld eine andere Art der Kritik an.[93] Seine Rezension kann als ein Musterbeispiel für die Gewinnung eines universellen Inhalts als Kompensation für das hermeneutische Verfahren seitens der Kritiker*innen betrachtet werden. Statt den kulturellen bzw. historischen Hintergrund zur Rekonstruktion der evozierten Bedeutungen zu gewinnen, übernimmt der Rezensent die Rolle eines Kommentators der Gegenwart (*komentator współczesności*). Brudnicki zufolge kündigt der Roman zeitgenössische und vor allem polnische Missständen an: heutige „Rebellen ohne Ideen" und Partisanen der neuen Zeit, die mit Computerspielen trainiert wurden und selbstlose Gewalt befürworten, Skinheads und Hooligans. Abschließend verweist er jedoch auf Studienergebnisse von Prof. Elżbieta Tarkowska und kommt zu dem Schluss, dass der gegenwärtige 12 % Anteil der Bevölkerung, die in extremer Armut lebt, seiner Meinung nach ein möglicher Nährboden für nihilistische Haltungen der polnischen Rainers, Hans, Annas und Sophien sein könnte. Brudnicki ignoriert die zeitliche Anordnung des Romans, der in den 1950er Jahren spielt, und verlegt die Handlung in die Gegenwart. Dies hat zur Folge, dass die Beweggründe für die Handlungen der Hauptfiguren nur bedingt rekonstruiert werden können.

1.4 *Pożądanie* (2007) – *Lust*

Nach seinem Erscheinen im deutschsprachigen Raum löste der Roman *Lust* eine stürmische Diskussion in der Presse aus und fand in Polen kaum Beachtung in den Printmedien. Der Prosatext wurde von Elżbieta Kalinowska ins Polnische übertragen und im Jahre 2007 vom W.A.B.-Verlag in Warschau als das vierte ins Polnische übersetzte Werk (nach *Die Klavierspielerin*, *Die Liebhaberinnen*, *Die Ausgesperrten*) verlegt. Selbst die überregionale Tageszeitung Gazeta Wyborcza, die ansonsten regelmäßig die Publikationen des W.A.B.-

92 A. Kopacki, *Zgasło na panewce,* in: Literatura na Świecie, 2007, Nr. 1/2, S. 422–425.
93 J.Z. Brudnicki, *Noblistka Jelinek ostrzega!*, in: Trybuna, 2006, Nr. 53, S. 11–12.

Verlags kommentiert, brachte lediglich eine kurze Buchbesprechung.[94] Die Tatsache, dass das Buch in der Presse fast keine Erwähnung fand, stützt die Hypothese, dass ihm keine große Bedeutung beigemessen wurde. Die geringe Handlung im Roman resultiert in einem geringen Unterhaltungswert. Dies könnte ein Grund dafür sein, dass der Roman von der Literaturkritik in Tageszeitungen wenig Beachtung fand. Es ist als bemerkenswert zu erachten, dass eine Annäherung an das Buch nicht vorgenommen wurde. Es besteht die Möglichkeit, das Werk als erotische Literatur von Frauen zu klassifizieren und dementsprechend zu interpretieren. Das medienwirksame Thema Sexualität erwies sich in diesem Fall als unwirksam. Die Reduktion der Handlung bei gleichzeitiger Vielfalt der sprachlichen Mittel in der Beschreibung des Geschlechtsaktes verhinderten wahrscheinlich solche Lesarten. Es ist festzustellen, dass nicht einmal negative, ablehnende Rezensionen publiziert wurden, die ein schriftstellerisches Misslingen und ein fehlendes ästhetisches Konzept zum Ausdruck hätten bringen können. Die vorliegende Rezeptions-Lücke veranschaulicht, dass das Buch von Seiten der Kritiker*innen auf Widerstand stößt.[95] Der hohe Bekanntheitsgrad der Autorin als Nobelpreisträgerin sowie ihr Status als moderne Feministin aus Österreich stellten keine hinreichende Basis dar, um publikumswirksame Beiträge in der Presse zu generieren. *Exempli causa* wären diesbezüglich Beträge zu den Themen Geschlechterbeziehungen oder Frauen und Sexualität gewesen.[96]

---

94 L. Włodek-Biernat, *Pożądanie, Jelinek, Elfriede*, in: http://wyborcza.pl/1,75475,4183800.html#ixzz3i4vIp4kI, datiert mit 28.05.2007 (Zugriff am 12.03.2024).

95 Diese Rezeptionslücke versuchte Agnieszka Jezierska zu beseitigen, indem sie die polnische Übersetzung des Romans in der wissenschaftlichen Fachzeitschrift Acta Philologica begutachtete. In ihrem kurzen Beitrag lieferte sie Beispiele für sprachliche Virtuosität Jelineks und die gelungenen Lösungen in der Übersetzung. Darüber hinaus wies sie auf einige unübersetzbare Stellen hin. Damit machte die Literaturwissenschaftlerin aus Warschau auf die Problematik der sprachlichen Verortung des Textes in der polnischen Kultur aufmerksam. Vgl. A. Jezierska, *Anatomia słowa, anatomia tekstu: język w „Pożądaniu" Elfriede Jelinek*, in: Acta Philologica, 2007, Nr, 33, S. 174–178. Eine sachliche Annäherung an den Roman findet man auch in dem zwei Jahre später veröffentlichten Beitrag von Bernadetta Darska in der Stettiner Kulturzeitschrift Pogranicza, in der sie neben *Lust* auch die Romane *Die Klavierspielerin* und *Gier* aus der Gender-Perspektive interpretiert. Vgl. B. Darska, *Kontrakty płci u Elfriede Jelinek*, in: Pogranicza. Szczeciński Kwartalnik Kulturalny, 2009, Nr. 5, S. 23–27. Zu nennen ist noch ein im darauffolgenden Jahr publizierter Beitrag von Agnieszka Jezierska in dem vom Karl-Dedecius-Archiv in Słubice (Collegium Polonicum) herausgegebenen Jahrbuch. Die Autorin versuchte, translatorische (sprachliche und intertextuelle) Schwierigkeiten bei der Übersetzung ins Polnische anzugehen. Vgl. A. Jezierska, *Powieść zwana Pożądaniem. Elfriede Jelinek a przekład*, in: OderÜbersetzen (Deutsch-polnisches Übersetzungsjahrbuch), 2010, Nr. 1, S. 149–159.

96 Anders als in Deutschland. Der 1989 publizierte Roman *Lust* war das literarische Medienereignis des Jahres. Das Thema des Buches, der Ruf der Autorin als Feministin, die keine Tabus scheut, sowie ihr dank der früheren Publikationen etablierter Status als ernstzunehmende Schriftstellerin garantierten laut Christine Flitner hohe Aufmerksamkeit für das Buch, die über den Kreis der regelmäßigen Literaturkonsument*innen hinausging. Auch die Vorstellung in der ZDF-Runde „Literarisches Quartett", die Nominierung auf der SWF-Bestenliste und verschiedene Interviews mit provokanten Äußerungen der Autorin waren nicht ohne Bedeutung. Vgl. Ch. Flitner, *Frauen in der Literaturkritik: Gisela Elsner und Elfriede Jelinek im Feuilleton der Bundesrepublik Deutschland*, Centaurus-Verlagsgesellschaft, Pfaffenweiler 1995, S. 128.

Im Bereich der Fachzeitschriften ist zunächst eine Buchbesprechung von Agata Pyzik in der Monatszeitschrift Nowe Książki[97] und ein Beitrag von Adam Iwanowski in Akant[98] zu nennen. Agata Pyzik analysiert die innovative Sprachschöpfung Jelineks, die sich durch den Einsatz vielfaltiger sprachlicher Mittel, Ironie und Sarkasmus auszeichnet. Sie verweist auf die sprachliche Virtuosität, eine Art ‚Parasitentum', d.h. einen spezifisch ‚verdrehten' Stil („pokraczny styl"), der die Grobheit der Welt, eindeutig aggressive Bilder und grausame Ironie vermittelt. Es ist erstaunlich, dass die Rezensentin die Arbeit der Übersetzerin Elżbieta Kalinowska unerwähnt lässt. Sie rekonstruiert auch Zeit und Ort des Geschehens, die Darstellung der männlichen Macht sowie die Verherrlichung Österreichs mit seinen Skifahrern durch bürgerlich-nationale Tugenden. Gemäß Pyzik ist Jelineks Intention, eine Anti-Pornographie zu kreieren, d.h. einen pornographischen Diskurs, der nicht erregt, sondern erschreckt, da – so Pyzik – die Kehrseite des Sexuellen immer Gewalt und Mordlust sei. Die vorliegende Rezension zeichnet sich durch eine hohe Sachlichkeit aus. Sie präsentiert die zentralen Themen des Romans und demonstriert eine ausgeprägte Kenntnis des besprochenen Werks. Pyzik betont, dass Jelinek von Leser*innen verlangt, sich kritisch, selbstbewusst und konfrontativ mit sich selbst und der Welt auseinanderzusetzen. Nach der Lektüre können sie sich „angeschlagen" („pokiereszowany") fühlen, aber auch überwältigt von einer ergreifenden Traurigkeit und Scham für die Menschenrasse.[99] Die Rezensentin verzichtet auf eine Analyse der politischen Verstrickung des Textes und hebt die positiven Aspekte des „ekelhaften Schreibens" der Nobelpreisträgerin hervor. Sie präsentiert eine interessante Interpretation, in der sie auf die Notwendigkeit einer alternativen (aktiven) Leseart verweist, die auf der Prämisse basiert, dass der/die Leser/in durch die Lektüre des Romans eine Reinigung des Geistes und der Seele erfährt, da der Roman es nicht zulässt, dass sich der/die Leser/in in Selbstgefälligkeit und „warmem Schlamm" („ciepłe błocko") niederlässt. Auf diese Weise erfüllt die Rezension von Agata Pyzik eine problematisierende Funktion (*funkcja problematyzująca* – laut Dybciak).

Der problematisierende Ansatz findet sich ebenfalls im Beitrag von Adam Iwanowski in der Literaturzeitschrift Akant wieder. Lassen wir den Autor zu Wort kommen: Der Roman zeichnet sich durch seine ‚fragmentierende' Perspektive, fragmentarische Situationsschilderungen und eine unzusammenhängende Syntax aus. Diese Merkmale tragen dazu bei, dass der Text eine emotional involvierte und persönliche Wirkung auf die Leser*innen ausübt.[100] Der Rezensent verweist auf die Existenz tieferer und breiterer Zusammenhänge, die über das unpräzise Etikett ‚Feminismus' (d.h. die weltanschaulichen Neigungen der Autorin) hinausgehen und vermeidet damit eine ‚feministische' Lesart des Romans. Iwa-

97 A. Pyzik, *Rwące potoki języka*, in: Nowe Książki, 2007, Nr. 8, S. 18.

98 A. Iwanowski, *Pożądanie*, in: Akant, 127, 2007, Nr. 10, S. 50.

99 A. Pyzik, *Rwące potoki języka*, S. 18. Im Original: „... dojmującą przykrością i wstydem za rodzaj ludzki".

100 A. Iwanowski, *Pożądanie*, S. 50. Im Original: „dzięki wyimkowej perspektywie spojrzenia, impresji fragmentarycznych szkiców sytuacyjnych oraz rozczłonkowanej składni języka jest książką w całej pełni emocjonalnie zaangażowaną, subiektywną, aż niemal osobistą, co ułatwia kontakt z odbiorcą".

nowski zufolge thematisiert Jelinek in ihrem Werk die Quellen der Grausamkeit in der modernen Kultur. Dabei bedient sie sich einer Sprache, die nicht als experimentell oder schöpferisch zu betrachten ist, sondern vielmehr als ein unbeherrschtes, nervöses Rasseln. In ihrer literarischen Darstellung, die durch „zerklüftete" Bilder von Albträumen charakterisiert ist, bestätigt sie die Unbeständigkeit menschlicher Beziehungen.[101] Iwanowski zufolge entzieht sich und entkommt zugleich der Sprache die Logik der Syntax. Der Rezensent interpretiert den Roman Jelineks als eine Kritik der ‚Mechanisierung' der Welt, welche die Quellen für die Grausamkeit in der modernen Kultur offenbart. Die Sprache wird dabei nicht als Produzentin von Auffassungen und Ideologien (Diskursen) dargestellt, sondern als ein Kommunikationsmittel mit Abbildungsfunktion, das sogar zur Empathie (bzw. zum Mit-Erleiden) zwingt. Diese Feststellung ist erstaunlich, da sie im Widerspruch zu den Interpretationsanalysen des Originals steht (der deutsche Text vermittelt den kalten, die Empathie verhindernden und sarkastischen Blick). Iwanowski missachtet zudem die Tatsache, dass er eine (polnische) Übersetzung liest.

Eine Rezension, die sich mit der Qualität der Übersetzung auch nicht auseinandersetzt, stammt von Bernadetta Darska und wurde in der zweiwöchentlichen Internetzeitschrift *artPapier* aus Katowice publiziert.[102] Darska hebt den ideologischen Inhalt des radikalen Feminismus im Roman hervor und argumentiert ihn mit den Bildern der Versklavung und Entwürdigung der Frau durch den Mann. Ihrer Ansicht nach wird die Beziehung zwischen Mann und Frau in *Lust* in ein schreckliches Schicksal verwandelt, aus dem es kein Entrinnen gibt und dessen größte Kosten die Frau zu tragen hat. Das Fehlen alternativer Optionen trägt laut Darska nicht zur Stärkung, sondern zur Schwächung der Botschaft bei. Die Rezensentin deutet mehrfach an, die Verwechslung von Geschlecht, Macht und Entwürdigung als ein zentrales Problem in *Lust* führt dazu, dass die Handlung zu sehr einer Botschaft untergeordnet werde. Der leidenschaftslose, fast berichtende Ton wird von ihr als einschränkend bewertet. Zudem kritisiert sie eine nüchterne, ermüdende und mitunter lächerliche Ausdrucksweise. Darska betont in der Folge, dass dies mit großer Wahrscheinlichkeit nicht die Intention der Autorin gewesen sei. Ohne die Tatsache zu bemerken, dass es sich um eine Übersetzung handelt, geschweige denn um die Qualität selbst, erlaubt sich Darska folgende Kritikworte zur Sprache zu bringen: Jelinek scheitere in *Lust* kläglich, weil es ihr nicht gelinge, Eindeutigkeit und Vorhersehbarkeit zu vermeiden. Hätte Jelinek ihr Projekt der Gerechtigkeit aufgegeben und sich auf eine leidenschaftliche Entlarvung konzentriert, wie man sie in *Der Klavierspielerin* findet, so hätte man es – wie Darska pointiert – mit guter Literatur statt mit deren abgeleiteten und faden Abglanz – zu tun. Diese Art der Kritik zeigt, dass dem Roman in der polnischen Sprachversion eine (inter)textuelle Verortung fehlt.[103]

---

101 Im Original: „są niepowściągliwą, nerwową grzechotką. Gną się w postrzępionych obrazach koszmarów, obrazów skali niebytu dla trwałości ludzkich związków". Ebd.

102 B. Darska, *Tak boli, że aż nudzi (rec. E. Jelinek, „Pożądanie")*, in: artPapier, 84, 2007, 12, datiert mit 15.06.2007, https://www.artpapier.com/index.php?page=artykul&wydanie=37&artykul=810 (Zugriff am 10.07.2024).

103 Vgl. dazu das Kapitel *Intertextuelle Atopie im Roman „Lust"* in der vorliegenden Monographie.

In der virtuellen Welt stößt man auf diversen Portalen auch auf einige Buchbesprechungen. In einer anonymen, aber umfangreichen Rezension auf dem Portal granice.pl. *wszystko o literaturze* [Alles über die Literatur] aus Katowice (Chefredakteur: Sławomir Krempa)[104] wird ebenfalls die sprachliche Kunst der Autorin hervorgehoben. Zudem wird das Buch in der Darstellung der zwischenmenschlichen Verhältnisse in der kapitalistischen Gesellschaft platziert. Auch auf dem Kulturportal *e-splot* wird der intellektuell anspruchsvolle Stil gelobt, der sich durch eine kritische Auseinandersetzung mit der Heuchelei und Grausamkeit der Welt auszeichnet. Die Verwendung der brutalen Sprache, die oft in Ironie, Wortspiele und poetische Assoziationsketten übergeht, wird ebenfalls hervorgehoben.[105]

Für die Internetzeitschrift Perspektywa Kulturalna [Kulturelle Perspektive] verfasste Jakub Rawski eine ausführliche und positive Rezension zu *Lust*.[106] Er bedient sich der Hegelschen Begriffe Herr und Knecht und betont die kongeniale Verbindung von Vulgarität und Metaphorik der Bilder, was nach ihm in einer Antipornographie mündet. Der Autor fordert eine wiederholte Lektüre des Textes. Bemerkenswert ist die Tatsache, dass auch in der Blogosphäre der Prosatext von Jelinek Erwähnung findet, was Einblick in die Rezeption seitens nicht professioneller Kritiker gibt. Ambrose, ein Autor des Blogs *klub-aa* fokussiert sich vor allem auf die Sprache, die durch ihre plastische Ausdruckskraft die Leser*innen bezaubert und zugleich abstoßende Inhalte wiedergeben kann. Er meint: Die Autorin serviert uns eine emotionslose Prosa, die gleichzeitig beschreibend, plastisch und außergewöhnlich präzise ist, und im weiteren betont: die Fülle an Metaphern verschleiert die Handlung, führt uns manchmal in die Irre und zwingt uns zu intellektueller Anstrengung.[107] Auf dem Portal *stacjakultura. pl* [Kulturstation], das Buchbesprechungen der Leser*innen publiziert, ist auch eine Rezension zu *Lust* zu finden. Nach Ansicht des Autors gelingt es dem Text, die Leser*innen in den Bann zu ziehen und die im Titel angekündigte Wollust auf der eigenen Haut erleben zu lassen, da die Lektüre des Prosatextes emotional engagiere. Es wird eingeräumt, dass die erfrischende Sprache dem alten Thema eine neue Qualität verliehen habe.[108] Bei Betrachtung des Originalwerks erscheint eine derartige Behauptung erstaunlich, da das Original gerade das Gegenteil bewirkt, indem es eine Distanz erzeugt, die eine emotionale Lektüre unmöglich macht. Eine Analyse der Rezensionen ergibt, dass der Inhalt und die Beschreibung der Sprache im Vordergrund

---

104 M. Kempna, *„Pożądanie“ Elfriede Jelinek*, in: https://www.granice.pl/recenzja/pozadanie/757 (Zugriff am 12.03.2024).

105 Vgl. [N.N.], *O okrutnej sile pożądania („Pożądanie“, Jelinek)*, v. 27.11.2008, in: http://e-splot.pl/?pid=magazyn&code=article&id=234 (Zugriff am 12.03.2024).

106 Vgl. J. Rawski, *Antyporno*, in: http://peku.pl/213/antyporno (Zugriff am 12.03.2024).

107 Im Original: „Autorka serwuje nam prozę beznamiętną, a przy tym opisową, plastyczną i niezwykłe precyzyjną. [...] Ich obfitość zaciemnia fabułę, momentami zwodzi nas na manowce, zmuszając do intelektualnego wysiłku.“ Ambrose, *„Pożądanie“ Elfriede Jelinek – O patologicznej potrzebie dominacji*, datiert mit 7.04.2025, https://klub-aa.blogspot.com/2025/04/pozadanie-elfriede-jelinek-o.html (Zugriff am 20.04.2025).

108 Vgl. K. Kuhr, *Pożądanie – recenzja książki*, in: http://stacjakultura.pl/1,1,11232,Pozadanie_recenzja_ksiazki,artykul.html (Zugriff am 12.03.2024).

stehen. Bemerkenswert ist, dass die Sprache nicht linear konstruiert ist und mit Überraschungen aufwartet, da die konventionellen Bedeutungen aufgehoben sind.[109] In einigen Aussagen werden zugleich der Humor und die Ironie akzentuiert und die sprachliche Virtuosität der Autorin hervorgehoben. Es lässt sich feststellen, dass der ungewöhnliche Schreibstil von dem/der polnischen Leser/in wahrgenommen wird, jedoch lediglich in Bezug auf die rhetorischen Figuren wie Alliterationen, Reime, Wiederholungen, Metaphern und bildliche Vergleiche etc.

1.5 *Żądza* (2007) – *Gier*

In der polnischen Literaturpresse ist nur eine einzige Besprechung des vorliegenden Romans[110] erschienen (laut Bibliographie der Zeitschrifteninhalte). In der Monatszeitschrift Nowe Książki, die sich mit Neuerscheinungen auf dem polnischen Buchmarkt befasst, veröffentlichte Maciej Miłkowski eine Rezension des Romans. Er würdigte das Werk als bedeutendste der Autorin und klassifizierte es als eine der „wesentlichen Säulen der Postdas moderne".[111] Er äußerte sich positiv über die ungewöhnliche Form und den einzigartigen Erzählungsfluss des Romans, der mit seltener Freiheit und Anmut die vierhundert Seiten des Romans durchzieht.[112] Der Autor ist der Auffassung, dass das jüngste Werk Jelineks signifikante Vorzüge aufweist, die über die Einflüsse feministischer, anti-österreichischer und linksradikaler Werke hinausgehen. Miłkowski rekonstruiert die Beschreibungsmethode ‚von außen' sowie die Erzählweise aus der Perspektive der Subjekte (Haus, Auto, See usw.) und erläutert die Bedeutung des Romantitels. Die Rekonstruktion der ästhetischen Ebene wird von einer Erläuterung der ideologischen Ebene begleitet. Dadurch werden kognitiv-theoretische Aufgaben (*funkcja poznawczo-teoretyczna* im Sinne von Gołaszewska) bewältigt und es werden positive Werturteile geliefert. Diese Stimme ist von signifikanter Relevanz: Miłkowski vollzieht die Abkehr vom schematischen Interpretationsansatz, der an Jelineks frühere Werke angewandt wurde. Sein Beitrag ist als „praktisch" im Sinne von Gołaszewska einzuordnen, da er bei der Leserschaft „Veränderungen" auslöst, die zu einem verbesserten Werkverständnis führen können.[113] Es ist bedauerlich, dass in der kritischen Rezeption von Jelineks Werk Diskussionen mit Werturteilen, die kognitiv-theoretische Aufgaben erfüllen, nicht zur Selbstverständlichkeit gehören.

---

109 Die Leseart findet man auch in einer Sendung von Radio Szczecin, in der die starke und ungewöhnliche (befremdende) Metaphorisierung der Sprache zum Hauptthema gemacht wird. Die Gesprächsteilnehmer heben die Ausdrucksstärke durch die Kontamination der Vulgarität mit der Metaphorik der Beschreibungen hervor. Vgl. K. Wojtyła, u. A. Skrendo, *Recenzja Elfriede Jelinek „Pożądanie"*, datiert mit 1.02.2011, in: http://radioszczecin.pl/172,230,recenzja-elfriede-jelinek-pozadanie (Zugriff am 12.03.2024).

110 E. Jelinek, *Żądza*, übers. v. A. Kowaluk, W.A.B., Warszawa 2007.

111 M. Miłkowski, *Żądza narracyjna,* in: Nowe Książki 2007, Nr. 12, S. 60.

112 Im Original: „... niezwykłe ujęcie formy, niepowtarzalny żywioł narracji, który z rzadką spotykaną swobodą i wdziękiem, zalewa czterysta stron powieści". Ebd., S. 60.

113 M. Gołaszewska, *Filozoficzne podstawy krytyki literackiej*, S. 145.

1.6 *jesteśmy przynętą kochanie!* (2009) – *wir sind lockvögel baby!*

Der Roman *wir sind lockvögel baby!* ist in der polnischen Sprache nach der chinesischen und russischen die dritte Übersetzung.[114] In der literaturkritischen Fachwelt fokussieren sich auf dieses Werk nur zwei Rezensionen.[115] Auf der Suche nach einem Bindeglied für *wir sind lockvögel baby!* bewertet Grzegorz Wysocki in Twórczość[116] verschiedene Erzähl- und Handlungsideen sowie viele Sprachspiele als bemerkenswert. Des Weiteren werden auch die Übersetzerinnen belobt, wobei betont wird, dass die Übertragung eine unmenschliche Herausforderung darstelle („nieludzkie translatorskie wyzwanie"). Obwohl er auch die bravouröse Phantasie und das Sprachtalent der Autorin hochschätzt, äußert er seine Zweifel an der Notwendigkeit, so ein Werk als eines der letzten Denkmäler der scheidenden Avantgarde zu veröffentlichen. Wysocki nimmt die ästhetischen Werte, die dem Werk innewohnen, nicht in seine Analyse auf, weil er keine Konkretisierung des Werkes (im Sinne Ingardens) vornimmt. Stattdessen stellt er fest, es besteht die Möglichkeit, eine Vielzahl an Interpretationen und Lesarten dieses Romans, der eine Fülle an Figuren und Ereignissen aufweist und dadurch eine große Bandbreite an Bedeutungen zulässt, zu entwickeln. Letztendlich erweist sich der Roman als bedeutungslos und kauderwelsch.[117] Auch die negativen Werturteile sind auf das Scheitern der Lesenden an der

---

114 Dieser Roman gilt oft als Debütroman, was aber falsch ist, denn der erste Prosatext war *bukolit*, der im September 1968 abgeschlossen wurde und jedoch erst elf Jahre später mit der Gattungsbezeichnung *hörroman* im Wiener Verlag Rhombus erschien. Vgl. E. Jelinek, *bukolit. hörroman*, mit Bildern von Robert Zeppel-Sperl, hrsg. v. V. Ivanceanu, Rhombus Verlag, Wien 1979. Dazu siehe L. Müller-Dannhausen, *bukolit; wir sind lockvögel baby!; Michael. Ein Jugendbuch für die Infantilgesellschaft*, in: *Jelineks Handbuch* [2. Auflage], hrsg. v. P. Janke, J.B. Metzler, Stuttgart 2024, S. 101–106, hier 101; M. Janz, *Elfriede Jelinek*, J.B. Metzler, Stuttgart 1993, S. 2. *bukolit. hörroman* wurde dem Fischer Verlag 1968 angeboten, der Verlag lehnte das Manuskript jedoch ab. Wie Wolfgang Neubert erklärt, war der damalige Cheflektor des Verlags, Fritz J. Raddatz, daran interessiert, zog aber *wir sind lockvögel baby!* in der Produktion vor. Anfang der siebziger Jahre wurde Raddatz abgelöst, sein Nachfolger, Jürgen Manthey konnte dem Text nichts abgewinnen. Als der Rhombus Verlag bei Jelinek wegen eines Textes anfragte, wurde das Manuskript aus der Schublade geholt und 1979 publiziert. Das Konzern Mobil-Oil Austria AG sponserte die Veröffentlichung und verewigte sich hinter dem Titelblatt mit dem Firmenlogo und dem Spruch „Kunst: Energie in ihren schönen Form". Der zweite Sponsor IBM zog sich zurück mit dem Vorwurf, es handle sich bei dem Text um die Pornographie. Vgl. W. Neubert *Der unerhörte „hörroman". Elfriede Jelineks ‚bukolit'*, in: *Positionen der Jelinek-Forschung*, hrsg. v. C. Zittel u. M. Holona, Peter Lang Verlag, Bern 2008, S. 30. Nachdem Jelinek mit dem Nobelpreis ausgezeichnet wurde, kam *Bukolit* als Taschenbuch im Berlin Verlag 2005 heraus.

115 Im journalistischen Feld ist lediglich eine Rezension zu Jelineks ersten veröffentlichten Roman in der neuen überregionalen polnischen Tageszeitung *Dziennik Polska-Europa-Świat* unter dem Titel *Na haczyku języka* von Patrycja Pustkowiak zu finden. Die Erstausgabe der Zeitung erschien am 18. April 2006, der Titel bestand bis Mitte 2009 und verschmolz dann mit einer anderen Zeitung Gazeta Prawna zur Dziennik Gazeta Prawna. Vgl. Patrycja Pustkowiak, *Na haczyku języka*, in: Dziennik: Polska, Europa, świat, 2009, Nr. 154, Beilage: Kultura, S. 20.

116 G. Wysocki, *Bigos à la Jelinek*, in: Twórczość, 2010, 66, Nr. 10, S. 112–114.

117 Im Original: „„o tej powieści możemy tak naprawdę napisać, co tylko ślina na język przyniesie. Wszystkie interpretacje i odczytania są możliwe w przypadku utworu tak bardzo obfitującego w

Rekonstruktion von *intentio operis* zurückzuführen. Die vorliegende Kritik ist in erster Linie darauf ausgerichtet, eine pragmatische (informative) Funktion zu erfüllen. Wenn man davon ausgeht, dass die Aufgabe der Kritiker*innen darin besteht, als Vermittler*innen zwischen dem Werk und den Leser*innen zu fungieren und eine mögliche Konkretisierung des Werks (Ingarden) vorzuschlagen, jedoch nicht eine vorgefertigte Interaktion mit dem literarischen Werk zu liefern, dann muss man zu dem Schluss kommen, dass Grzegorz Wysocki dieser Aufgabe nicht in vollem Umfang nachkommt. Zwar beurteilt er das rezensierte Buch, liefert jedoch keinen Vorschlag für einen Interpretationsansatz. Maciej Miłkowski verfasste eine Rezension ähnlichen Inhalts für die Monatszeitschrift Nowe Książki.[118] Er betont ebenfalls die Herausforderung der Übersetzung und äußert Zweifel an der Veröffentlichung dieses Romas. Seiner Ansicht nach ist das Prosawerk Jelineks ein zweifellos oberflächliches und kauderwelsches Geschwätz.[119] Im Gegensatz zu Wysocki erkennt Miłkowski im Prosatext keine positiven Qualitäten und lehnt es sogar ab, ihn als literarisches Experiment zu betrachten. Miłkowski negiert jeglichen ästhetischen Wert des Werkes und formuliert ein eindeutiges Urteil, das seine Einstellung dem Roman gegenüber manifestiert. Als Gegenargumente führt er Beispiele für andere experimentelle Werke an, die sich erklären *versus* verstehen lassen. Auf diese Weise etabliert er sich als Experte für das Thema.

Die Frage, ob es ein Zufall ist, dass beide Kritiker nach ähnlichen Bezeichnungen (z.B. *bełkot* – kauderwelsches Geschwätz) greifen, muss unbeantwortet bleiben. Handelt es sich tatsächlich nicht um ein lesenswertes Werk? In einem Beitrag der Stettiner Kulturzeitschrift Pogranicza[120] wird von Bernadetta Darska dieser Vorstellung widersprochen. Darska beschäftigt sich nicht nur mit diesem Roman, sondern auch mit *Lust, Gier* und *Der Klavierspielerin* und ihr Ausgangspunkt der Überlegungen ist die Frage nach der sozialen Rolle der Frau im Patriarchat und die Gewalt, die gegen sie ausgeübt wird. Die Literaturwissenschaftlerin sieht die Quelle dieser Gewalt in der Vergangenheit (*Die Ausgesperrten*), während sie den Körper als Quelle des Leidens (*Die Klavierspielerin*), den Sex als Quelle der Macht (*Lust*) und die Popkultur als Quelle der Sinnlosigkeit (*wir sind lockvögel baby!*) interpretiert. Darska unternimmt den Versuch, Jelineks Werk einer intellektuellen Verortung zu unterziehen, indem sie eine geschlechtsspezifische Optik wählt. Diese kritische Stellungnahme ist als eine Form der Kritik mit problematisierender Funktion (*funkcja problematyzująca* nach Dybciak) einzuordnen.

---

postaci i wydarzenia, tak przeładowanego wszelkimi sensami, że w końcu zupełnie bezsensownego i bełkotliwego". Ebd., S. 114.

118 M. Miłkowski, *Bez litości dla Myszki Mickey, czyli eksperyment, który wymknął się spod kontroli*, in: Nowe Książki, 2010, Nr. 1, S. 34.

119 Im Original: „debiutanckie dzieło pisarki jest bezdyskusyjnie bełkotliwe i przeraźliwie wręcz płytkie". Ebd., S. 34.

120 B. Darska, *Kontrakty płci u Elfriede Jelinek*, in: Pogranicza, 2009, Nr. 5, S. 23–27.

1.7 *Dzieci umarłych* (2009) – *Die Kinder der Toten*

Der Roman *Die Kinder der Toten* (1995) wurde aufgrund seines Umfangs (von 666 Seiten) und seiner Komplexität bisher selten übersetzt. Die Autorin selbst bezeichnet ihn als ihr bestes und wichtigstes Werk. Derzeit liegen Übersetzungen des Werks in folgenden Sprachen vor: Niederländisch (Amsterdam: Querido's, 1998), Englisch (Austin, 1998), Russisch (Sankt Petersburg: Amfora, 2006), Französisch (Paris: Seuil, 2007), Japanisch (Tokyo: Choeisha, 2010) und Polnisch vor.[121] Im Jahr 2009 publizierte der Warschauer Verlag W.A.B. das bedeutendste Werk der Nobelpreisträgerin (übers. von Agnieszka Kowaluk). Bemerkenswert ist zudem, dass der Roman nicht einmal von der Monatszeitschrift Nowe Książki rezensiert wurde, obwohl diese den Schwerpunkt auf die Rezension von Neuerscheinungen legt. Im Internet waren lediglich Verlagsrezensionen zu finden, die als Teil der Werbekampagne des Verlags zu verstehen sind, deswegen unterscheiden sich die meisten dieser Rezensionen nur marginal voneinander.[122] Eine Ausnahme bildet die ‚obligatorische' Besprechung von Justyna Sobolewska in der Online-Version der Wochenzeitung Polityka.[123] Angesichts der Tatsache, dass dieser Roman in vielen früheren kritischen Beiträgen, insbesondere in denen, die dem Gesamtwerk der Nobelpreisträgerin gewidmet waren, besprochen und oft als das wichtigste Werk der Schriftstellerin angesehen wurde, ist ‚das Schweigen' seitens der Kritik umso rätselhafter. Es besteht die Möglichkeit, dass dies auf seine fragliche Attraktivität für die polnische Kritik und damit für die polnische Leserschaft zurückzuführen ist. Es ist zu vermuten, dass die kritischen Leser*innen auf die ‚nicht-feministischen' Themen in Jelineks Prosa, die sich mit der Problematik der Shoah auseinandersetzt, möglicherweise nicht vorbereitet sind. Im akademischen Umfeld findet sich lediglich ein Artikel von Artur Pełka, der dezidiert die Problematik der Shoah in Jelineks Werk thematisiert.[124] Aus der Perspektive der polnischen Geschichte und ohne Berücksichtigung der Bezüge zur österreichischen Vergangenheit sowie des gesamten Kulturkontextes gelesen, scheint der Roman als zu ‚schwierig', unverständlich und erklärungsbedürftig zu sein.

Der Roman *Die Kinder der Toten* (1995) ruft nicht nur in Polen Unverständnis hervor. Die Autorin selbst gab im Interview mit Jolita Venckute folgende Stellungnahme ab:

---

121 Vgl. Katalog des Elfriede Jelinek-Forschungszentrums, https://katalog.elfriede-jelinek-forschungszentrum.com/Search/Results?filter%5B%5D=carrier_type_custom_txtF_mv%3A%22Book%22&lookfor=kinder+der+toten&type=AllFields (Zugriff am 20.12.2023).

122 Als Beispiel: lubimyczytac.pl; student.pl.

123 J. Sobolewska, *Trupy pod dywanem*, in: http://www.polityka.pl/kultura/ksiazki/recenzjeksiazek/1501427,1,recenzja-ksiazki-elfriede-jelinek-dzieci-umarlych.read#ixzz2PXbGDMrZ (Zugriff am 10.04.2023).

124 A. Pełka, *Shoah w austriackiej pamięci zbiorowej na przykładzie „Stecken, Stab und Stangl" Elfriede Jelinek*, in: Teksty Drugie, 2004, Nr. 5, S. 168–178. Mit dem Roman *Die Kinder der Toten* setzt sich u.a. Paweł Piszczatowski auseinander. Vgl. P. Piszczatowski, *Przerwane opus magnum: o powieści Elfriede Jelinek „Dzieci umarłych" z Celanem w tle*, in: Acta Philologica, Nr. 45, 2014, S. 195–200.

> Vielleicht erfordern Bücher mehr Mühe. Auch jetzt merke ich, dass meine Bücher – sowohl *Lust* als auch *Die Kinder der Toten*, das ich für mein bestes Buch halte – nicht verstanden wurden. In unserer Gesellschaft ist zusammen mit den Juden dieses spezifische Verständnis von Humor und Ironie ausgestorben. Das spüre ich heute besonders stark.[125]

Ihr Opus magnum findet nicht nur von einem breiteren Publikum, sondern auch von der Forschung und Kritik nur wenig Beachtung.[126] Alexandra Pontzen bekräftigt diese Annahme, indem sie darauf hinweist, dass sich das vorherrschende Unverständnis „aus der Hilfslosigkeit des Lesers ableitet, dessen Rezeptionsgewohnheiten sich als unzureichend erweisen."[127] Der Roman ist als Gespenstergeschichte in der Tradition der *Gothic Novel* zu verstehen und kann sowohl dem postmodernen Roman als auch der Schauerliteratur zugeordnet werden. Auch die Erzählweise, die als ‚Erzählfluss' bezeichnet werden könnte, liegt außerhalb des Erwartungshorizonts der Leser*innen. Es erfolgt keine kontinuierliche Spannungssteigerung oder figurenbezogene Psychologisierung, sondern die Handlung ‚reagiert' in unmittelbarer Reaktion auf das Vorhergehende. „Die filmische Erzählweise" – wie es Verena Mayer und Roland Koberg bezeichnen –, die Jelinek seit ihrem Frühwerk entwickelt, nähert sich hier „der Übertragung eines gigantischen Sportereignisses, bei dem Dutzende von Kameras über die Strecke verteilt sind"[128] und

> eine anonyme Bildregie setzt Schnitte und Wechsel, Wiederholungen, Zeitlupen, Superzeitlupen. Immer wieder wird Geschehen verlangsamt, unterbrochen, aus einem anderen Blickwinkel wiedergegeben.[129]

Die Erzählform, gekoppelt mit der Komplexität der behandelten Themen, führt zu einer deutlichen Erschwernis sowohl der Rezeption als auch der Rekonstruktion von *intentio operis* (Eco). Die formellen wie auch die inhaltlichen Eigenschaften des Werkes bilden zugleich fast unüberwindbare Hindernisse im Rezeptionsprozess für die Leser*innen aus einem anderen Kulturkreis, denn durch die Übertragung in die Zielsprache wird der Text in eine andere Kultur versetzt. Der Akt der Versetzung (Deplatzierung) impliziert

---

125 J. Venckute, *Lust: Elfriede Jelinek im Zenit des Ruhms? Ein Interview aus Wien*, in: haGalil onLine, v. 07.02.1998, http://www.hagalil.com/archiv/98/12/jellinek.htm (Zugang am 12.03.2023).

126 Mehr darüber in M.K. Mertens, *Die Ästhetik der Untoten in Elfriede Jelineks Roman „Die Kinder der Toten"*, Berlin 2008 [Manuskript], S. 25. Zugänglich online: https://jelinetz.com/2013/01/23/moira-mertens-die-asthetik-der-untoten-in-elfriede-jelineks-roman-die-kinder-der-toten/ (Zugang am 15.04.2024).

127 A. Pontzen, *Pietätlose Rezeption? Elfriede Jelineks Umgang mit der Tradition in „Die Kinder der Toten"*, in: *Elfriede Jelinek: Tradition, Politik, Zitat. Ergebnisse der internationalen Elfriede Jelinek-Tagung 1.–3. Juni 2006 in Tromsø*, hrsg. v. S. Müller u. C. Theodorsen, Praesens Verlag, Wien 2008, S. 51–69, hier 68.

128 V. Mayer u. R. Koberg, *Elfriede Jelinek. Ein Porträt*, Rowohlt, Reinbek bei Hamburg 2006, S. 201–202.

129 Ebd.

sowohl kulturbedingte Differenzen und somit Änderungen am zu übersetzenden Text als auch eine ‚Verfremdung' der zu vermittelnden Inhalte. Der Roman präsentiert eine Vielzahl von Welten, die von den wieder zum Leben erweckten Toten (der dargestellten Parallelwelten) bevölkert werden. Darüber hinaus beinhaltet der Roman eine Fülle von Diskursen und Texten, mit denen die Leser*innen konfrontiert werden, und die von der Vielstimmigkeit des Werks zeugen. Die Lektüre dieses Romans erfordert daher eine detaillierte Analyse der intertextuellen Verweise auf verschiedene Quellen, was eine zeit- und ressourcenintensive Arbeit darstellt.[130] Auch die starke Verortung des Romans im außerliterarischen Kontext, die sich unterschiedlich (direkt oder indirekt) manifestieren kann, erschwert die Lektüre und das Verständnis, wenn die Lesenden solche Ereignisse nicht wahrnehmen, die den wichtigsten Kontext für den Roman bilden. Als Beispiele seien die Affäre um die Wahl des Bundespräsidenten Kurt Waldheim, der nicht nur UNO-Generalsekretär, sondern auch SA-Mitglied war, sowie die öffentliche Diskussion über den Lüge-Mythos vom Opferstatus in den 1980er Jahren genannt. Die Autorin entmythisiert damit die Zweite Republik, genauer: deren Opfermythos. Der kontinuierliche Aufstieg der FPÖ unter Jörg Haider, der sich in den Ergebnissen der Nationalratswahlen 1990 manifestierte, die Kampagnen gegen Ausländer sowie der Briefbombenterror, dienten der Autorin als Beleg für den fortschreitenden postfaschistischen Nationalismus in der österreichischen Gesellschaft und damit als Stoff zur literarischen Dekonstruktion im Roman *Die Kinder der Toten*. Eine Vorkenntnis dieses Kontextes ist für die „Lust am Text" (Barthes) erforderlich. Eine Bestätigung dafür findet man in der Analyse der Lesereinträge in diversen Foren nach der Veröffentlichung der polnischen Übersetzung. Es wird deutlich, wie wichtig es ist, die außertextuellen Zusammenhänge, welche die Bausteine des gesamten Romans bilden, zu kennen. Die folgende Aussage dient als Beispiel: „Es wäre wünschenswert gewesen, wenn dem Roman ein Nachwort beigefügt worden wäre, in dem die Hauptprobleme erörtert und die Aufmerksamkeit auf die schwierigeren Fragen gelenkt worden wäre."[131] Es ist nicht überraschend, dass polnische Leser*innen Schwierigkeiten mit der Lektüre offen eingestehen:

> Doch *Die Kinder der Toten* spricht nicht so stark wie andere Romane der Nobelpreisträgerin an. Ich gebe zu, dass dies auf seine Unzugänglichkeit zurückzuführen ist. Die Lektüre dieses Buches ist ermüdend, erfordert Anstrengung und ständige Überwin-

130 Mehr darüber: A. Majkiewicz, *Strategia przekładu „Dzieci umarłych" Elfriede Jelinek*, in: *Strategie translatorskie od modernizmu do (post)modernizmu*, hrsg. v. P. Fast, unter Mitarbeit v. J. Pisarska, Śląsk Wydawnictwo Naukowe & Stowarzyszenie Inicjatyw Wydawniczych, Katowice 2014, S. 203–218.

131 M. Kopacz, *Recenzje*, in: http://www.carpenoctem.pl/recenzje/dzieci-umarlych/ (Zugriff am 10.04.2023). Die Rezension war bis zum Februar 2025 zugänglich, vgl. https://web.archive.org/web/20250211000000*/https://carpenoctem.pl/recenzje/dzieci-umarlych/. Übersetzung v. der Verfasserin. Im Original: „Swoją drogą dobrze by się stało, gdyby do powieści dołączono jakieś posłowie z omówieniem głównych problemów i zwróceniem uwagi na trudniejsze do wypatrzenia kwestie." Ebd.

> dung des Widerwillens. Es stellt sich die Frage, ob eine so unzugängliche Form in der Lage ist, auch die stärkste politische Botschaft zu vermitteln.[132] [übers. v. d. V.]

In Anbetracht der kulturbedingten Schwierigkeiten bei der Rekonstruktion von *intentio operis* soll die Rolle des Kommentators und Interpreten von Kritikern übernommen werden. Die Rezensionspraxis in Polen weicht in diesem Punkt signifikant ab, da Rezensionen, die eine kognitiv-theoretische Aufgabe erfüllen (Gołaszewska[133]), relativ selten sind. Es ist zu vermuten, dass die Rezeptionslücke bezüglich Jelineks Opus magnum auf diese Tatsache zurückzuführen sein könnte.

Nach der Verfilmung des Romans *Die Kinder der Toten* im Jahr 2019 (Regie: Kelly Copper und Pavol Liska) wuchs das Interesse an dem Roman, was durch die Initiative des Österreichischen Kulturforums in Warschau bestätigt wird. Im Herbst 2022 wurden im Rahmen des Zyklus „Österreichische Literatur und Psychoanalyse" unter der Leitung von Ewa Modzelewska-Kossowska (Polnische Psychoanalytische Gesellschaft) und Prof. Adam Lipszyc (Institut für Philosophie und Soziologie der Polnischen Akademie der Wissenschaften) drei Seminare unter dem Titel *Heulen, Heulen, Heulen – Elfriede Jelinek „Die Kinder der Toten"* (am 6. Oktober, am 17. November und am 8. Dezember) abgehalten.[134] Die Nachwirkung dieser Treffen manifestiert sich in Form von Beiträgen in Leserforen, wie beispielsweise einer kurzen Buchrezension auf der Website nakanapie.pl[135] vom 5. Dezember 2022, in der folgende Adjektive mehrmals auftreten: metaphorisch, schwierig, nicht für Laien. Der Kommentar von @jatymyoni (2023) zu dieser Besprechung ist ebenfalls aufschlussreich. In dem Kommentar werden Schwierigkeiten, die der Text dem Verständnis entgegenstellt, implizit zum Ausdruck gebracht: „Tolle Rezension, aber ich werde mich nach *Der Klavierspielerin* nicht mehr mit den Werken dieser Auto-

132 M. Wapińska, *Rozprawa Jelinek z narodowymi demonami*, in: dziennik.pl, https://kultura.dziennik.pl/ksiazki/artykuly/106347,rozprawa-jelinek-z-narodowymi-demonami.html,2 (Zugriff am 10.04.2023). Im Original: „A jednak „Dzieci umarłych" nie przemawiają tak silnie jak inne powieści noblistki. Przyznaję – to przez ich nieprzystępność. Lektura tej książki męczy, wymaga wysiłku, ciągłego pokonywania niechęci. Rodzi się pytanie, czy przez tak nieprzystępną formę jest w stanie przebić się choćby najdonioślejsze przesłanie polityczne?" Ebd.

133 M. Gołaszewska, *Filozoficzne podstawy krytyki literackiej*, S. 145.

134 Vgl. austriackie forum kultury, *Seminar im Zyklus „Österreichische Literatur und Psychoanalyse"*, Teil 1: https://austria.org.pl/veranstaltungen/elfriede-jelinek-die-kinder-der-toten; Teil 2: https://austria.org.pl/wydarzenia/elfriede-jelinek-dzieci-umarlych-cz-ii; Teil 3: https://austria.org.pl/veranstaltungen/kopie-elfriede-jelinek-die-kinder-der-toten-tl-2 (Zugriff am 20.4.2024).

135 [Autor:] @Vernau, *Nienawidzę siebie, nienawidzę Austrii…* [*Dzieci umarłych*, Rezension], datiert mit 2022–12–05, https://nakanapie.pl/recenzje/nienawidze-siebie-nienawidze-austrii-dzieci-umarlych (Zugriff 15.12.2024).
Nakanapie.pl ist nicht nur eine Website für Buchliebhaber, sondern auch eine Kooperationsplattform für Verleger und Autoren. Sie bietet Verlegern, Autoren folgende Formen der Zusammenarbeit: Medienpatenschaften für Neuerscheinungen, Buchbesprechungen, Gesponserte Beiträge für Autoren und Verlage, E-Mail-Kampagnen. Vgl. https://nakanapie.pl/wspolpraca (Zugriff am 15.12.2024).

rin beschäftigen. Es gibt viel einfachere Bücher über die vermeintliche Verlogenheit der Österreicher."[136]

1.8 Fazit

Es kann festgestellt werden, dass die Voraussetzungen für den kommerziellen Erfolg der Werke in Polen bei Jelinek gegeben sind, da in ihrem Fall zwei der drei Bedingungen[137] erfüllt sind: ein einflussreicher Medienmäzen und ein unverwechselbares Image der Autorin. Das Image wird durch die elektronischen Medien und die auflagenstarke Presse in der breiten Öffentlichkeit gefestigt. Die letzte Bedingung (eine wirksame Werbekampagne) wird hier nicht evaluiert, da die Datenlage unzureichend ist, daher ist eine gesonderte Untersuchung erforderlich. Es lässt sich feststellen, dass die Werke über mehrere Medienpaten verfügten[138] und von einer Reihe von Kritiker*innen im journalistischen Feld rezensiert wurden. Zudem trugen die Autor*innen der der Autorin gewidmeten Kolumnen maßgeblich zum unverwechselbaren Image der Schriftstellerin bei. Dennoch ist Jelinek eine ‚Nischenschriftstellerin' geblieben, deren Werke nur von einem kleinen Kreis von Fachleuten verstanden werden, und die Exemplare der nachfolgenden Romane haben sich leider nicht in aufreißenden Mengen verkauft. Die Ursache hierfür könnte möglicherweise in den Rezensent*innen zu suchen sein. Einige Texte, die der Kategorie der Kritik zuzuordnen sind, weisen eine gewisse Ähnlichkeit zu skizzenhaften, fragmentarischen, situativen, impressionistischen Notizen auf.[139] Die Subjektivität stellt in diesem

136 Übers. v. der Verfasserin. Im Original: „Świetna recenzja, ale zakończę kontakty z twórczością autorki na *Pianistce*. Na temat zakłamania Austriaków jest wiele prostszych książek." [Autor:] @ Vernau, *Nienawidzę siebie, nienawidzę Austrii...*

137 Vgl. M. Urbanowski, *Centrala? Krytyka literacka w „Gazecie"*, S. 264.

138 Die Medienpatenschaft für die folgenden Romane wurde übernommen von:
Die Klavierspielerin: Dzień dobry, RMF Classic, Onet.pl, Merlin Group S.A.,
Die Liebhaberinnen: Dzień dobry, Gazeta Studencka, RMF Classic, Onet.pl, Merlin Group S.A., Polska Kultura Niezależna Independent.
Die Ausgesperrten: Dzień dobry, Gazeta Studencka, RMF Classic, Onet.pl, Merlin Group S.A., Polska Kultura Niezależna Independent.
Lust: Warsaw Piont, Studencka, Polska Kultura Niezależna Independent, wellnesslife.pl, we-dwoje.pl (Das Portal war bis 2024 aktiv, vgl. https://web.archive.org/web/20250211000000*/http://we-dwoje.pl/.), wp.pl, RMF Classic.
Gier: Exklusiv, Polska Kultura Niezależna Independent, we-dwoje.pl, wellnesslife.pl, wp.pl, RMF Classic.
Die Kinder der Toten: TVP 1, Dziennik Gazeta Prawna, Charaktery, Interia.pl , korba.pl, Katedra, salonkultury.pl (Das Portal war bis zum Mai 2025 aktiv, vgl. https://web.archive.org/web/*/http://salonkultury.pl/*), TOK.FM, Valkiria.net, Fantasy World.
Der letzte Roman hatte die meiste Medienpräsenz, wurde aber am wenigsten von der Kritik besprochen.

139 Diese Art, Kritik zu üben, gehört also zum Bild der Literaturkritik in den Medien, die nach Maciej Urbanowski durch folgende Verfahren gekennzeichnet ist: 1. die Vereinfachung, die eine Folge des Strebens nach Effizienz ist und sich in der Anwendung verschiedener Techniken der Verkürzung

Kontext nicht nur ein charakteristisches Merkmal der kritischen Haltung dar, sondern wirkt sich auch auf den literarischen Diskus über das Werk der österreichischen Nobelpreisträgerin. Da die Rezeption von Jelineks Prosa zur ‚Privatsache' wird, liegt die Vermutung es nahe, dass auch die indirekt artikulierten Inhalte ‚verzerrt' oder gar verfälscht werden. Die Untersuchung zeigt auf, dass die Subjektivität der kritischen Äußerungen nur in geringem Maße mit dem Modell der programmatisch-operativen Kritik (*model krytyki programująco-operacyjnej*) übereinstimmt. Diese Kritik zielt darauf ab, gemäß Bolecki, Diskussionen, Gedankengeplänkel und einen raschen Meinungsaustausch in der literarischen Presse zu entfachen.[140] Es ist bedauerlicherweise zu konstatieren, dass die Kritiker*innen von Jelineks Prosawerk sich nicht in ‚Kulturpolitiker' verwandelten, die kreative Polemiken anstießen oder diskursive Dokumente literarischer Prozesse schufen.

Der private (subjektive) Charakter der Kritiktexte, der angesichts der intellektuell ‚dichten' und kontextbedingten Prosa Jelineks praktiziert wird, muss in die Irre führen, da die Bewertung solcher Werke immer dann gegen den/die Autor/in ausfallen wird, wenn man die ‚kognitiven Ziele' in den Hintergrund stellt und die ‚Impressionen' nach der Lektüre in den Vordergrund gerückt werden. Jelinek projiziert in ihrem Werk engagierte Leser*innen, die in der Funktion eines Intellektuellen, als welterklärender Interpreten (im Sinne von Zygmunt Bauman), agiert. Hiermit setzt sie auch ähnliche Kritiker*innen voraus. Die Verbindung von hochintellektueller Prosa mit der nichtintellektuellen ‚Impression' nach der Lektüre ist von geringem Wert. Unter der Prämisse, dass die Kritik nicht im Sinne als Ausdruck der subjektiven Ansichten der Autor*innen einer Rezension zu verstehen ist, wie es Jerzy Jarzębski postuliert, sondern eine Art „Übertragungsband" zwischen dem privaten Geschmack und dem in seiner Umgebung herrschenden Geschmack („swoistym pasmem transmisyjnym pomiędzy smakiem prywatnym a smakiem obowiązującym w jego środowisku"[141]) und dass die Kritiker*innen kollektive Ansichten reproduzieren, artikulieren und regulieren und nicht sich selbst, sondern eine Gruppe von Rezipient*innen vertreten („reprodukuje poglądy zbiorowe, służy ich artykulacji i uregulowaniu, nie reprezentuje wyłącznie siebie, ale społeczną grupę, w imieniu której i do której przemawia"[142]), ist die Rezeption von Jelineks Prosa in Polen ambivalent. Einer-

und Vereinfachung äußert, 2. der permanente Mangel an Argumenten für die eigenen Ansichten, 3. das Vorherrschen definitiver Urteile, die keinen Raum für Zweifel lassen, 4. Schaffung vollendeter Tatsachen, Darstellung wünschenswerter und attraktiver Zustände (auch im sprachlichen Sinne), 5. Verwendung von Slogans, vagen, verkürzten Formulierungen anstelle traditioneller kritischer Verfahren, 6. Flucht vor Szientismus und „typisch strukturalistischer" Pedanterie, 7. Beherrschung der Kolumne, die den Autor von „wissenschaftlicher Zuverlässigkeit" befreit. Im Ergebnis – so die Schlussfolgerung des Autors – ist diese Art von Kritik zu einer Art Journalismus oder sogar zu einer Art ‚Cititainment' geworden, d.h. zu einem Spiel mit der Kritik. Vgl. M. Urbanowski, *Centrala? Krytyka literacka w „Gazecie"*, S. 264–265.

140 Im Original: „energia kierowana była na [...] wzniecanie dyskusji, potyczek myślowych, szybkiej wymiany zdań w prasie literackiej". W. Bolecki, *Co to jest krytyka?*, S. 110.

141 J. Jarzębski, *Krytyka: kilka słów wstępu*, in: *Dyskursy krytyczne u progu XXI wieku. Między rynkiem a uniwersytetem*, S. 7.

142 Ebd.

seits ist sie Ausdruck der Ideologisierung des polnischen Literaturbetriebs und andererseits offenbart sie den wenig raffinierten Geschmack der polnischen Lesenden.

Die Kritik, die als Interpretation eines Textes verstanden wird, als Versuch, einen Text im literarischen Kontext zu verorten, als eine Schreibtätigkeit, die darauf beruht, auch die Mechanismen literarischer (und außerliterarischer) Prozesse aufzudecken, ist die Domäne der Rezensent*innen, die als Forscher*innen auftreten. Daher werden zahlreiche Kritiktexte zu Jelinek von polnischen (in wenigen Fällen auch ausländischen) Germanist*innen verfasst, die akademische Kritik betreiben und diese oft als Ergänzung ihrer wissenschaftlichen Tätigkeit verstehen.[143] Diese Art des kritischen Schreibens kann einen Beitrag zur Neubewertung der Literatur der österreichischen Schriftstellerin in Polen leisten. Die Schwierigkeit besteht darin, dass das gewünschte Publikum aus Lesenden mit ‚hohen ästhetischen Parametern' besteht, die über eine ausgeprägte Sensibilität für intellektuelle, manchmal experimentelle Literatur verfügen und bereit sind, sich einer ‚aktiven', nicht passiven Lektüre zu widmen. Zudem ist festzustellen, dass die traditionelle Kritik in Kultur- und Literaturzeitschriften als ‚Werkzeug' zur Förderung von Büchern – eine Funktion, die in einer freien Marktwirtschaft nicht unbedeutend ist – im Vergleich zur Diskussion in der auflagenstarken Presse leider eine geringere Wirksamkeit aufweist. Dies ist ein weiterer Aspekt, der die Literaturkritik als nicht förderlich für den ‚Leseerfolg' der österreichischen Schriftstellerin in Polen erscheinen lässt.

Eine Frage, die sich in diesem Kontext noch stellt, ist diejenige nach den Kritiker*innen der Prosa von Jelinek. Es ist darauf hinzuweisen, dass sie nicht immer über Kompetenzen eines/einer Experten/in oder Professionellen verfügen, der oder die objektive Beschreibungs- und Bewertungskriterien anwenden kann, was sich im akademischen Milieu insbesondere manifestiert. Die Kritiker*innen von Jelineks Prosa sind zu einem signifikanten Anteil Frauen, und mit jedem Roman erwerben sie die Qualitäten verlässlicher Sachkennerinnen. Zudem scheinen sie sich ihrer Verantwortung als Vermittlerinnen zwischen der Autorin und dem Publikum zunehmend bewusst zu sein. Bedauerlicherweise nimmt die Frequenz ihrer Beiträge ab. Des Weiteren ist zu konstatieren, dass das Thema der Übersetzung kaum aufgegriffen wird, obwohl es sich um eine ausländische Literatur handelt, mit der die Lesenden durch die Übersetzung interagieren. Ein Beispiel, das als negatives Beispiel zu betrachten ist, ist die Notiz von Jerzy Pluta, die im Niederschlesischen Literaturjahrbuch Pomosty veröffentlicht wurde.[144] Obwohl der Titel der Notiz

143 Ein Beispiel ist Monika Szczepaniak, die auch im literaturkritischen Feld präsent ist. Vgl. M. Szczepaniak, *Kto się boi Elfriede Jelinek?*, in: Czas Kultury, 21, 2005, Nr. 5, S. 143–160.

144 J. Pluta, *Translatorskie rodzynki: wypisy z powieści Elfriede Jelinek „Pianistka" (w przekładzie Ryszarda Turczyna) przygotował prostoduszny czytelnik Jerzy Pluta*, in: Pomosty, 2008, Bd. 13, S. 162–165. Pluta wies darauf hin, dass er von Ernest Dyczek, der zusammen mit Marek Nowak mehr als ein Dutzend Gedichte von Jelinek übersetzt hat, überredet wurde, den Roman zu lesen. Als er 2006 zum ersten Mal nach dem Roman griff, las er angeblich nur die erste Seite und drei weitere, die er zufällig ausgewählt hatte. Er legte das Buch beiseite, um es ein Jahr später wieder zur Hand zu nehmen und diesmal 100 Seiten zu lesen. Im Frühjahr 2008 hat er das Buch mit dem Bleistift in der Hand durchgelesen und dabei – wie er gestand – die Sprachfehler in der Übersetzung markiert, der seiner Meinung nach eher lässig waren und mit der polnischen Sprache nicht zurechtkam (er warf

eine ermutigende Wirkung entfaltet, entmutigt der Inhalt. Der Autor zitiert 338 Sätze aus *Der Klavierspielerin*, die seiner Meinung nach bereits vor zwanzig Jahren in der Rubrik von Przekrój als ‚Humor aus Schulheften' hätten erscheinen können. Glücklicherweise ist dieser Artikel nicht in das literaturkritische Feld eingetreten (so wie auch der Autor des Artikels selbst nicht ins literarische Feld eingetreten ist, obwohl er Autor von zwei Romanen und fünf Sammlungen von Kurzgeschichten ist). Plutas Notiz indiziert, dass er die Werkstatt der Autorin nicht erkannte. Andererseits beweist er, dass er sich mit dem Roman auseinandersetzte, ohne ihn zu ignorieren, was ein schwacher Trost ist.

Abschließend sei eine Bemerkung hinzugefügt, dass Jelineks Werke nur selten mit dem außerliterarischen Kontext oder Systemen literarischer Konventionen in Beziehung gesetzt werden. Ebenso selten werden ihre Texte mithilfe eines außerhalb des Werks liegenden, erkenntnisreichen und axiologischen Modells ‚erläutert'.[145] Dies lässt die Vermutung zu, dass der ‚kreative' Typus der postulativen Kritik (*krytyka postulatywna* – laut Bartoszyński) in Bezug auf Jelineks Werk von polnischen Kritiker*innen kaum praktiziert wird. Als Gründe hierfür sind die literarische und kulturelle Entfremdung der Werke sowie die unzureichende Kenntnis seitens der Kritiker*innen selbst anzunehmen. Es ist möglich, dass dieses Phänomen in einem Wandel begründet liegt, der sich innerhalb der Literaturkritik vollzog. Wie Artur Jabłoński argumentiert, ist der/die Rezensent/in heutzutage kein/e Experte/in mit literaturwissenschaftlichem Fachwissen mehr (darunter Kenntnis der Literaturgeschichte, Lektürekompetenzen, literaturtheoretisches Grundlagenwissen oder die Argumentationslogik bei der Bewertung von Literatur). Vielmehr sind die Rezensent*innen in den meisten Fällen lediglich Berater*innen, deren Aufgabe in der Regel als Marketingunterstützung verstanden wird.[146] Wie Jabłoński darlegt, ist eine Rückkehr zum alten Stil des Verfassens umfangreicher Rezensionen, die das Werk in ein breiteres kulturelles und literarisches Feld einordnen, nicht möglich. Dies ist darauf zurückzuführen, dass Kritiker*innen mehr als früher auf die Kompetenz der Rezipient*innen achten sollen.[147] Diese Aussage lässt keinen Raum für Optimismus. Zwar führt die Kommerzialisierung des Buchmarkts und damit auch die Kommerzialisierung der Rezensionen dazu, dass die Literaturwissenschaftler*innen zu unabhängigen Kritiker*innen werden, die sich nicht von Angebot-Nachfrage-Mechanismen leiten lassen.[148] Dadurch bleibt jedoch die implizite Uneigennützigkeit kritischer Stellungnahmen ge-

---

dem Übersetzer Ryszard Turczyn fehlende literarische Fähigkeiten und mangelndes Sprachgefühl zu Unrecht vor).

145 Darauf beruht die Aufgabe der Kritik. Vgl. K. Bartoszyński, *Pogranicza krytyki literackiej*, in: *Badania nad krytyką literacka*, hrsg. v. J. Sławiński, S. 95–120, hier 104. Im Original: „wtapianie języka dzieła w określony, zewnętrzny wobec niego aparat poznawczo-wartościujący". Ebd.

146 A. Jabłoński, *Machejek kontra Internet – rzecz o zmieniającym się obliczu recenzji*, S. 18. Im Original: „wyposażonym w specjalistyczną wiedzę znawcą, a pozostał jedynie doradcą, którego zadanie w przeważającej liczbie przypadków traktuje się jedynie jako wsparcie marketingowe". Ebd.

147 Ebd.

148 Im Original: „komercjalizacja rynku książki i tym samym urynkowienie recenzji wymusi na literaturoznawcach, że to oni staną się krytykami najszerzej niezależnymi od mechanizmów podaży i popytu". Ebd., S. 21.

wahrt. Obwohl die Möglichkeit besteht, dass die ‚wissenschaftlichen' Rezensionen ‚kryptisch' verfasst werden und für einen ‚Otto Normalverbraucher' kaum verständlich sind, sollte davon ausgegangen werden, dass die Rezensionen einen hohen Informationsgehalt aufweisen. Diese Tendenz scheint glücklicherweise Eliots folgenden Standpunkt zu widerlegen: „Wenn wir in der Literaturkritik allen Nachdruck auf das Verstehen legen, geraten wir in Gefahr, vom Verstehen zum bloßen Erklären abzugleiten. Wir sind in Gefahr, Kritik als Wissenschaft zu betreiben, was sie nie sein kann."[149]

Die Verwisssenschaftlichung der Literaturkritik könnte dazu beitragen, die gegenwärtige, inhaltlich unzulängliche Rezeption von Jelineks anspruchsvoller Prosa wesentlich zu verbessern. Man kann vermuten, dass die richtigen ‚Wahrheiten' bezüglich Jelinek die Rezipient*innen erreichen und nach „langem Gebrauch" – um Friedrich Nietzsches Worte über die Wahrheit zu paraphrasieren[150] – kanonisch und verbindlich erscheinen werden. Wahrheiten, die dafür sorgen, dass der ‚Widerstand', den die Texte Jelineks aufgrund ihrer Darbietungsweise dem Verständnis bieten, überwunden und dem „Terror des Missverständnisses" („terror niezrozumienia"[151]) entgangen wird. Die Verwissenschaftlichung der Literaturkritik erlaubt die Negierung des ‚Warencharakters der Kritik' und eine Verstärkung der empirischen Profilierung der Literaturwissenschaft.

149 T.S. Eliot, *Die Grenzen der Literaturkritik*, übers. v. U. Clemen, in: Merkur, 11, 1957, H. 117, S. 1005–1022, hier 1022.

150 F. Nietzsche, *O prawdzie i kłamstwie w pozamoralnym sensie*, in: F. Nietzsche, *Pisma pozostałe 1862–1875*, übers. v. B. Baran, Inter-Esse, Kraków 1993, S. 189.

151 Darüber schrieb Joanna Orska. Vgl. J. Orska, *O „lewicowej" strategii współczesnej krytyki literackiej wobec wolnego rynku mediów*, in: *Dyskursy krytyczne u progu XXI wieku. Między rynkiem a uniwersytetem*, S. 219–234, hier 225.

Kapitel 2: Polnische Inszenierungen als ‚kreativer' Dialog

Elfriede Jelinek verfasst Texte für das Theater, die sich in der Regel gegen das Theater selbst richten. „Ich will kein Theater. Ich will ein anderes Theater" – mit diesen Worten erteilte die österreichische Autorin 1989 in einem Interview mit Anke Roeder dem Theater mit seinen herkömmlichen Formen eine Absage. Obwohl sie nicht auf das Theater verzichtete, lehnte sie es ab, Texte auf der Illusion „Leben zu erzeugen"[1] aufzubauen und versuchte Theatertraditionen zu überwinden, um neue Zugänge zum Theater selbst zu ermöglichen. Dennoch überlässt sie den Theaterschaffenden selbst die Entscheidung darüber, welche Form das Theater aus ihren Texten erhält.[2] Regisseurinnen und Regisseure, die sich der Herausforderung stellen, Jelineks Theatertexte auf die Bühne zu bringen, sehen sich mit beträchtlichen Schwierigkeiten konfrontiert. Sie bemühen sich, für ‚nicht-szenische' Texte, d.h. für die von der Autorin sukzessive vorangetriebene Reduktion der dramatischen Kategorien (Handlung, Dialog und Figuren), optische und akustische Effekte zu finden. Sie handeln gegen das Prinzip der Synchronisation von Bewegung und Körperform auf der Bühne,[3] damit die Zuschauer*innen nicht das rezipieren, was sie hören, sondern die Inkompatibilität von Sprache und Körper sowie die freie Assoziationen auslösende Divergenz von Gestik, Bild und Sprache. Die im Drama üblichen formtypischen Gestaltungsmittel eignen sich nur bedingt dazu, die Dichte der Texte, diese ‚monologischen Sprachflächen',[4] die bei näher Betrachtung als ‚vielstimmig' zu erweisen sind, auf der Bühne adäquat zum Ausdruck zu bringen. Jelinek integriert in ihren Werken verschiedene literarische, mediale und politische Diskurse zusammen, die zu mehr oder weniger unverbindlichen Vorlagen für das Theater, für das ‚Parasitärdrama'[5] werden. Das

1 E. Jelinek, *Ich will kein Theater. Ich will ein anderes Theater*, in: *Autorinnen: Herausforderungen an das Theater*, hrsg. v. A. Roeder, Suhrkamp Verlag, Frankfurt am Main 1989, S. 153.

2 Solch eine Regieanweisung von der Autorin selbst findet man u.a. zu Beginn der Druckfassung von *Ein Sportstück*: „Die Autorin gibt nicht viele Anweisungen, das hat sie inzwischen gelernt. Machen Sie, was Sie wollen. Das einzige, was unbedingt sein muss, ist: griechische Chöre..." E. Jelinek, *Ein Sportstück*, Rowohlt, Reinbek bei Hamburg 1998, S. 7.

3 Ein Beispiel für erfolgreiche Inszenierungen ist die Aufführung von *Ein Sportstück* Einar Schleefs oder Ulrike Ottingers Realisierung von *Begierde & Fahrerlaubnis (eine Pornographie)* (1986). Mehr zu diesem Thema: M. Szczepaniak, *„Mówię i mówię". Elfriede Jelinek – teatr artykulacji*, in: *„Mówię i mówię". Teatralne maski Elfriede Jelinek*, hrsg. v. M. Szczepaniak, Wydawnictwo Uniwersytetu Kazimierza Wielkiego, Bydgoszcz 2008, S. 18.

4 Vgl. E. Annuß, *Elfriede Jelinek. Theater des Nachlebens*, Fink, München 2005.

5 Explizit vergleicht Elfriede Jelinek ihr dramatisches Schreiben im Essay *Das Parasitärdrama* (2011) mit der Figur des Parasiten, wobei sie darin v.a. das Aufnehmen der Realität/Wirklichkeit in ihre Texte als das Parasitäre festmacht: „Das Parasitärdrama ist tatsächlich nicht ohne seinen Wirt, das

poetologisches Prinzip, das sie in Bezug auf ‚fremde' Texten anwendet, basiert auf der Technik der ‚Desemantisierung' narrativer, filmischer oder ikonografischer Quellen sowie ihrer ‚Neukontextualisierung', die zu Trägern der Sinngebung werden. Gerade dieses Verfahren eröffnet – trotz der Dichte der dramatischen Texte – der Regie einen freien Spielraum.

2.1 Jelineks Dramen in Polen. Reduktion auf die feministische Thematik

In den letzten zurückliegenden zwanzig Jahren wurde eine signifikant hohe Anzahl deutschsprachiger Theaterstücke auf polnischen Bühnen aufgeführt. Der bekannte Theaterkritiker Łukasz Drewniak vertritt die Auffassung, dass sie neben den heimischen die am häufigsten aufgeführt sind.[6] Die Faszination für die deutschsprachige Dramaturgie lässt sich durch die Bedeutung von Theatermenschen wie Frank Castorf, Albert Ostermeier, Helmut Pucher und Armin Petras zu erklären. Sie haben – so Łukasz Drewniak – polnischen Dramaturg*innen den Schlüssel für die Gegenwart geliefert und gezeigt, wie moderne Dramen in einer Stilistik, die Elemente von Brutalität und Poesie vereint, inszeniert werden können. In den letzten Jahren haben sich deutschsprachige Theaterstücke zunehmend zu einem Wegweiser für polnische Schauspieler*innen entwickelt und aufgezeigt, wie Phantasie und szenische Extreme vollständig ausschöpft werden können.

Die verletzte Sprache, die bisweilen einer Logorrhö gleichkommt, verheimlicht oft mehr als sie offenbart. Sie ermöglicht den Zuschauer*innen jedoch eine Selbstidentifikation. Es lässt sich vermuten, dass das polnische Publikum für eine Auseinandersetzung mit der anspruchsvollen Dramaturgie der österreichischen Nobelpreisträgerin bereit ist. Jelineks Theaterstücke, die unter anderem in Berlin, Hamburg und Wien regelmäßig aufgeführt werden, finden nur selten Einzug auf polnischen Bühnen. Die Gründe dafür sind vielschichtig. Einer von ihnen ist sicher die Vergangenheitsbewältigung als zentrales Thema in ihren Dramen. Daher war es vermutlich nicht sehr günstig, dass das erste Stück, welches dem polnischen Publikum präsentiert wurde, das Werk *wolken.heim* war. Es wurde in der Regie von Jossi Wieler vom Deutschen Schauspielhaus aus Hamburg

Ereignis, den Zustand, die Katastrophe, egal, es ist nicht ohne zu verstehen, es ist nicht ohne, es zu verstehen, aber was soll man da denn verstehen? Ich will ja gar nicht, daß man versteht. Im Normaldrama sprechen Personen, die der oder die oder sonstwer sind, als wären die sie selber. Da ich aber nicht weiß, wie Menschen miteinander sprechen, lasse ich, nein, nicht Blumen sprechen, lasse ich alles sprechen, wofür ich Platz finde und was mir selbst wieder Platz einräumt. Und ich räume dann noch mehr hinein, es ist unendlich viel Platz, sogar der Platz, der erst eingeräumt worden ist, ist unendlich groß." E. Jelinek, *Das Parasitärdrama*, https://original.elfriedejelinek.com/ [= Elfriede Jelineks Website, Rubriken: zum Theater], (Zugriff am 10.04.2024). Mit der Frage des parasitären Schreibens bei Jelinek setzt sich Maria-Regina Kecht auseinander. Vgl. M.-R. Kecht, *Elfriede Jelinek in absentia oder die Sprache zur Sprache bringen*, in: Seminar. A Journal of Germanic Studies 43, 2007, 3, S. 351–365.

6 Vgl. Ł. Drewniak, *Skarb teatromana*, in: Dziennik, Nr. 215, Beilage Kultura, v. 13.09.2007.

beim V. Internationalen Theaterfestival Kontakt '95 in Toruń (Thorn) aufgeführt.[7] Obgleich die Inszenierung mit dem Hauptpreis der Jury ausgezeichnet wurde, wurde sie von einigen Theaterkritikern als Triumph des publizistisch-politischen Theaters und zugleich als künstlerische Niederlage gewertet. Die Vivisektion der deutschen Seele – vorgenommen von sechs aufsässigen Walküren und versehen mit einer ironischen Wirkung – sowie die Anrufung von Geistern der Ahnen und die Demontage der glorreichen Vergangenheit eines großen Volkes konnte von polnischen Zuschauer*innen, anders als von den deutschen, schwer als ein künstlerisches Fegefeuer erlebt werden.[8] Das Stück erfuhr demnach eine unzureichende Rezeption,[9] die auf zwei Faktoren zurückzuführen ist. Der erste Aspekt ist die in dem Stück aufgegriffene Abrechnungsproblematik, die der polnischen Tradition der engagierten Kunst fremd ist. Der zweite Aspekt ist die Tatsache, dass das Stück in der Originalsprache aufgeführt wurde, was eine erhebliche Einschränkung des Publikums zur Folge hatte. Das Werk *wolken.heim* bedient sich in seiner Gestaltung einer Vielzahl von Zitaten deutscher Philosophen und Denker (darunter Hölderlin, Hegel, Heidegger, Fichte und Kleist), um eine kritische Auseinandersetzung mit Themen wie deutscher Xenophobie, Nationalismus und Gewaltkult zu leisten. Diese komplexe Thematik stellt sowohl die Rezeption des Stücks durch ein polnisches Publikum als auch dessen Inszenierung vor erheblicher Herausforderung. Andererseits hat diese Aufführung jedoch auf die Dramaturgie Jelineks aufmerksam gemacht.

Infolge des neu erwachten Interesses wurde das Drama *Clara S.* auf die Bühne des Lubuski Teatr im. Kruczkowskiego in Zielona Góra (Premiere am 27. September 1997) gebracht. Der renommierte Bühnenbildner Grzegorz Małecki adaptierte das von Sława Lisiecka übersetzte Stück und fungierte zudem als Regisseur.[10] Nach der Erstbegegnung mit dem Drama *wolken.heim* entschieden sich die polnischen Theatermacher*innen für die Inszenierung eines ‚leichteren' Stücks mit einer ausgeprägten feministischen Thematik, in der Hoffnung, dass dieses vom Publikum leichter entschlüsselt werden könnte.[11] Es ist bedauerlich zu konstatieren, dass der Versuch, das Stück *Krankheit oder Moderne Frauen* auf die Bühne zu bringen, nicht von Erfolg gekrönt war. Es erfolgten lediglich vereinzelte Aufführungen und es wurden keine weiteren Inszenierungen realisiert. Dies ist umso bedauerlicher, da bereits 1994 eine Übersetzung des Stücks in der Monatsschrift

---

7 Die Uraufführung des Stücks (unter der Regie von Hans Hoffer) in der Originalsprache fand im Schauspielhaus Bonn am 21.09.1988 statt.

8 Darüber auch J. R. Kowalczyk, *Dusza sześciu Walkirii*, in: Rzeczpospolita, Nr. 237, v. 8.10.2004.

9 Ein weiteres Beispiel für ‚lokale' Bemühungen, Jelineks Werk bekannt zu machen, ist die Skizze von Grażyna Szewczyk *„Die Skandale" von Elfriede Jelinek*, die in einer in Bytom erscheinenden Monatszeitschrift Temat Śląski veröffentlicht wurde. Vgl. G. Szewczyk, *„Skandale" Elfridy Jelinek*, in: Temat Śląski, 1996, Nr. 2, S. 17.

10 Die Uraufführung in Deutschland fand ebenfalls statt, diesmal auf der Bühne der Stadt Bonn am 24.09.1982 unter der Regie von Hans Hollmann.

11 Das Stück wurde 1981 verfasst und ist ein Teil einer Reihe von früheren Werken der Schriftstellerin, die sich mit der Frauenproblematik befassen: *Was geschah, nachdem Nora ihren Mann verlassen hatte oder Stützen der Gesellschaften* (1977) und *Krankheit oder Moderne Frauen* (1987).

Dialog publiziert wurde.[12] Der Übersetzer Marek Zeller wurde für seine Arbeit vom Verband Polnischer Übersetzer mit einem Preis ausgezeichnet.

Unmittelbar nach der Veröffentlichung des Sammelbandes mit drei Dramen Jelineks: *Clara S.*, *Was geschah, nachdem Nora ihren Mann verlassen hatte oder Stützen der Gesellschaften* und *Raststätte oder sie machen's alle* (2001)[13] fand eine szenische Lesung von *Nora* im Teatr Ludowy in Kraków am 12.03.2001 statt, die unter der Regie von Łukasz Czuj stand. Zwei Jahre später inszenierte dieser junge Regisseur das Stück *Raststätte oder sie machen's alle* im Rahmen des Krakauer Theaterfestivals Reminiscencje KRAKÓW 2003 als einen Teil der multimedialen Aktion *Körper, Stadt, Blut* in Form einer szenischen Lesung. Die Wahl dieser Dramen lässt vermuten, dass ein erneuter Versuch unternommen wurde, Jelineks Werke über die rein feministische Thematik auf die polnische Bühne zu bringen.

Ein weiterer Aspekt, der die Inszenierung von Jelineks Dramen auf der Bühne begrenzt, ist ihr innovatives Theaterkonzept, das der traditionellen Dramaturgie zuwiderläuft. Der Fokus der Autorin liegt nicht auf einer psychologischen Perspektive bzw. auf einer Geschichte, sondern auf der Verwendung der Sprache als Medium, das das Thema und den Ort der Handlung repräsentiert. Das könnte die Ursache dafür sein, dass Theaterleute szenische Lesungen als eine Annäherung an die Theatertexte Jelineks bevorzugen. Eine weitere Herangehensweise, der Autorin gerecht zu werden, wurde vom Teatr Psychodelii Absolutnej [Theater der absoluten Psychodelie] unternommen. Im Rahmen des VI. Polnischen Festivals unabhängiger Theater OSTRÓW 2005 wurde das Stück *Krankheit oder Moderne Frauen* (*Choroba albo współczesne kobiety. Jak sztuka*) am 20.05.2005 von diesem alternativen Theater aufgeführt. Bartłomiej Piotrowski hat das Stück adaptiert und war für das Bühnenbild und die musikalische Bearbeitung sowie die Regie verantwortlich. Seine Bühnenfassung vereinte Elemente von Theater, Happening, Performance, bildender Kunst, Musik und multimedialen Projektionen. Der Künstler intendierte damit eine Verortung des heutigen Menschen in der industriellen Realität und eine Darstellung der komplexen psychologischen Fragen rund um die sexuelle Identität und das Selbstbewusstsein. Die Verleihung des Nobelpreises an Elfriede Jelinek führte demnach zu einem gesteigerten Interesse der experimentellen Theaterwelt in Polen an ihr. Leider war dies ein singulärer Versuch, die Dramaturgie Jelineks mit Mitteln darzustellen, die über das Theater hinausreichen. Offensichtlich kommt man mit Theatertexten, die vorwiegend auf Sprache basieren, szenisch nicht wirklich zurecht. Daher war die darauffolgende Darbietung wieder nur eine szenische Lesung. Am 24. Oktober 2005 wurden im Teatr Studio in Warszawa Fragmente aus folgenden Texten: *Was geschah, nachdem Nora ihren Mann verlassen hatte oder Stützen der Gesellschaften* und *Raststätte oder sie machen's alle* präsentiert. Die Regie wurde von Weronika Szczawińska übernommen. Die Auswahl der Fragmente aus den Stücken Jelineks erfolgte mit der Intention, die

---

12 E. Jelinek, *Choroba albo współczesne kobiety. Jak sztuka*, übers. v. M. Zeller, in: Dialog 1994, Nr. 6, S. 24–66.

13 Vgl. E. Jelinek, *Nora; Clara S.; Zajazd*, übers. v. S. Lisiecka, D. Sajewska u. K. Sajewski, Księgarnia Akademicka, Kraków 2021.

Frauenrollen besonders zu betonen. In der Konsequenz wurden die Texte auf die feministische Thematik ‚reduziert'.

Daher war es nicht verwunderlich, dass ziemlich bald nach der Veröffentlichung der Originalausgabe die Miniaturen unter dem Titel *Der Tod und das Mädchen I–V* von Mateusz Borowski und Małgorzata Sugiera ins Polnische übersetzt und im Januar 2007 im Verlag Panga Pank in Kraków verlegt wurden.[14] Bereits am 15. Jänner 2007 fand im Jazzclub Rura in Wrocław eine Lesung von der Theatergruppe Stacja Paliw [Tankstelle] im Rahmen des Theaterprojekts Dystrybutor statt.[15] Am 7. Februar 2007 wurde eine weitere Lesung aus den Miniaturen im Teatr Bagatela in Kraków und am 19. Februar im Teatr Rozmaitości in Warszawa (Regie: Iwo Vedral)[16] veranstaltet. Beide Lesungen wurden von einer Diskussion begleitet, an der auch die Übersetzer*innen Małgorzata Sugiera und Mateusz Borowski teilnahmen.

Für den feministischen Schlüssel bei der Lektüre Jelineks Dramen in Polen spricht auch die Uraufführung von *Über Tiere* (übers. v. Karolina Bikont) im Teatr Polski im. Hieronima Konieczki in Bydgoszcz am 19. Jänner 2008.[17] Die Textbearbeitung und Regie

14 E. Jelinek, *Śmierć i dziewczyna*, übers. v. M. Borowski u. M. Sugiera, Panga Pank, Kraków 2007.

15 Das Projekt Dystrybutor sind monatliche Treffen, bei denen zeitgenössisches Theater vorgestellt wird. Die Lesungen sind mit einer Diskussion und einem Konzert alternativer Musik gekoppelt. Die Treffen finden jeweils am dritten Montag von Oktober bis Juni statt.

16 Iwo Vedral ließ die Stücke von erfahrenen, sehr bekannten polnischen Schauspieler*nnen lesen: Krystyna Janda, Jadwiga Jankowska-Cieślak, Agnieszka Podsiadlik, Danuta Szaflarska, Krzysztof Stroiński.

17 E. Jelinek, *O zwierzętach; Chór sportowy*, übers. v. K. Bikont, Teatr Polski, Bydgoszcz 2008. Es ist noch hinzuzufügen, dass Karolina Bikont *Ein Sportstück* ins Polnische übertrug. Der Text wurde beim Festival *Inter Opole* (13.-19. März 2008) im Teatr im. Jana Kochanowskiego in der Regie von Krzysztof Garbaczewski am 14. März 2008 aufgeführt.
Im Jahr 2013 publiziert ADiT [Agentur für Drama und Theater] zwei weitere Theatertexte von Jelinek: *Babel* und *Winterreise*. Vgl. E. Jelinek, *Babel. Podróż zimowa,* übers. v. K. Bikont, Agencja Dramatu i Teatru ADiT, Warszawa 2013.
BABEL – polnische Uraufführung fand am 5. März 2010 im Teatr Polski in Bydgoszcz statt, Regie: Maja Kleczewska (http://www.teatrpolski.pl/?app=spektakle&more=554&cid=554); *Podróż zimowa* (*Winterreise*) – polnische Uraufführung – Koproduktion – 23. März 2013 im Teatr Powszechny in Łódź, am 20. April im Teatr Polski in Bydgoszcz, Regie: Maja Kleczewska (http://www.teatrpolski.pl/index_pl.php?app=spektakle&more=1136&cid=1136); nächste Premiere: Teatr Polski in Wrocław, 30. November 2014, Regie: Paweł Miśkiewicz (https://www.teatrpolski.wroc.pl/przedstawienie/podroz-zimowa/).
Bikon übersetzte auch *Cienie. Eurydyka mówi:* (*Schatten (Eurydike sagt)*), polnische Uraufführung im Teatr Capitol in Wrocław im Rahmen des 35. Przegląd Piosenki Aktorskiej am 20. März 2014 (http://www.ppa.wroclaw.pl/pl/15-nurt-glowny/21-cienie-eurydyka-mowi. Der Link war vom 13. Februar 2014 bis zum 8 Dzember 2022 aktiv, vgl. https://web.archive.org/web/*/http://www.ppa.wroclaw.pl/pl/15-nurt-glowny/21-cienie-eurydyka-mowi*), dann am 26. März 2014 im Teatr Polski in Bydgoszcz (http://www.teatrpolski.pl/index_pl.php?cid=1350), sowie am 3. Juni 2014 im Teatr IMKA in Warszawa, Regie: Maja Kleczewska (http://www.teatr-imka.pl/cienie_eurydyka_mowi:,290124,2014_06_03,1900.html). Bikont übersetzte auch *Wściekłość (Wut)*, polnische Uraufführung am 24. September 2016, im Teatr Powszechny in Warszawa, Regie: Maja Kleczewska (http://www.powszechny.com/spektakle/wscieklosc,s1037.html).

wurde von Łukasz Chotkowski übernommen, der versuchte, eine Lesung mit einer Aufführung zu verbinden: Die Schauspieler*innen haben die Texte zwar vorgelesen, es waren jedoch auch Statistinnen (die jüngste 16, die älteste über 80 Jahre alt) und es erfolgten Videoeinschaltungen. Diese Aufführung stellt eine Fortsetzung und Weiterentwicklung der szenischen Lesung des Stücks im Jahr zuvor beim Festival der Uraufführungen in Bygdoszcz (29.09.–6.10.2007) vor, das um den Internationalen Annex (*Międzynarodowy Aneks*) erweitert wurde. Der Annex war Elfriede Jelinek gewidmet. Auf dem Programm standen eine wissenschaftliche Tagung unter dem Titel *„Mówię i mówię": teatralne maski Elfriede Jelinek* [Ich rede und rede. Elfriede Jelineks Theatralische Masken], Videoprojektionen von Fragmenten der Inszenierung von *Ein Sportstück*, sowie ein Gastspiel des Thalia Theaters aus Hamburg mit dem Stück *Ulrike Maria Stuart* (Regie: Nicolas Stemann).[18] Der Regisseur von *Über Tiere*, Łukasz Chotkowski, sieht einen der Gründe dafür, dass Jelineks Dramen so selten gespielt werden, darin, dass das, was sie schreibt und denkt, für das polnische Publikum sehr ‚unbequem' ist. In ihrem Stück werden Frauen nicht nur als von Männern gequälte Opfer dargestellt, sondern auch als Henkerinnen, und das nicht nur für sich selbst, sondern auch für andere Frauen.[19] Dieses Frauenbild steht in einem krassen Widerspruch zur jüngsten politischen Vergangenheit Polens. Im Rahmen ihrer profamilären Politik propagierte die rechtsnationale Regierungskoalition PiS–LPR (Recht und Gerechtigkeit und Liga Polnischer Familien, 2005–2007) ein Bild der Frau als Gattin und Mutter. Somit sollte die Frau an den Herd zurückkehren. In diesem politischen Klima fühlte sich die Regisseurin Emilia Sadowska veranlasst, Jelineks Roman *Die Liebhaberinnen* in einer Bühnenfassung im Teatr Polski in Posen zu inszenieren. In einem Interview äußerte sich Sadowska wie folgt: „Als 35-jährige, unverheiratete und kinderlose Frau spüre ich einen sozialen Druck, dass ich diesen Zustand ändern sollte. Ich habe begriffen, dass man Jelineks Roman ins Theater bringen muss, denn in einem Land, in dem PiS und LPR regieren, ist nach wie vor das Modell einer Gattin-Mutter-Frau vorherrschend".[20] Obwohl der Roman vor 30 Jahren verfasst wurde, erfährt er in dieser politischen Situation eine ‚gefährliche' Aktualität. Dies schrieb Sadowska in einem privaten Brief an die Autorin mit der Bitte um ihre Zustimmung zur szenischen Adaption des Romans. Damit wird bestätigt, dass die Rezeption eines Werkes vom Zeitpunkt seiner Aufführung von sozialen und gesellschaftlichen Umständen geprägt und determiniert ist. Im Akt der Versetzung (Deplatzierung) aufgrund der Übertragung in eine ande-

---

Im Jahr 2015 erfolgte die Veröffentlichung der polnischen Version des Stückes *Die Schutzbefohlenen* in der Übersetzung von Bikont. Vgl. E. Jelinek, *Podopieczni*, übers. v. K. Bikont, in: Dialog (Warszawa , 1956), 60, 2015, Nr. 4 S. 75–121. Polnische Uraufführung fand am 14. November 2015, im Teatr Nowy in Zabrze, Regie: Katarzyna Deszcz statt; weitere Premiere am 9. April 2016, im Stary Teatr in Kraków, Regie: Paweł Miśkiewicz.

18 Detaillierte Informationen vgl. M. Szczepaniak, *„Ich rede und rede". Tagungsbericht*, https://jelinetz.com/2007/12/10/monika-szczepaniak-ich-rede-und-rede-tagungsbericht/ (Zugriff am 10.04.2024).

19 Vgl. A. Stasiewicz, *„O zwierzętach" Elfriede Jelinek w Teatrze Polskim*, in: Bydgoski weekend, v. 18.01.2008, http://www.pomorska.pl/apps/pbcs.dll/article?AID=/20080118/BYDGOSZCZ08/722207594 (Zugriff am 2.04.2024).

20 S. Drajewski, *Drogi miłości*, in: Głos Wielkopolski, Nr. 255, vom 2.11.2007.

re Sprache werden „neue Räume" der Auslegung geschaffen, die für die Rekonstruktion der Rezeptionswege des Werkes in der Zielkultur aufschlussreich sein können.

2.2 *Amatorki* (*Die Liebhaberinnen*). Der Roman auf der Bühne

Der Roman *Die Liebhaberinnen* hat jedoch das Interesse von Künstlerinnen und Künstlern aus dem Theaterbereich auch in anderen Ländern geweckt. Die signifikant hohe Anzahl an szenischen Umsetzungen und Bearbeitungen des Werks für die Bühne im deutschsprachigen Raum (in der Schweiz, in Deutschland) sowie in Belgien, Frankreich[21] und nicht zuletzt in Polen resultiert – nach Peter Clar und Christian Schenkermayr – daraus, dass

> [...] die Mechanismen des herrschenden kapitalistischen Systems im Sinne einer marxistisch geprägten Weltsicht aufgezeigt und kritisiert wurden [...] und es sich hier [...] um eine Gesellschaftsanalyse handelt, die aufgrund ihrer Vielschichtigkeit gerade für eine künstlerische Auseinandersetzung mit dem Werk sehr unterschiedliche Zugangsmöglichkeiten bietet.[22]

Die sich in Jelineks Text widerspiegelnde soziale Grausamkeit, die einer konkreten historischen und räumlichen Situation (das Österreich der Siebzigerjahre) zuzuordnen ist, scheint aber für die Bühnenbearbeitung des Romans außerhalb des deutschen Sprachraums nicht so relevant zu sein. Der französische Regisseur Joël Jouanneau, von dem auch die szenische Fassung *Der Liebhaberinnen* stammt, liefert eine Erklärung dafür: Nicht die geschilderten sozialen Probleme, sondern die Wahrnehmung des weiblichen Körpers als Ware ist heutzutage viel stärker anzutreffen als je zuvor.[23] Obwohl der Roman im Jahr 1975 veröffentlicht wurde, scheinen die darin beschriebenen geschlechtsspezifischen Fragen bis heute nichts an Aktualität verloren zu haben. Als Beleg hierfür können eben die polnischen Inszenierungen des Romans herangezogen werden. Ergänzend soll noch hin-

---

21 In Belgien: *Les Amantes*, übers. v. Y. Hoffmann, M. Litaize, szenische Auffassung von Virgina Strub, 17.12.2005, Théâtre Océan Nord, Brüssel; in Frankreich: *Les Amantes*, übers. v. Y. Hoffmann, M. Litaize, szenische Auffassung von Joséphine Caraballo, 4.12.2002, Théâtre de l'Elysée, Lyon; *Les Amantes*, übers. v. Y. Hoffmann, M. Litaize, szenische Auffassung von Joël Jouanneau, 10.3.2003, Théâtre ouvert, Paris; Tanzperformance des Trios *Brigitte* von Laurence Pagès, Sylviane Pagès, nach Jelineks Roman *Die Liebhaberinnen*, übers. v. Y. Hoffmann, M. Litaize, 3.2.2005, Centre d/Animation Mathis, Paris; in der französischen Schweiz: *Les Amantes*, übers. v. Y. Hoffmann, M. Litaize, szenische Auffassung von Joël Jouanneau, 14.3.2001, Théâtre Le Poche, Genf. Vgl. *Verzeichnis der europaweiten Aufführungen*, in: *Theatrale Grenzgänge. Jelineks Theatertexte in Europa*, hrsg. v. P. Clar u. Ch. Schenkermayr, praesens Verlag, Wien 2008, S. 389–401.

22 P. Clar u. Ch. Schenkermayr, *Themen und Diskurse – Zur Rezeption zentraler inhaltlicher Aspekte von Jelineks Theatertexten am Beispiel ausgewählter Inszenierungen*, in: *Theatrale Grenzgänge. Jelineks Theatertexte in Europa*, S. 181.

23 Vgl. ebd., S. 183.

zugefügt werden, dass sich aufgrund der politischen Situation Polens ein Bedarf an entsprechender Literatur ergibt. Die Behauptung Artur Pełkas, die er in seiner Dissertation über die Rezeption von Jelineks Theater in Polen aufstellt: „Der feministisch-genderorientierte Gestus ihrer Stücke stößt in der stark patriarchalisch verwurzelten polnischen Gesellschaft immer noch auf Ablehnung"[24], ist demnach nicht zutreffend.

2.3.1 In der Falle der ‚höheren Instanz'. Die Bühnenfassung von Emilia Sadowska

Die Premiere der Bühnenfassung des Romans *Die Liebhaberinnen* von der polnischen Regisseurin Emilia Sadowska fand am 13. Januar 2007 am Teatr Polski in Poznań (Posen) statt. Sadowska fokussierte sich in ihrer szenischen Umsetzung auf eine Darstellung der bitteren Situation der Frau. In ihrer Suche nach Liebe, die als Metapher für die Suche nach der eigenen Identität interpretiert werden kann, werden Normen und Mechanismen aufgedeckt, die stark mit der damaligen gesellschaftspolitischen Situation in Polen in Resonanz treten. Ihr Konzept sowie die szenische Bearbeitung erwiesen sich als effektiv, was von den Rezensent*innen gewürdigt wurde. Stefan Drajewski führt in seiner Besprechung von Theaterpremieren im Jahr 2007 in der Woiwodschaft Großpolen aus, dass es unter den 36 Neuinszenierungen zwei Premieren gibt, die erwähnenswert sind: *Die Liebhaberinnen* von Elfriede Jelinek (Teatr Polski in Posen) sowie *Kwartet* von Ronald Harwood (Teatr Nowy in Posen).[25]

Emilia Sadowska hat den Schauspielern doppelte Rollen zugewiesen: Erzähler und handelnde Personen, d.h. sie verkörpern zunächst die Personen aus Jelineks Roman (z.B. Heinz), um kurz darauf die Rolle von Erzählern zu übernehmen, die die Handlung weiter erzählen bzw. das Verhalten der anderen zu kommentieren (z.B. Paulas). Sadowska ist es auf diese Weise gelungen, eine Polyphonie aus fünf Stimmen zu erzeugen. Die doppelten Rollenzuweisung verleihen dem Stück eine zusätzliche Dimension: die handelnden Personen sind niemals allein auf der Bühne. Auch in den intimsten Situationen werden sie von ‚Kommentatoren' begleitet, die hier als eine Art höhere Instanz fungieren. Die Bühnenadaption entspricht der Grundidee Jelineks, dass das Leben des Einzelnen maßgeblich von den sozialen Zwängen der ‚Gesellschaft' beeinflusst wird. Sadowska hat folglich ein Theater kreiert, in dem die Vielstimmigkeit in den Vordergrund tritt. Es entsteht der Eindruck, dass das Sprechen über andere eine Art Vermeidungsverhalten darstellt, das mit dem Bedürfnis verbunden ist, über das eigene Selbst nicht sprechen zu müssen. Die vorherrschende Figur ist Susi, die als unbekümmerter Modefreak herum-

---

24 A. Pełka, *Körper(sub)versionen. Zum Körperdiskurs in Theatertexten von Elfriede Jelinek und Werner Schwab*, Peter Lang Verlag, Frankfurt am Main–Berlin–Bern–Brüssel–New York–Oxford–Wien 2005, S. 188.

25 Vgl. S. Drajewski, *Współczesność a klasyka,* in: Głos Wielkopolski, Nr. 304, 31.12.2007, http://www.e-teatr.pl/pl/artykuly/49324.html (Zugriff am 10.04.2024).

stolziert und die übrigen Personen mit ihren boshaften Anmerkungen aus dem Theatertraum herausreißt.

Brigitte (Magdalena Płaneta) trägt ein rotes tief dekolletiertes Kleid, das ihre schmale Taille unterstreicht. Sie hat lange blonde Haare. In ihrer Bühnenpräsenz betont sie ihre körperliche Attraktivität. Brigitte ist sich der Tatsache bewusst, dass ihr einziges Angebot, das sie Heinz unterbreiten kann, ihr Körper ist. Sie denkt ständig an Heinz, sucht stur seine Nähe, um anderen Frauen, die auf Beute lauern, zu demonstrieren, dass Heinz ihr ‚zugehörig' ist. Heinz (Michał Kaleta) hegt keinerlei Gedanken an Brigitte. Er ist mit einem locker über die Hose hängenden blauen Hemd und einer gelben Krawatte bekleidet. Auch wenn er mit Brigitte spricht, denkt er an etwas anderes. Während sie ihm ihre Liebe gesteht, sucht er eine Steckdose für sein Verlängerungskabel. Heinz ist Elektriker. Paula (Barbara Prokopowicz) hat rote, ungebändigte Haare. Als Schneiderlehrling trägt sie besonders modische Kleider. Zu einem roten Pullover und einem zweifärbigen Rock hat sie Gummistiefel gewählt. Prokopowicz zeichnet sich durch eine provokante, unschuldige Koketterie aus, die insbesondere durch die Naivität eines jungen Mädchens zum Ausdruck kommt, welches davon überzeugt ist, dass es als Gegenleistung für die Hingabe ihrer Jungfernschaft Geborgenheit erlangen wird. Erich (Adam Łoniewski) verkörpert eine Verbindung von Kraft und Stumpfsinn. Ein gestandenes Mannesbild mit kohlrabenschwarzen nach hinten gekämmten Haaren bewegt sich selbstbewusst auf der Bühne und trägt ein gelbes halboffenes Hemd. Deshalb hat er nicht vor, sein südländisches, angeblich von seinem italienischen Vater geerbtes Aussehen zu vergeuden. Paula ist für ihn ein kurzes Abenteuer, eine Vorübung für sein eigentliches Ziel. Erichs große Ambition ist es, eine der städtischen Urlauberinnen zu verführen, denn in seiner Weltsicht sind sie eine andere Sorte von Frauen. Die Protagonistin Susi (Katarzyna Bujakiewicz) ist mit einem rosafarbenen Sportkostüm bekleidet. Ihr kommt in der Posener Inszenierung die Rolle zu, die Zuschauer*innen durch die dargestellte Welt zu führen. Sadowska setzt Susi in Distanz zu den übrigen Personen. Aufgrund ihrer gesellschaftlichen Stellung hat sie allen Grund dazu, sich mit den anderen nicht abzugeben. Die Regisseurin inszeniert die Figur, die die Ereignisse, an denen sie anfänglich nicht partizipiert, kommentiert und reflektiert. Sie agiert auf der Bühne mit einem Hula-Hoop-Reifen, und unterbricht dabei die Erzählung von Brigittes Liebe zu Heinz, um das Publikum über die Unwichtigkeit dieser Liebe zu informieren. Sie lässt die Zuschauer*innen wiederholen, dass jeder von ihnen eine Zukunft vor sich hat. Ihre mangelnde Aufmerksamkeit, die sich in beiläufigen Äußerungen ausdrückt, entwertet das sich abspielende Drama. Aber auch Susi unterliegt den gleichen Zwängen wie die anderen Frauen. Die Verpflichtung, Kinder zu gebären, veranlasst sie dazu, ihr Studium aufzugeben und degradiert sie zur Hausfrau.

Da die Schauspieler*innen auf der Bühne rasch ihre Rolle als Protagonist*innen und Kommentator*innen wechseln, war es erforderlich, sie mit deutlich erkennbaren Attributen zu versehen. Susi wird als eine junge Frau präsentiert, die sich durch eine gepflegte und trainierte Erscheinung auszeichnet und als Instrument der körperlichen Betätigung ein Hula-Hoop-Reifen nutzt. Heinz ist als Elektriker mit einem Verlängerungskabel ausgestattet. Erich, der attraktive Holzarbeiter, präsentiert sich in einer als lächerlich wirkenden Geste, bei der er seine Haare nach hinten wirft. In späteren Szenen wird er mit dem für Alkoholabhängige typischen unsicheren Gang dargestellt. Als wichtigste Requisite, die allen gemeinsam ist, wählt Sadowska einen langen weißen Stoffstreifen. Dieser symbolisiert einerseits den verhassten Rohstoff, aus dem die Büstenhalter genäht werden, andererseits das Tischtuch, sowie den Säugling in Windeln. Paula nutzt ihn auch, um ihre Emotionen auszudrücken, indem sie ihn in Form eines Herzens auf den Boden legt. Erich interpretiert ihn als ein Symbol für die Geschwindigkeit einer Motorfahrt, während Heinz ihn als ein Zeichen für einen angenehmen Geschlechtsakt deutet.

Als Klangeffekte werden Geräusche eingesetzt, die eine Mehrdeutigkeit aufweisen. Sie können sowohl auf die Naturphänomene als auch auf die von Brigitte gehasste Fabrik zurückgeführt werden. Erst am Ende kommt die Musik stark zum Einsatz: ein Fragment aus einem der größten Hits aus dem Album *Tu es Petrus* von Piotr Rubik *Niech mówią, że to nie jest miłość* (engl. *Let them say it's not love*). Das Lied fungiert als akustische Kulisse für den endgültigen Fall Paulas, die als Prostituierte entlarvt und von ihrem familiären Umfeld verstoßen wird. Während sich die anderen Helden-Kommentatoren in der Regel in der Nähe der Zuschauer*innen befinden, bleibt Paula im Hintergrund isoliert, tanzt und singt das Lied mit einer Geschwindigkeit, die unter der Musik liegt. Ihr Verhalten ähnelt dem eines Fernsehstarletts: sie bewegt ihren Popo rhythmisch und wirft Küsschen ins Publikum. Sadowska lässt dadurch die Interpretation zu, dass am Ende Paula als Siegerin hervorgeht. Sie erleidet den Verlust ihres alkoholsüchtigen Mannes und ihrer Kinder. Zudem ist sie gezwungen, das Dorf zu verlassen. Dennoch besteht die Möglichkeit, dass sie ein unabhängiges und armes Leben führen wird, das jedoch von Eigenständigkeit geprägt ist. Auf diese Weise wagt sie sich, sich aus den Zwängen der ‚höheren Instanz' zu befreien. Den anderen gelingt es trotz ihres Erfolgs nicht. Allerdings scheint Paula diese Befreiung nicht wahrzunehmen, zu sehr ist sie von der Idee der Liebe besessen, und andererseits von der Gesellschaft indoktriniert. Aus diesem Grund wird das Lied von ihr mitgesungen:

> Niech mówią, że to nie jest miłość
> Że tak się tylko zdaje nam
> Byle się nigdy nie skończyło
> To wszystko co od ciebie mam...
>
> [Sollen sie sagen, es ist nicht Liebe,
> dass es nur uns so scheint
> es möge nie zu Ende gehen,
> das ist alles, was ich von dir habe.] [übers. v. d. V.]

Die Bewegung des Körpers erlaubt es Paula, sich mit Angst und emotionalem Schmerz auf nonverbaler Ebene auseinanderzusetzen. Der Tanz als eine motorische Erfahrung trägt dazu bei, verlorene Emotionen ans Licht zu bringen, wodurch sich die Selbsterkenntnis bei der Figur steigern kann.[26] Paulas Bestreben, ein unabhängiges Leben zu

---

26 Vgl. K. Tłuczek, *Ruch, taniec, symbolika ciała jako formy transgresji konstruktywnej „ku sobie"*, in: Civitas Hominibus: rocznik filozoficzno-społeczny, 9, 2014, S. 105–113.

führen, scheitert jedoch, da sie für eine einsame Existenz verurteilt wird (sie bleibt isoliert im Hintergrund der Bühne). Das langsame Singen kann als Indikator für Unsicherheit und Bedrohung interpretiert werden.

In Jelineks Roman flüchten die Frauen entweder vor der Arbeit oder ihrer Familie in eine eheliche Beziehung, die die Gründung einer neuen Familie zur Folge hat. In dieser neuen Beziehung herrschen hierarchische Machtverhältnisse, und das Scheitern der Frauen ist nicht allein auf die Männer als Individuen zurückzuführen, sondern auf das gesellschaftliche System als Ganzes. Die von Sadowska hervorgehobene politisch-gesellschaftliche Ebene wird von der Bühnenbildnerin Katarzyna Stochalska visuell bestätigt, was einen Interpretationsrahmen darstellt. Inspiriert von Jelineks Beschreibung der Textilfabrik, die „in das schöne Land hineingebaut" wurde – wie wir im Vorwort des Romans lesen –, liefert sie ein interessantes Konzept für die Bühnendekoration und lässt die Figuren (Brigitte, Paula, Susi, Heinz und Erich) in einem kalten, farblosen, postindustriellen Raum agieren. Die Schauspieler*innen bewegen sich auf einer unebenen Bodenfläche, die aus schiefen Ebenen auf verschiedenen Niveaus besteht. Zwischen den Ebenen befindet sich ein freier Raum, sodass die Ebenen nicht aneinander grenzen. Dieses Szenario erinnert an die topographischen Eigenschaften der steirischen Berg- und Tallandschaft. Die Schauspieler*innen müssen von einer Ebene auf die andere wechseln und dabei darauf achten, auf dem schiefen Boden das Gleichgewicht zu bewahren. Im Hintergrund befindet sich eine schiefe Brücke, mit einem Geländer gesichert. Diese Bühnenlandschaft, in der alles schräg ist und man leicht den Halt verliert, fungiert als Metapher für das Schicksal der handelnden Personen. Diese Bühnenlösung ermöglicht die bildliche Darstellung gesellschaftlicher Zwänge. Die Gruppenszenen (beispielsweise die Szene, in der Paula sich mit anderen Frauen im Bus befindet, oder die Szene, in der sie gemeinsam mit den Eltern von Heinz zu Abend isst) entfalten sich in dem engen Zwischenraum zwischen den Ebenen.

Der Bühnenraum schränkt die Spielmöglichkeiten der Schauspieler*innen ein. Sie verkörpern nicht die Rolle handelnder Personen, sondern ähneln vielmehr ‚sprechenden Köpfen'. Sie positionieren sich frontal gegenüber dem Publikum Auf diese Weise erinnern sie an Teilnehmer*innen eines Fernsehprogramms. Anstatt interaktiv und psychologisch zu agieren, versuchen sie vielmehr die Ereignisse zu rekonstruieren und die Art der Beziehungen zwischen den Helden zu beschreiben. Sadowska gelingt es somit, Jelineks Prosastil auf die Bühne zu übertragen.

Liebe und Sexualität als zentrale Themen des Romans sind in der Posener Aufführung bar jeder Sinnlichkeit. Die intimen Szenen zwischen Brigitte und Heinz entfalten sich auf einem Bett (eigentlich sind es zwei Betten), das auf zwei Schienen in den freien Raum zwischen den Plattformen auf die Bühne gleitet und unbarmherzig quietscht. Die Gedanken Heinz' während des Geschlechtsaktes werden durch die Kommentare von Erich dem Publikum vermittelt. Die Entjungferung Paulas wird nicht dargestellt. Die Schauspielerin betritt die Bühne mit einem weißen Rock bekleidet, auf dem rote Flecken zu sehen sind. Im Anschluss daran erklimmt sie die einzelnen Plattformen, um schließlich das Haus ihres Geliebten zu erreichen. Als sie von dessen Mutter erniedrigt wurde, stieg sie erneut ins ‚Tal' hinab, wobei sie ein weißes Stoffknäuel in den Armen hielt, das ein Kind symbolisiert. Die Protagonistin entfaltet den Stoff, der die Form eines Hochzeitsschleiers hat, und legt ihn schließlich in Form eines Herzens auf die Bühne. Damit veranschaulicht sie ihre erträumte Liebe.

Der Epilog stellt den Höhepunkt der Posener Inszenierung dar. Während Paula durch Gesang und Tanz die Aufmerksamkeit des Publikums auf sich zieht, treten die übrigen Schauspieler*innen nach vorne und berichten von dem traurigen Ende ihrer Ehe. Die Beleuchtung erfolgt von oben, was zu einer düsteren Atmosphäre führt und furchterregende Schatten auf die Bühne projiziert. Die Figuren evozieren die Vorstellung einer antiken Chorsequenz von Erinnyen, die das arme gefallene Mädchen in die Verdammnis treiben. In der finalen Szene richtet sich Susi mit einer rhetorischen Frage an das Publikum: Möglicherweise sind Frauen heutzutage andres als früher? Diese rein rhetorische Frage erlaubt lediglich eine Interpretation der Aussage des Stückes, alle anderen Deutungsebenen in Jelineks Roman werden außer Acht gelassen. Dazu trug unter anderem die Tatsache bei, dass die Schauspieler*innen Schwierigkeiten mit Jelineks Sprache hatten: einige der intendierten ironischen Kommentare wurden nicht vermittelt. Die Darbietung der Schauspieler*innen erweckte den Eindruck, dass sie der Wirkung der Sprache nicht die notwendige Bedeutung beimessen. Dies wurde bei der Wiedergabe der Sätze deutlich, die durch Zynismus und Künstlichkeit gekennzeichnet waren. In der Konsequenz waren die Schauspieler*innen zu wenig überzeugend.

2.3.2 Körper, Tanz und Natur. Die szenische Umsetzung von Ewelina Marciniak

Fünf Jahre später wurde die neue szenische Bearbeitung des Romans *Die Liebhaberinnen* von Elfriede Jelinek von einer der talentiertesten Regisseurinnen der jungen Generation, Ewelina Marciniak vorgeschlagen. Sie war zu dieser Zeit als Absolventin der Dramaturgie und Europastudien an der Jagiellonen-Universität Krakau und studierte noch Regie an der Krakauer Akademie der Dramatischen Künste. Sie führte bereits Regie am Alten Theater (Stary Teatr) in Krakau (*Wynajem* [Rent] nach einem Text von Nis-Momme Stockmann), am Szaniawski-Theater in Wałbrzych (*Proces berentyzacji* im Rahmen des Festivals DNI DRAMATURGII[27]), am TR Warszawa (szenische Lesung des Textes *Zarys historii miłosnej)* und am Theaterinstitut (*Mocarz* von Stanisław Brzozowski).[28] Ihr

27 Die seit dem Jahr 2000 in periodischen Abständen stattfindende Veranstaltung *Dni Dramaturgii* [Tage der Dramaturgie] stellt ein zweitägiges Festival der Theatertexte dar. Den Bürgerinnen und Bürgern von Wałbrzych wird dabei die Möglichkeit geboten, die neueste polnische und europäische Dramaturgie sowie in Polen bekannte Literatur kennenzulernen. Vgl. Teatr Wałbrzych, https://teatr.walbrzych.pl/edukacja-i-projekty/dni-dramaturgii/ (Zugriff am 12.04.2024).

28 Marciniak ist eine sehr aktive Dramaturgin. Im Jahr 2012 inszenierte sie außer *Der Liebhaberinnen* auch das Stück *Zbrodnia* [Verbrechen] von Michał Buszewicz auf der Bühne des Teatr Polski in Bielsko-Biała (inspiriert von der Kurzgeschichte *Zbrodnia z premedytacją* von Witold Gombrowicz, März), *Die Frau von früher* von Roland Schimmelpfennig am Baltischen Dramatischen Theater in Koszalin (Juni), und *Tod und Wiederauferstehung der Welt meiner Eltern in mir* von Nis-Momme Stockmann am Nationalen Alten Theater in Krakau (Juni). Vgl. [N.N.], *Ewelina Marciniak*

Regiedebüt war das Stück *Nowe wyzwolenie*, das sie auf Einladung der Schauspieler des Centrum Sztuki Kontrast [Kunstzentrum Kontrast] und des Polnischen Theaters (Teatr Polski) in Bielsko-Biała realisierte. Ewelina Marciniak wurde für ihre Leistung mit zahlreichen Auszeichnungen geehrt. Die Jury des Trójka-Talentpreises würdigte sie für ihre expressive Vision des Theaters, für die Suche nach untypischen Inszenierungslösungen und für große soziale und künstlerische Sensibilität.[29] Im Rahmen des 17. Nationalen Wettbewerbs für die Produktion zeitgenössischer polnischer Kunst (2010/2011)[30] sowie des 11. Festivals der Uraufführungen in Bydgoszcz[31] wurde sie für die Inszenierung von *Zbrodnia* von Michał Buszewicz ausgezeichnet. Für *Nowe wyzwolenie* von Stanisław Ignacy Witkiewicz gewann sie den Hauptpreis bei der 2. Ausgabe der Koszaliner Konfrontationen des Jungen Theaters m-teatr[32] und für *Morfina* von Szczepan Twardoch erhielt sie drei Goldene Masken (darunter in den Kategorien „Beste Regie“ und „Beste Aufführung“).[33]

2021, https://www.polskieradio.pl/9/29/Artykul/799464,Ewelina-Marciniak-2012 (Zugriff am 9.03.2024).

29 Ebd.

30 Der Nationale Wettbewerb für die Produktion des polnischen zeitgenössischen Theaterstücks verfolgt eine Reihe von Zielen. Einerseits wird die zeitgenössische polnische Dramatik auf diese Weise populär gemacht. Andererseits werden einheimische Dramatiker gefördert. Schließlich werden Theater unterstützt, die polnische Dramatik und Adaptionen polnischer Gegenwartsliteratur aufführen. Schließlich werden die interessantesten Repertoire-Experimente belohnt.

31 Es handelt sich um ein landesweites Theaterfestival, das seit 2002 im Herbst vom Teatr Polski in Bydgoszcz organisiert wird. Das Programm sieht die Aufführung von Theaterstücken vor, die zum ersten Mal aufgeführt werden. Die Initiierung des Festivals erfolgte durch den ehemaligen Direktor des Teatr Polski – Adam Orzechowski.

32 Im Rahmen des Festivals Koszalińskie Konfrontcje Młodych (KJM) werden Theateraufführungen von Regisseur*innen der jungen Generation präsentiert. Obwohl das m-teatr-Festival erst im Jahr 2010 gegründet wurde, stieß es bei Theaterkünstlern, Künstlerkreisen und Kritikern auf positive Resonanz. Die Finanzierung der vergangenen Ausgaben des m-teatr-Festivals erfolgte aus den eigenen Mitteln des Baltischen Dramatischen Theaters (Bałtycki Teatr Dramatyczny in Koszalin) sowie durch die Beteiligung von Kulturmäzenen, des Ministeriums für Kultur und Nationales Erbe, des Marschalls der Woiwodschaft Westpommern und des Bürgermeisters von Koszalin.

33 Der Theaterpreis Goldene Maske (Złota Maska) ist eine Auszeichnung für herausragende künstlerische Leistungen im Bereich der Theaterkunst, die von Vertretern der Medien der Woiwodschaft Schlesien verliehen wird. Die Präsentation erfolgt jährlich im Rahmen einer festlichen Gala zum Internationalen Theatertag am 27. März. Die Preisverleihung findet seit 1967 statt und wurde anfänglich von den regionalen Medien sowie den Woiwoden der vier damaligen Woiwodschaften Katowice, Bielsko, Częstochowa und Opole durchgeführt. Seit 1999 obliegt diese Aufgabe der schlesischen Woiwodschaft. Die Verleihung der Goldenen Maske erfolgt durch den Vorstand der Woiwodschaft Schlesien auf der Grundlage von Vorschlägen, die durch eine Kommission erarbeitet werden. Es werden Uraufführungen bewertet, die im betreffenden Kalenderjahr in der Woiwodschaft Schlesien realisiert wurden. Der Preis wird in den folgenden Kategorien vergeben: die Auszeichnung „Leistung des Jahres“ (wird an eine Institution verliehen), die Auszeichnung „Aufführung für junges Publikum“, die „Auszeichnung für eine weibliche Rolle in einer dramatischen Aufführung“, die „Auszeichnung für eine männliche Rolle in einem dramatischen Stück“, die „Auszeichnung für eine Rolle in einem Puppentheater“, die „Auszeichnung für eine Rolle in einem

Die Erfolge der jungen Regisseurin ließen vermuten, dass auch die Dramatisierung des Romans *Die Liebhaberinnen* einen Erfolg erzielen würde. Und so ist es geworden. Die Inszenierung war in jeder Hinsicht raffiniert, musikalisch, bühnenbildnerisch und schauspielerisch stimmig. Das Stück erhielt hervorragende Kritiken und eine Reihe von Auszeichnungen. Das prestigeträchtige zweiwöchentliche Portal Dwutygodnik würdigte *Die Liebhaberinnen* als eines der wichtigsten künstlerischen Ereignisse des Jahres 2012. In der zweitgrößten überregionalen Tageszeitung Rzeczpospolita bewertete Jan Bończa-Szabłowski die von Marciniak dramatisierte brutale und doch humorvolle Liebesgeschichte als eine bewegende Aufführung, die im Theater selten ist.[34] Der Roman in der Inszenierung von Ewelina Marciniak, dessen Premiere am 24. November 2012 auf der Malarnia-Bühne stattfand, gewann 2013 den Großen Preis für die beste Aufführung (Grand Prix für die beste Inszenierung) bei der 48. Ausgabe des KONTRAPUNKT-Festivals der kleinen Theaterformen, eines der ältesten Theaterfestivals in Polen.[35] Nachdem die Jury zwölf Aufführungen im Wettbewerb gesehen hatte, entschied sie einstimmig, den Großen Preis an eine Aufführung einer jungen Gruppe zu vergeben, die sich in außergewöhnlicher Weise mit sozialen Themen auseinandersetzt.[36] Die Inszenierung wurde darüber hinaus auf vielen Theaterfestivals im Ausland präsentiert. Zwei Jahre nach der Premiere wurde die zweimalige Aufführung von *Der Liebhaberinnen* auf der Bühne des Nationaltheaters in Straßburg im Rahmen der 9. Ausgabe des Festivals Premières für junge europäische Regisseure (2014) mit einem Erfolg beendet. Das bis auf den letzten Platz gefüllte Publikum begrüßte die Aufführung des Teatr Wybrzeże mit großer Begeisterung und spendete die Schauspieler*innen für ihre Darbietung minutenlangen Applaus. Dass diese Inszenierung erfolgreich war, wird durch die wiederholten Aufführungen bestätigt. Vier Jahre nach der Uraufführung am 17. Dezember 2016 verkündigte das Teatr Wybrzeże, dass das Stück zu einer der herausragenden Aufführungen an der Ostseeküste geworden ist und zum hundertsten Mal auf der Malarnia-Bühne präsentiert wird. Die künstlerische Leistung der Darsteller*innen spielte dabei nicht zu unterschätzende Rolle. Im Rahmen der 53. Kaliszer Theatertreffen[37] (2013) wurden

Vokalstück", die Auszeichnung „Regie" und die Auszeichnung „Szenografie". Es wird auch ein Sonderpreis verliehen.

34 Vgl. J. Bończa-Szabłowski, *Wyszydzone stereotypy miłosne*, in: Rzeczpospolita, v. 17.12.2012, https://www.rp.pl/artykul/962372-Wyszydzone-stereotypy-milosne.html (Zugriff am 9.03.2024).

35 Die Organisation des KONTRAPUNKT-Festivals obliegt der Stadt Szczecin, wobei die Durchführung gemeinsam vom Pleciuga Puppentheater, dem Teatr Współczesny und dem KANA Theaterzentrum erfolgt. KONTRAPUNKT hat es sich zum Ziel gesetzt, die neuesten Trends und Erkundungen des polnischen Theaters zu präsentieren. Zu diesem Zweck werden die Leistungen etablierter Künstler mit den interessanten Experimenten von Newcomern konfrontiert.

36 [N.N.], *Nagroda dla „Amatorek"*, https://www.portalpomorza.pl/wiadomosci/43960,nagroda-dla-amatorek (Zugriff am 9.03.2024).

37 Das Kaliskie Spotkania Teatralne (KST) ist ein jährlich stattfindendes Theaterfestival in Kalisz, welches im Jahr 1960 von Tadeusz Kubalski gegründet wurde. Seit 1961 wird es als Theaterwettbewerb vom Wojciech-Bogusławski-Theater in Kalisz organisiert und seit 1985 als Schauspielwettbewerb. Es handelt sich um das älteste polnische Theaterfestival sowie um den einzigen polnischen Schauspielwettbewerb.

Dorota Androsz (für die Darstellung der Brigitte) und Katarzyna Dałek (für die Darstellung der Paula) mit Schauspielpreisen ausgezeichnet.[38] Für die Inszenierung wurden von Ewelina Marciniak Ausdrucksformen gesucht, die durch Gebärden und szenische Bewegung der Schauspieler*innen zum Ausdruck kommen und eine enorme Dynamik bewirkten. Der Theaterkritiker Łukasz Rudziński betonte in seiner Rezension auf dem Regionalportal trojmiasto.pl, dass das Stück *Die Liebhaberinnen* des Teatr Wybrzeże eine besondere Anerkennung verdiene. Er hob hervor, dass es eine Seltenheit sei, Aufführungen zu sehen, in denen die Schauspieler*innen sich bis an die Grenze ihrer physischen und psychischen Leistungsfähigkeit bringen, um eine Geschichte über ein schwieriges Thema auf eine leichte, humorvolle Weise zu erzählen.[39] Die Inszenierung zeichnete sich durch eine hohe Dynamik aus und umfasste eine Dauer von 90 Minuten ohne Unterbrechung. Akrobatische Elemente (Choreografie von Dominika Knapik) trugen zur Intensität der Darbietung bei und stellten eine besondere Herausforderung für die Darsteller*innen dar, die ihre sportakrobatischen Fähigkeiten unter Beweis stellten.

Ewelina Marciniak konzipierte die Inszenierung als einen statischen, hinten geschlossenen Raum, dessen einziges Element eine grüne dicke Wand aus Blättern darstellte, die den Anschein einer wilden riesigen Laubwaldwand erweckte. Vor dieser Wand befand sich eine Gymnastikmatte. Die Aufführung beginnt mit Aufwärmübungen, die durch laute, rhythmische Musik akustisch begleitet wurden, womit unmittelbar zu Beginn die Aufmerksamkeit auf das Körperliche fokussiert wurde. In den weiteren Szenen wälzten sich die Schauspieler*innen rhythmisch über den Boden oder lagen nackt nebeneinander und windeten sich wie in Krämpfen. Auf diese Weise wurde eine körperliche Distanz aufrechterhalten und eine Hierarchie hergestellt. Obwohl die weiblichen Figuren von der Liebe besessen sind und fest an den Glauben gebunden, dass der Mann ihnen einen Zugang zu einer Welt vermitteln werde, die ihnen sonst verschlossen bliebe, bleiben sie in alten (gesellschaftlichen) Mustern ‚erstarrt' und wiederholen „den natürlichen kreislauf der natur",[40] indem sie körperlich unterdrückt werden. Dies ist insbesondere dann der Fall, wenn eine der Figuren (Paula) von der idealisierten Liebe träumt, während die andere (Brigitte) die Liebe als ‚Arbeit', als einen Kampf um ein besseres Leben als Hausfrau und Gattin eines Elektrikers (Heinz) in der Stadt versteht. Sie kriechen auf den Vierbeinen, erhalten Ohrfeigen und werden sexuell missbraucht. Intimität, gleichberechtigte Partnerschaft oder auch gegenseitiges Verständnis entlarven sich für beide Geschlechter als Trugbilder. Sowohl Frauen als auch Männer sind in ihren gesellschaftlichen Rollen verfangen, was sich auch auf der sprachlichen Ebene manifestiert. Dies wird durch die Verwendung der dritten Person statt der Ich-Form deutlich. Die Akzeptanz männlicher Dominanz seitens der Gesellschaft impliziert die Demütigung von Frauen durch Män-

38 Vgl. Teatr Wybrzeże, *Nagroda dla Doroty Androsz i Katarzyny Dałek*, https://teatrwybrzeze.pl/aktualnosci/nagroda-dla-doroty-androsz-i-katarzyny-dalek (Zugriff am 3.03.2024).

39 Vgl. Ł. Rudziński, *Z piekła do piekła, czyli przepis na związek – o „Amatorkach" Teatru Wybrzeże*, in: Portal Regionalny trojmiasto.pl, v. 25.11.2012, https://www.trojmiasto.pl/kultura/Z-piekla-do-piekla-czyli-przepis-na-zwiazek-o-Amatorkach-Teatru-Wybrzeze-n64154.html (Zugriff am 10.04.2024).

40 E. Jelinek, *Die Liebhaberinnen*, Rowohlt Verlag, Reinbek bei Hamburg 1999, S. 15.

ner, welche wiederum Demütigung durch Männer akzeptieren. Eine resultierende Konsequenz ist, dass die Männer Macht haben, während Frauen einen Körper, einen nackten (Neben)Körper.[41] Dieser Körper gehört Frauen nicht, da er nicht ihr Zuhause ist, kein Zufluchtsort und nicht ihre Waffe. Stattdessen gehört er dem Mann. Es lässt sich konstatieren, dass beide Geschlechter in einer unglücklichen Situation zu sein scheinen. Die Inszenierung von Marciniak lässt sich daher nicht als ‚feministisch' vorprogrammiert erkennen. Die Regisseurin erhebt keine Diagnose und formuliert keine Thesen. Stattdessen stellt sie Fragen und versucht mit den Zuschauer*innen zu interagieren.[42] Ihr Ziel ist es, sie zu einer Reflexion bzw. Diskussion über die Ursachen des dargestellten Sachverhalts einzuladen. Daher wird auf der Bühne auch viel getanzt. Das Tanzen als eine nonverbale Aktion steht in diesem Fall in einem Gegensatz zu gesellschaftlichen Normen, da es als Symbol für eine Art außer Kontrolle geratener Lebenslust und Selbstmanifestation angesehen wird.[43] Ewelina Marciniak regt die Schauspieler*innen in wiederholter Weise zum Tanz an, womöglich mit der Intention, in den Figuren das Bedürfnis nach einer Veränderung auszulösen. Das Bedürfnis nach (ritueller) Körperbewegung (in Form von Tanz), das in den westlichen Kulturen als unnötig erachtet und aus der schulischen Erziehung ausgeklammert wird. Das Bedürfnis nach einer konstruktiven Transgression „zu sich selbst". Ob eine solche innere Reise in der Folge erfolgreich abgeschlossen wird, bleibt in der Aufführung offen. Obwohl den Zuschauer*innen das Schicksal Paulas, die ihren Körper zum Schluss zu Prostitutionszwecken verwendet, bekannt ist, wird diese Mitteilung urteilsfrei präsentiert. Zugleich wird das Publikum zum Nachdenken angeregt, ob Paulas neues Leben nicht ein Schritt in die Richtung des authentischen (eigenen) Lebens bedeutet. Eine solche Interpretation wird durch die vom Bühnenkonzept der Aufführung vermittelten Inhalte ermöglicht. Die hohe grüne Blätterwand, die zwar den Hintergrund der Handlung bildet, wurde in der Mitte der Szene situiert und verkleinert diese um die Hälfte, sodass ein abgegrenzter, statischer Raum suggeriert wird. Einerseits wird dadurch ein Schleier über die Kulissen gelegt, andererseits wird den Zuschauer*innen eine beschauliche und friedliche Atmosphäre vermittelt. Es werden auf diese Weise Assoziationen zu einer Idylle hervorrufen, zu einem harmonischen Bild des Landlebens, das „durch Geborgenheit, langsames Lebenstempo bzw. einen bedächtigen Lebensstil bestimmt und des Öfteren in einem zivilisationskritischen Gestus urbanen Milieus gegenübergestellt"[44] wird. Die grüne Wand, die an die Natur, hier gleichgesetzt

41 Im Roman von Jelinek heißt es: „frühzeitig lernt paula, ihren körper und das, was mit ihm geschieht, als etwas zu betrachten, das einem anderen passiert als ihr selbst. einem nebenkörper gewissermaßen, einem nebenpaula". Ebd., S. 31.

42 Es wird den Zuschauer*innen ein Kuchen angeboten oder sie werden zu Co-Akteuren, wenn ein Mann vom Publikum im letzten Teil auf die Bühne eingeladen wird, um eine männliche Figur (einen Fremden) zu spielen, mit dem Paula das tut, „was sie mit ihrem Ehemann tun sollte".

43 Vgl. K. Tłuczek, *Ruch, taniec, symbolika ciała jako formy transgresji konstruktywnej „ku sobie"*, S. 105–113.

44 M. Szczepaniak, *„kennen Sie dieses schöne Land?" Elfriede Jelinek Anti-Idyllen*, in: *Positionen der Jelinek-Forschung. Beiträge zur Polnisch-Deutschen Elfriede Jelinek-Konferenz- Olsztyn 2005*, hrsg. v. C. Zittel u. M. Holona, Peter Lang Verlag, Bern 2009, S. 219.

mit Freiheit und verstanden als Gegenpol der gesellschaftlichen Begrenzungen, an die ungebundene Naturkraft erinnert, impliziert zugleich das Gefühl des Zu-Hause-Seins, begleitet von der Empfindung der Geborgenheit, Ruhe, Sicherheit, des erfüllten Daseins. Eine Bestätigung der absichtlichen Assoziationen sind die Worte der Regisseurin selbst in einem Interview, in dem sie Folgendes äußerte:

> Das Werk *Die Liebhaberinnen* ist für mich eine Art Landschaft. Die Welt: ein Ort, an dem die Sonne aufgeht und untergeht. Die Strahlen schneiden in den von der Fabrik verschwitzen Rücken einer Näherin. Natur: ein Ort, an dem ein Holzfäller hereinkommt und einen Baum fällt. Große Stämme hinterlassen große Abdrücke auf seinen Händen. Landschaft: ein malerisches System, das aus Formen der Skulpturen und Gewässer, Vegetation und Böden, Felsen und der Atmosphäre zwischen ihr und ihm. Landschaft bedeutet, wie in der klassischen Beziehung, die Harmonie aller Elemente. Im Fall der Natur verschönert die Zeit, im Falle der Menschen kann es unterschiedlich sein. Der Mensch wird schöner, wenn er auf klassische Weise trainiert wird. Jelinek zeigt uns schöne Frauen, die in ihrer Einfachheit denken, dass die Welt genau so ist: ein Ort, an dem die Sonne auf- und untergeht und an dem Misshandlung nicht vorkommen kann.[45] [übers. v. d. V.]

Die Landschaft, die Natur und die Harmonie aller Elemente, die den Menschen nur verschönern, mögen an eine utopische Darstellung der (heilen) Welt (Idealisierung) erinnern. Diese Darstellung bot schon oft Anlass zu vielerlei ideologischen Missbräuchen. In diesem Fall manifestieren sich die beschriebenen Phänomene als eine verinnerliche Sehnsucht nach einem Gefühl der Zugehörigkeit und des Eingebettetseins in eine Lebensordnung, die sich durch eine Abwesenheit von ‚In-Besitz-Nehmen' auszeichnet. Diese Annahme wird dadurch gestützt, dass weibliche Charaktere über einfache Träume verfügen, denen sie nachgehen möchten.

***

Die beiden unterschiedlichen Konzepte der Dramatisierung des Romans *Die Liebhaberinnen* für die polnische Bühne, die zeitlich voneinander sehr nahe liegen, bilden neue Räume der Auslegung des Werks und offenbaren zugleich die Unterschiede in dessen Rekontextualisierung. Diese Unterschiede sind determiniert durch die persönliche Ein-

45 [N.N.], *Amatorki*, https://teatrwybrzeze.pl/spektakle/amatorki (Zugriff am 9.03.2021). Im Original: „*Amatorki* to dla mnie rodzaj pejzażu. Świat: miejsce gdzie wschodzi i zachodzi słońce. Promienie wrzynają się w spocone fabryką plecy szwaczki. Natura: miejsce gdzie wchodzi drwal i ścina drzewo. Wielkie bale zostawiają na jego rękach wielkie odciski. Krajobraz: malowniczy system składający się z form rzeźby i wód, roślinności i gleb, skał i atmosfery między nią a nim. Krajobraz, jak klasyczna relacja oznacza harmonię wszystkich elementów. W przypadku przyrody czas upiększa, w przypadku ludzi może być różnie. Człowiek stanie się piękniejszy, jeśli będzie trenowany w sposób klasyczny. Jelinek pokazuje nam piękne kobiety, które myślą w swojej prostocie, że taki właśnie jest świat: miejsce gdzie wschodzi i zachodzi słońce, i gdzie złe traktowanie nie może się zdarzyć." Ebd.

stellung zur außertextuellen Wirklichkeit und durch den gesellschaftlichen bzw. generationenspezifischen Interpretationsrahmen seitens der Regisseurinnen. Emila Sadowska verortet das Werk Jelineks in den polnischen Kontext der politischen Ereignisse und kommentiert diese indirekt in ihrer Inszenierung. Eine alternative Auslegung wird von der jüngeren Regisseurin Ewelina Marciniak geliefert, die die szenische Bearbeitung des Romans in einen ‚globalen' Raum situiert. In ihrer Inszenierung manifestiert sich die grüne Wand als Versprechen für die Rückkehr zu einem ‚natürlichen' Rhythmus des Lebens sowie für die Überwindung kultureller Normen (Beschränkungen). Sie fungiert als bewundernswerte Natur und Folie für neues Leben. Marciniak lehnt etablierte kulturelle Codes, die Natur als Gegensatz zwischen Land und Stadt, zwischen Heimischem und Fremdartigem darzustellen, ab und favorisiert stattdessen die Exponierung eines leeren (nackten wie Körper der Darsteller*innen in der Inszenierung), offenen Ortes als einen von kulturellen Interpretationen unabhängigen Wert. Ewelina Marciniak zeigt kein Interesse an Politik, Machtdiskursen oder der Geschichte als nationalistisches Narrativ. Durch die Verwendung von Naturmotiven offenbart sie ihre Zugehörigkeit zur Generation Y (auch *Millennials* genannt) und verkündet in der Aufführung einen Wertewandel: anstelle gesellschaftlich determinierter Status- und Prestigekategorien wird die Priorität auf die Freiräume für die Selbstverwirklichung und eine ausgewogene Lebensgestaltung gesetzt. Diese Einstellung wird insbesondere in den Tanzszenen deutlich. Indem sie in der Mitte der Bühne eine Blätterwand hängen lässt, versucht sie mit visuellen Mitteln die Aufmerksamkeit der Zuschauer*innen darauf zu lenken, was jenseits des ‚Ich' und des ‚Uns' ist, also auf einen freien Raum und die objektiv existierende Natur. Letztere wird in diesem Kontext zum ‚Erkenntnismittel'. Die Idee der Natur ist, wie die polnische Literaturwissenschaftlerin Maria Janion, eine der bedeutendsten Kenner*innen der polnischen und europäischen Romantik, anmerkt, eine mächtige weltanschauende Kraft und eine Erkenntnisenergie von außergewöhnlicher Intensität.[46]

Die neueste Inszenierung des Romans *Die Liebhaberinnen* unter der Regie von Paweł Miśkiewicz scheint an dem Konzept von Marciniak nur partiell anzuknüpfen. Die Uraufführung erfolgte am 26. Januar 2024 und wurde von Studierenden der Stanisław-Wyspiański-Akademie für Theaterkunst in Kraków im Rahmen der Diplomaufführung vorbereitet. Während des 42. Theaterfestivals der Theaterhochschulen in Łódź (am 20.–26. Mai 2024) wurde diese szenische Umsetzung des Romans mit dem Hauptpreis ausgezeichnet. Die Inszenierung gibt den Handlungsrahmen von Jelineks Roman präzise wieder. Die Rollen von Brigitte und Heinz werden jeweils von drei Personen verkörpert, die Rollen von Paul und Erich von jeweils zwei Personen.[47] Die ‚Vermehrung' der literari-

46 Im Original: „Idea natury to potężna siła światopoglądotwórcza, energia poznawcza o wyjątkowym natężeniu". M. Janion, *Kuźnia Natury*, słowo/obraz, Gdańsk 1994, S. 11.

47 Brigitte – gespielt von Michalina Jakubiak, Nina Potapowicz u. Zuzanna Woźniak; Heinz – von Jan Cięciara, Miłosz Markiewicz u. Michał Jan Meller; Paula – von Aurora Lipartowska u. Olga Wojtkowiak; Erich – von Jakub Cięciwa u. Paweł Kruszelnicki; Suzi – von Dusiek Olszański. Vgl. Akademia Sztuk Teatralnych im. Stanisława Wyspiańskiego w Krakowie, *Spektakle*, https://krakow.ast.krakow.pl/spektakle/amatorki-rez-pawel-miskiewicz/ (Zugriff am 6.06.2024).

schen Figuren veranschaulicht den dramatischen Dualismus der Protagonist*innen. Wie ein Mosaik harmonieren die verschiedenen Stimmen miteinander und bilden ein stimmiges Ganzes. Die Choreografie von Anna Obszańska, die sich durch dynamischen Tanz und pantomimische Darbietungen auszeichnet, verleiht der rauen Welt eine belebende Wirkung. Die Darsteller*innen tragen Kostüme, die im Stil der 1970er Jahre gestaltet und von Hanka Podraza entworfen wurden. Im Laufe der Zeit tauschen sie diese gegen traditionelle österreichische Trachten aus. Die Musik, die live von Rafał Mazur und Jakub Nowak dargeboten wird, trägt zur Raumfüllung bei. Improvisierte Jazzklänge verleihen den Handlungen den richtigen Rhythmus und regen die Emotionalität des Publikums an. In einer der finalen Szenen wird die Musik auch vom Heinztrio gespielt – einer Gruppe von Schauspielern, die die Rolle des Heinz spielen.[48]

Das Stück erzählt die Geschichte über junge Menschen, die ins Erwachsenenleben eintreten, und beleuchtet die damit einhergehenden Ängste und Hoffnungen. Es wird die Frage aufgeworfen, ob Lebensentscheidungen als autonom betrachtet werden sowie ob das Streben nach Selbstverwirklichung an einen Lebenspartner ‚angehängt' werden kann, der in dieser Beziehung von einem ergänzenden Element zu einem entmündigten Gefangenen dieser Wünsche wird. Eine metaphorische Visualisierung dieser Fragen ist die Affiche, auf der der Nervenstrang, der wichtige motorische und sensorische Nervenbahnen enthält, nachgeahmt wird. Daher wurde dem Stück ein Untertitel *Opowieść o zgubnym wpływie mlecza pacierzowego* [Die Geschichte über den verhängnisvollen Einfluss des Rückenmarks] hinzugefügt. Der verwendete Begriff „mlecz pacierzowy" wurde im 17. Jahrhundert geprägt und bedeutet nach dem Wörterbuch der altpolnischen Sprache Wirbelsäule bzw. Rückenmark.[49] Miśkiewicz bedient sich Klischees über das kulturelle Geschlecht und rückt die Ohnmacht gegenüber den Mustern und Lebensszenarien, die von nachfolgenden Generationen reproduziert werden (d.h. ihr Rückenmark bilden), in den Vordergrund. Der Aspekt der Absurdität gesellschaftlicher Stereotypen und ihrer unterdrückenden Kraft wird auch durch die Choreografie von Anna Obszańska veranschaulicht, die an mechanische, endlose Arbeit in einer Fabrik erinnert. Die Schauspieler*innen nutzen den Bühnenraum, zu dem auch eine schräge, weiße Plattform gehört, die wie eine Rutsche oder ein Berg wirkt, den man erklimmen muss. Die mechanische Reproduktion der Arbeit vermag die Mechanismen zu reflektieren, die in einer patriarchalischen Gesellschaft wirksam sind, Weiblichkeit und Männlichkeit programmieren und dem Menschen auferlegen, die ihm zugewiesenen Aufgaben auszuführen. Das Arbeitsethos ist mit dem Wunsch nach idealer Liebe verbunden, wobei sich dieser Wunsch jedoch auch mit mechanischem und bisweilen unsauberem Sex vermischt.[50] Es scheint, als bliebe nur

---

48 P. Borek, *Kurczowe trzymanie się brzytwy*, in: https://e-teatr.pl/kurczowe-trzymanie-sie-brzytwy-46099, datiert mit 21.02.2024 (Zugriff am 6.06.2024).

49 *Słownik pojęć języka staropolskiego*, [Stichwort:] *mlecz pacierzowy*, https://spjs.ijppan.pl/haslo/index/3128/33402 (Zugriff am 6.06.2025).

50 Vgl. J. Siwy, *Amatorki, czyli jak nas zaprogramowano*, in: Didaskalia. Gazeta Teatralna, 2024, Nr. 180, https://didaskalia.pl/pl/artykul/amatorki-czyli-jak-nas-zaprogramowano (Zugriff am 6.06.2024).

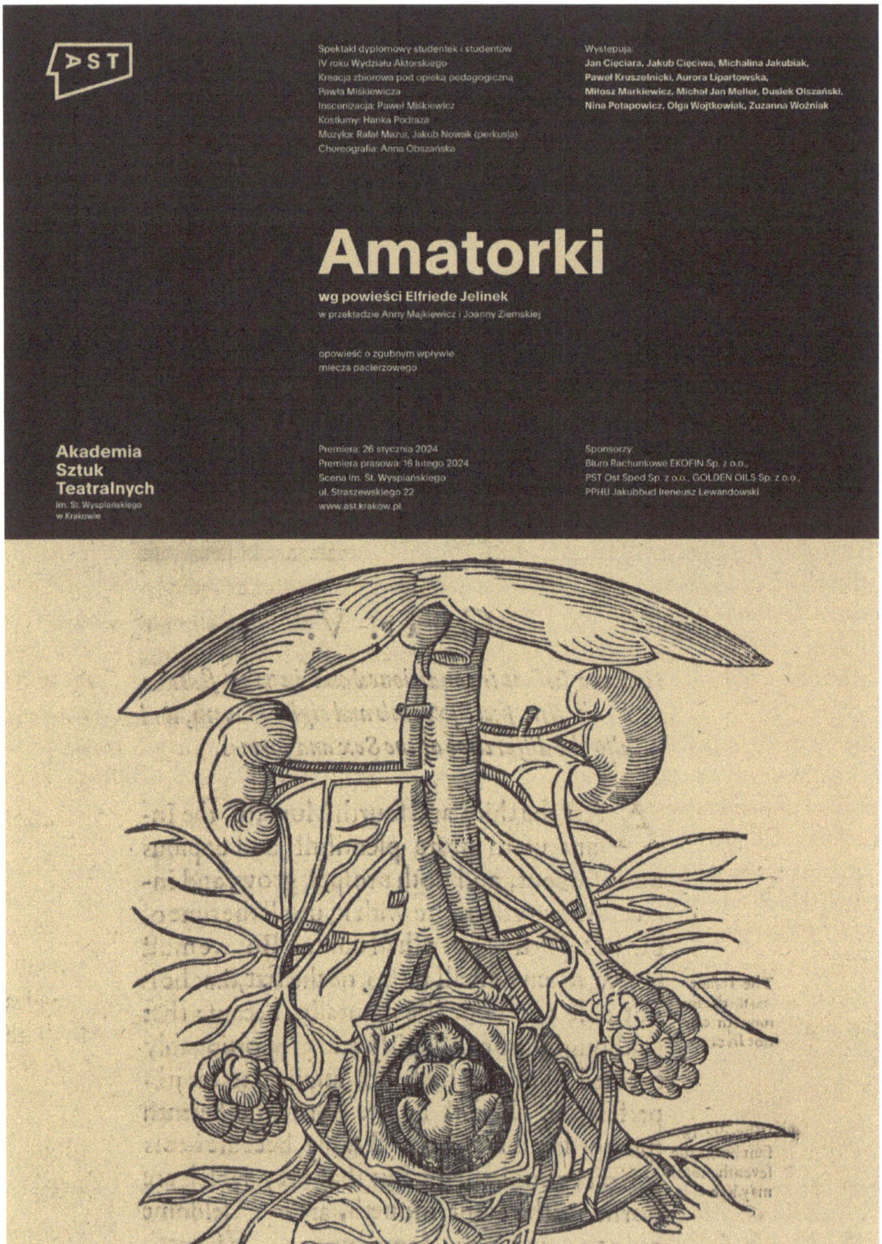

Abb. 4: Plakat zur Aufführung von Elfriede Jelineks *Die Liebhaberinnen*, Akademia Sztuk Teatralnych im. Stanisława Wyspiańskiego w Krakowie, 26.01.2024 (© Dział organizacji i promocji Teatru AST [Kraków])

Abb. 5: Elfriede Jelinek, *Amatorki*, Akademia Sztuk Teatralnych im. Stanisława Wyspiańskiego w Krakowie, 26.01.2024: Michalina Jakubiak, Nina Potapowicz, Aurora Lipartowska, Zuzanna Woźniak, Olga Wojtkowiak (Mit freundlicher Genehmigung der Akademia Sztuk Teatralnych im. St. Wyspiańskiego w Krakowie, Foto: © Klaudyna Schubert)

noch, gemeinsam Elvis Presleys Song *Can't Help Falling In Love* in Moll zu singen, was auch die Schauspieler*innen tun. In der Schlussszene werden die Lichter im Zuschauerraum eingeschaltet, und die Schauspieler*innen beginnen, als würden sie in ihrem eigenen Namen sprechen, und wenden sich an die Autorin *Der Liebhaberinnen*. Sie werfen ihr vor, immer wieder dieselben Muster zu beschreiben. Als wollten sie zum Ausdruck bringen, dass diese anachronistische Welt keine Daseinsberechtigung mehr hat. Die Anschuldigungen – an Elfriede Jelinek gerichtet, aber an das Publikum ausgesprochen –

sollen bei den Zuschauer*innen Unbehagen hervorrufen, da auch sie nicht in der Lage sind, sich von unterdrückenden Strukturen zu lösen. Die Inszenierung von Miśkiewicz demonstriert eindrucksvoll die anhaltende Relevanz des Romans *Die Liebhaberinnen* im polnischen Kulturraum, sowohl in Bezug auf das thematische Spektrum als auch auf seine nach wie vor wirksame Präsenz.

2.3 *Prinzessinnendramen* im Spagat zwischen Innovation und Repetition

Im Jahr 2003 veröffentlicht der Rowohlt Verlag die zwischen 1999 und 2003 entstandenen fünf Dramoletten Jelineks unter dem gemeinsamen Titel *Der Tod und das Mädchen. Prinzessinnendramen*. Wie bei allen früheren Texten der Autorin ist auch bei diesen fünf Miniaturen eine eindeutig sprachliche Prägung festzustellen. Jedoch – wie auch Mateusz Borowski und Małgorzata Sugiera anmerken – werden:

> [...] bisher angewandte intertextuelle Techniken um erkennbare dramatische und theatralische Konventionen sowie typische szenische Lösungen ergänzt, die als ein wirksames Mittel eingesetzt werden können, um denselben Mythos zu problematisieren, den die österreichische Autorin schon in ihrem ersten Stück *Was geschah, nachdem Nora ihren Mann verlassen hatte* sowie in späteren Werken: *Clara S.*, *Krankheit oder Moderne Frauen* oder *Raststätte* vorsätzlich demonstriert hat – als ein Mittel, um den Frauenmythos zu problematisieren.[51]

Die Autorin widmet sich erneut der Thematik des Frauenmythos und thematisiert die ideologischen Grundlagen des in die Darstellungen der Hoch- und Popkultur fest integrierten Frauenbildes. In den ersten beiden Teilen bedient sie sich bekannter Märchenmotive und überarbeitet die Geschichten von Schneewittchen und Dornröschen, um diese als Träger des Inhalts zu verwenden. Die Protagonistin des ersten Teils erwacht aus ihrem todesähnlichen, durch den Verzehr eines vergifteten Apfels hervorgerufenen Schlaf und begibt sich als ‚Wahrheitssucherin' auf die Suche nach den sieben Zwergen. Sie strebt danach, selbst zu denken und sie selbst zu sein. Deswegen ironisiert sie über die Rolle der Medien bei der Entstehung von Schönheitsmythen: „Die Schönste will nämlich immer auf der Welt bleiben, am besten in Illustriertenblättern, die durchs dauernde Blättern noch schneller abfallen als normales Laub."[52] Sie begegnet einem Jäger, der fest davon überzeugt ist, als Todesverkörperung den Anspruch auf Wahrheit zu besitzen. Auch die

---

51 M. Borowski u. M. Sugiera, *Das Gedächtnis den Mythen zurückgeben oder wie macht man Prinzessinnen?*, in: *Positionen der Jelinek-Forschung. Beiträge zur Polnisch-Deutschen Elfriede Jelineks-Konferenz Olsztyn 2005*, hrsg. v. C. Zittel u. M. Holona, Peter Lang, Frankfurt am Main, 2008, S. 239–255, hier 241.

52 E. Jelinek, *Der Tod und das Mädchen. Prinzessinnendramen*, Rowohlt Verlag, Berlin 2004, S. 15. Im Weiteren wird aus dieser Ausgabe mit der Sigle P und einfacher Seitenzahl in Klammern zitiert.

Prinzessin, die er tötet,[53] ist dieser Ansicht, dass sie „die gesuchte Freiheit nur im eigenen Tod finden kann, in einem Tod, über den ausschließlich der Mann entscheidet".[54] Die Konstellation des Todes und des den Tod um Gnade anflehenden Mädchens, gespielt vom dominanten (Schöpfer)-Mann und der (sich unterwerfenden) Frau, wird im zweiten Teil des Zyklus wiederholt. Der Prinz küsst Dornröschen, das sich vergiftet zwischen Leben und Tod befindet, wach und verkündet, dass er ihr ausschließlicher Besitzer sei, da sie ihm ihre Existenz verdanke. Er tötet sie nicht, wie der Jäger Schneewittchen. Entgegen ihrer Versuche einer Selbstfindung zwingt er sie jedoch, zu einer lebenden Leiche zu werden, wenn sie in der Schlussszene in Tierkostümen koitieren. Im dritten Stück wird die mythische Figur Rosamunde Prinzessin von Zypern eingeführt, welche die Titelfigur des romantischen Schauspiels von Helmina von Chézy mit der Bühnenmusik von Franz Schubert ist. In Jelineks Werk verkörpert die Prinzessin eine engagierte feministische Schriftstellerin, die sich schließlich als Versagerin definiert. Sie gerät in die Macht eines Mannes, Fulvio, der als Kraft der Natur, als Gott der Schöpfung auftritt und als solcher auch die Rolle des Schöpfers des Weiblichen einnimmt: „Dich hab ich gedacht, dich hab ich gemacht. Mein mußt du sein!" (P, 25). Gegen Fulvios Macht und Besitz erweist sich Rosamundes emanzipatorisches Bestreben als erfolglos, da es nicht die Emanzipation ist, die der Frau dazu verhilft, ihre Würde wiederzuerlangen, sondern es ist die männliche Macht, die die Existenz der Frau konstituiert. In diesem Kontext entlarvt Jelinek, wie die emanzipatorischen Schritte die Frau als falsch am Leben halten, während die Konstruktion der wahren Frau zwangsläufig auf dem Mann gründet. Jelinek bezeichnet ihre Protagonistinnen bewusst als Prinzessinnen. Dies ist darauf zurückzuführen, dass eine Prinzessin als Tochter des Königs ihren sozialen Status dem Vater und ihre Identität den gesellschaftlich-kulturellen Zusammenhängen verdankt. Jelinek enthüllt demnach „das Wesentliche eines sich auf Naturgesetze berufenden Frauenmythos [...], um überzeugend seine kulturellen und ideologischen Grundlagen sowie seine Folgen für das Individuum aufzudecken."[55] Auch die Heldinnen aus den weiteren Teilen des Zyklus *Der Tod und das Mädchen* sind Prinzessinnen: Lady Diana Spencer und Jackie Kennedy Onassis, im Hintergrund auch Marilyn Monroe, als Vertreterinnen der multimedialen Inszenierung von Weiblichkeit, sowie Ingeborg Bachmann und Sylvia Plath als Ikonen der Literaturgeschichte, deren ganzes Vorhaben, „die Wahrheit über eigene Erfahrungen zu finden, indem sie die Sprache eines angeblich matriarchalischen Mythos über den Ursprung der

---

53 Nach dem Tod wird Schneewittchen von den sieben Zwergen in einen gläsernen Sarg gelegt, was – wie Anna Zatora es interpretiert – als eine Metapher des Einfrierens einer Frau, ihrer Hibernation in einem idealen Zustand, d.h. der Verewigung ihrer Jugend und Schönheit, und letztendlich des ewigen Schlafs, zu deuten ist: „[...] zastygnięcie kobiety, hibernację w jej idealnym stanie, czyli zatrzymanie młodości i urody. Wieczny sen". A. Zatora, *Zdejmowanie uroku z baśni w miniaturach dramatycznych Elfriede Jelinek (Królewna Śnieżka i Śpiąca Królewna z cyklu Śmierć i dziewczyna)*, in: Tekstualia, 42, 2015, 3, S. 78.

54 M. Borowski u. M. Sugiera, *Das Gedächtnis den Mythen zurückgeben oder wie macht man Prinzessinnen?*, S. 242.

55 Ebd., S. 244.

Götter von der Göttin Gaia verwenden",[56] letztlich scheitern muss, denn weibliches Sein und Schreiben ist immer vom Kampf gegen Wände umgeben (so ist auch der vorletzte Teil des Zyklus betitelt: *Die Wand*). Sie alle dienen als Projektionsflächen der Unterdrückung der Frau, ihres Schicksals und ihrer Bestimmung, denn die Frau – wie Barbara Burckhardt begründet – „konstituiert sich, als die Unterlegene, nur in der Spiegelung durch den Mann, der sie immer nur sich selbst ins Gesicht wirft, und durch die Bilder, denn nur ihr Aussehen und ihre Jugend können ihr Wert verleihen, nie das Denken."[57] Die in den fünf Dramoletten dargestellten weiblichen Todesarten,[58] die als Vergewaltigungen, Unterwerfungen und Enteignungen sowohl in individueller als auch in gesellschaftlich-kultureller Dimension geschildert werden, werden auch zum Ansatzpunkt polnischer Regisseurinnen und Regisseure bei der Umsetzung des Zyklus auf die Bühne, jedoch mit unterschiedlich gesetzten Schwerpunkten.

2.2.1 Installation im Off de Bicz

Die polnische Uraufführung des Zyklus *Der Tod und das Mädchen* fand am 27. November 2011 auf der Bühne Off de Bicz in Sopot (Zoppot) statt. Die Aufführung unter der Regie von Jerzy Wójcicki (nach einem Szenarium von Mariusz Więcki und Jerzy Wójcicki)[59] nimmt ihren Anfang nicht auf der Bühne, sondern im Atelierclub, wo die Hauptfigur (Kamila Dziemian) im Cheerleader-Kostüm mit Bier in der Hand durch den Raum flaniert. Im weiteren Verlauf wird auf der Bühne eine Filmprojektion über eine tanzende Schauspielerin und einen Mann an der Bar (Piotr Chys) gezeigt.[60] Die Verwendung der Filmtechnik weist einerseits auf die Hybridisierung der zeitgenössischen Kultur hin, andererseits – im Sinne von Andrzej Gwóźdź – auf eine ‚neue Ordnung der Imagination', die auf einer Verschmelzung des figurativen (symbolischen) mit dem formalen, kalkulierenden (digitalen) Denken beruht.[61] Diese neue Form der Imagination, die dem Zu-

---

56 Ebd.

57 B. Burckhardt, *Wer ist die Schönste im ganzen Land? „Prinzessinnendramen" von Elfriede Jelinek – um die Wette inszeniert im Deutschen Schauspielhaust Hamburg beim Steirischen Herbst in Graz und am Deutschen Theater Berlin*, in: Theater heute, v. 1.3.2013, S. 44–48, hier 44.

58 Weibliche Todesarten als ein gemeinsames Leitthema bei Ingeborg Bachmann und Elfriede Jelinek werden ausführlich von Monika Szczepaniak untersucht. Vgl. M. Szczepaniak, *‚Es war ein Unfall' – oder die ‚Unachtsamkeit der Wand'. Elfriede Jelineks ‚Todesarten'*, in: *Elfriede Jelinek: Tradition, Politik und Zitat: Ergebnisse der Internationalen Elfriede-Jelinek-Tagung 1.–3. Juni 2006 in Tromsø*, S. 203–227.

59 Vgl. [o.V.], *Sopot. ‚Śmierć i dziewczyna' przed wakacjami*, http://encyklopediateatru.pl/artykuly/139261/sopot-smierc-i-dziewczyna-przed-wakacjami (Zugriff am 4.04.2024).

60 Die Filmprojektion wird auch von Łukasz Chotkowski bei der Aufführung von *Über Tiere* in Bydgoszcz (Teatr Polski) verwendet. Mehr darüber: A. Jezierska, *Neuere Theatertexte Jelineks und ihr langer Weg auf die polnischen Bühnen. Anmerkungen zum Theatertransfer*, in: Transfer. Reception Studies 2017, 2, S. 157–173, https://doi.org/10.16926/trs.2017.02.08 (Zugriff am 10.04.2024).

61 Vgl. A. Gwóźdź, *Labirynty estetyczne filmu między mediami*, in: *Piękno w sieci. Estetyka a nowe media*, hrsg. v. K. Wilkoszewska, Universitas, Kraków 1999, S. 142.

schauer aufgezwungen wird und seine Wahrnehmung der dargestellten Inhalte verändert, verweist zugleich auf ein neues Modell der Wirklichkeitswahrnehmung, das unter anderem in und durch Massenmedien vermittelt wird. Diese Technik stellt zugleich die szenische Illusion in Frage und blockiert Projektions- und Identifikationsmechanismen. Obwohl die Hauptfigur, nachdem sie unter dem Einfluss von Alkohol die schwach beleuchtete Bühne betreten hat, ihre roten Pumps abgelegt hat, in erotischer Pose einschläft und anschließend von einem Mann geweckt wird, welcher sie getreten hat, sich nackt auszieht und die ‚schlafende Schönheit' in Besitz nimmt,[62] woraufhin eine klassische Dialogauseinandersetzung mit ihm entbrennt, werden sowohl gesellschaftliche Denk- und Handlungsmuster sowie ihre Reproduktion zwischen Frau und Mann als auch weibliche Lebensentwürfe als ein höchst konkretes ‚Sein zum Tode' demaskiert. In der zweiten Szene kommt es zu einer vergleichbaren Situation, in der zwei Frauen (Kamila Dziemian, Monika Markowc) als Schwestern und frustrierte, depressive Schriftstellerinnen bei Tisch im Alkoholrausch miteinander streiten. Ein Mann (Piotr Chys) – in einer Person: liebevoller Ehemann, fürsorglicher Vater, frecher Frauenheld, brutaler und zynischer Macho – kommt zur Hilfe und verleiht ihnen eine Stimme.[63] Der ganze Streit endet mit einer Obsttortenschlacht, die letztlich einer aggressiven sexuellen Gewaltszene ähnelt.[64] Jerzy Wójcicki arbeitet damit gegen die Erwartungen des Publikums und konfrontiert es mit einer neu wahrzunehmenden Vorgehensweise, die darauf beruht, die der Installation entnommenen Aufführungsformen und die Figurenkonstellation ironisch zu entwickeln.

2.2.2 (Szenische) Innovation und (textuelle) Wiederholung im Teatr Polski

Vier Jahre nach der Aufführung in Sopot suchte die Theaterregisseurin Ewelina Marciniak nach alternativen Ausdrucksformen für die im Teatr Polski in Wrocław (Breslau) vorbereitete Inszenierung des Zyklus *Der Tod und das Mädchen*. Ihr Theaterkonzept gründet auf der Ereignishaftigkeit dessen, was sich im Inneren und auf der Bühne abspielt. Die Inszenierung fokussiert sich auf die Handlung, die durch Gebärden und szenische Bewegung der Schauspieler*innen, durch Klang (Musik) und Bild (Bühnenbild und Beleuchtung) zum Ausdruck kommt. Marciniak konzipiert die Aufführung als einen Raum, in dem eine Vielfalt an Stimmen im Mittelpunkt steht, begleitet von großen Licht- und Farbeffekten, die das visuelle Erscheinungsbild der Bühne zu dominieren scheinen. Infolgedessen erregt nicht das Sprachtext-Gewitter, wofür Jelinek bekannt ist, sondern das Nichtsprachliche als Erstes die Aufmerksamkeit der Zuschauer*innen. Das Bühnenbild (von Katarzyna Borkowska, auch verantwortlich für Kostüm und Licht) ist

---

62 Vgl. G. Antoniewicz, *Teatr: Jelinek w Off de Bicz. Rezension*, https://dziennikbaltycki.pl/teatr-jelinek-w-off-de-bicz/ar/477312 (Zugriff am 3.04.2024).

63 Vgl. Ł. Rudziński, *Jelinek o kobietach. Po premierze ‚Śmierci i dziewczyny'*, https://kultura.trojmiasto.pl/Jelinek-o-kobietach-Po-premierze-Smierci-i-dziewczyny-n53348.html (Zugriff am 12.09.2023).

64 Vgl. G. Antoniewicz, *Teatr: Jelinek w Off de Bicz*.

symbolisch, nicht statisch gestaltet und überzeugt durch das Spiel mit Farben.[65] Ein ungewöhnliches Element ist eine monumentale rote Rosenwand, die in den Szenen, die auf unterschiedliche Weise mit Liebe in Verbindung steht, von oben herabkommt. Statt der erwarteten Rosen ergießt sich auf einmal wütend gelber Sand in Strömen auf die Bühne. Marciniaks Konzept regt sensuelle Erfahrungen und synästhetische Wahrnehmungen an. Es lässt sich eine Wiederholung der Farbsymbolik auch in den Kostümen und Charakterisierungen feststellen. Die roten Schuhe der Heldinnen sowie Froschmasken werden zu Symbolen für ewigen Sex und Fruchtbarkeit. Es manifestiert sich eine visuelle Farben-Orgie, die gegen zahlreiche Regeln der Präsenz der Schauspieler*innen auf der Bühne verstößt und durch Mehrdeutigkeit und ‚Überdosierung' zu Wandlungen und Überschreitungen in der Darstellungskunst anregt.

Der Fokus der szenischen Bewegung der Schauspieler*innen liegt auf dem Körperlichen. In ausgedehnten Szenen bewegen sich die Schauspieler*innen in einer rhythmischen Weise und entblößt über den Boden, wobei sie Gestalten von Schlangen, Schnecken oder Krabben nachahmen. Die Betonung der körperlichen Präsenz wird auch durch den Einsatz akrobatischer Elemente (Choreografie von Dominika Knapik) erzielt. Die Schauspieler*innen verkörpern eine Vielzahl unterschiedlicher Figuren, darunter auch Skulpturen, die aus menschlichen Körpern geformt sind (ein fleischliches Gewirr) oder auch eine Art Menschenkette, auf der die Hauptfigur zu sehen ist. Dadurch demonstrieren sie eindrucksvoll ihre sportakrobatischen Fähigkeiten, insbesondere Ewa Skibińska als Mutter und Małgorzata Gorol als Tochter. Diese Elemente verschmelzen zu einer organischen Einheit aus Körpern, Installationselementen und Musikinstrumenten, begleitet von Tanz, Bewegung, Text und Ton. Ewelina Marciniak stellt nämlich drei Klaviere auf die Bühne, womit sie wiedererkennbare inhaltliche Elemente der textuellen Welt der österreichischen Nobelpreisträgerin evoziert. Sie bedient sich mithilfe der rhetorischen Figur des *Pars pro Toto* einer musikalischen Metapher und greift auf ein Musikinstrument zurück, das die Möglichkeit der Vielstimmigkeit eröffnet. Damit lässt sich das Phänomen sowohl in inter- als auch transsemiotischer sowie intertextueller Hinsicht beleuchten. Dieser Effekt wurde auch von anderen Regisseur*innen von Theatertexten Jelineks beobachtet. Ein Beispiel für die Verwendung von Musik als Medium der Inszenierung ist die szenische Umsetzung von *Über Tiere*, die der Schweizer Komponist und Regisseur Ruedi Häusermann konzipierte (Uraufführung am Wiener Burgtheater am 4. Mai 2007). Die Besonderheit dieser Inszenierung besteht darin, dass auf der Bühne eine Schauspielerin und zwölf (!) Klaviere stehen, was eine Anspielung auf das Mobiliar der guten Stube und Jelineks Roman *Die Klavierspielerin* darstellt. Der Text thematisiert das brutale Geschäft der Zwangsprostitution und greift dabei authentische Telefongespräche zwischen Frauenhändlern und Freiern auf, die im Rahmen von Abhörprotokollen der Polizei aufgezeichnet, zwei Jahre zuvor in Auszügen durch den Wiener Journalisten Florian Klenk

65 Vgl. Abbildungen einiger Szenen auf dem Portal Wywrota, https://www.wywrota.pl/teatr/28686-smierc-w-nowych-dekoracjach-ewelina-marciniak-smierc-i-dziewczyna-teatr-polski-we-wroclawiu.html (Zugriff am 2.02.2024).

veröffentlicht wurden.[66] Auf diese Weise wird ein Kontrast zwischen dem Bild von duzenden Klavieren und der schmerzlichen Sprachkomposition auf der Bühne geschaffen. Das Thema der Elendsprostitution der Frauen aus Osteuropa wird musikalisch nachvollzogen, was sich symbolisch dadurch ausdrückt, dass die Klaviere inzwischen einander und der Sprechenden bedrohlich nahe auf den Leib rücken.

Die musikalische Nachvollziehung des Textes ist auch bei Marciniak zu beobachten, denn in der Aufführung nehmen drei Pianisten teil, die Live-Musik spielen. Musik nimmt im Stück eine zentrale Rolle ein, fungiert als narrativer Faktor, der eine Geschichte erzählt und als Medium, das die Beziehung zwischen Menschen aufzeigt und Emotionen vermittelt. In der vorliegenden Metapher wird der Mensch als ein Instrument darstellt, welches wie im Programmheft beschrieben, „so lange und so hart spielt, bis es uns um Zugabe bittet." Die Zuschauer*innen werden mit einem Ausschnitt aus dem Song *Take care of you* begrüßt, was nicht zufällig geschieht. Die Entscheidung, die Musik als eines der zentralen Darstellungsmitteln zu verwenden, findet auch auf der denotativen Ebene eine Begründung. Dies lässt sich anhand des Titels des Zyklus *Der Tod und das Mädchen* veranschaulichen, der sich – wie auch andere Stücke von Jelinek wie etwa *Macht nichts* oder *Erlkönigin* – auf Lieder von Franz Schubert bezieht. Konkret handelt es sich um das gleichnamige Streichquartett Nr. 14, d-Moll, das die Grundatmosphäre der Texte vorgibt und zugleich „bestimmte Figuren, die in den Texten als Wiedergänger auftauchen, so als ob sie nicht sterben könnten"[67] heraufbeschwört. Dieser intertextuelle Verweis wurde von der polnischen Regisseurin adäquat gedeutet, denn die Pianisten spielen neben zeitgenössischen Kompositionen von Piotr Kubiak auch Schuberts Musik. Auf der Ebene der inhaltlichen Gestaltung fehlt es jedoch an Anknüpfungspunkten zu den im Titel erwähnten Märchenfiguren und Rosamunde. Die vorliegende Evidenz legt nahe, dass der Einsatz der Klaviere durch deren konnotativen Implikationen motiviert ist. Das Klavier wird häufig als Repräsentant bürgerlicher Kultur wahrgenommen, das „mit seinem Klangteppich zudeckt, was unter denselben gekehrt wurde".[68] Gleichzeitig evoziert es negative Assoziationen, da es mit dem Klavierunterricht assoziiert wird, der oft als ein „Dressurakt" betrachtet wird, insbesondere in Bezug auf Mädchen. Es lassen sich auch biografische Bezüge zur Autorin selbst erkennen, insbesondere die zahlreichen verbalen und bildlichen Verweise auf den Roman *Die Klavierspielerin*. Obwohl die Inszenierung den Titel *Der Tod und das Mädchen* trägt und mit dem Zusatz „Auf Grundlage der ersten

66 Nachdem Elfriede Jelinek darauf mit einem Lesebrief reagiert hatte, entschied sich Klenk der Autorin die Abhörprotokolle zur Verfügung zu stellen. Danach entstand das Stück *Über Tiere*. Vgl. *‚Über Tiere'. Elfriede Jelinek über das dreckige Geschäft der Ware Frau*, in: SRF, Kulturplatz, datiert mit 9.05.2007, https://www.srf.ch/play/tv/kulturplatz/video/ueber-tiere--elfriede-jelinek-ueber-das-dreckige-geschaeft-mit-der-ware-frau?id=03f60e1f-41be-45d4-85d2-4d548a1458b3 (Zugriff am 20.04.2024).

67 P. Janke, *Jelinek und die Musik*, in: *Elfriede Jelinek: Tradition, Politik und Zitat, Ergebnisse der internationalen Elfriede Jelinek-Tagung 1.–3. Juni 2006 in Tromsø*, S. 271–285, hier 277.

68 D. Strigl, *Skandale der Liebe. Über Tiere – Ruedi Häusermanns Jelinek-Uraufführung mit zwölf Klavieren*, https://www.nachtkritik.de/index.php?option=com_content&view=article&id=142&Itemid=100190 (Zugriff am 20.04.2024).

drei Stücke aus der Sammlung ‚Der Tod und das Mädchen I–V. Dramen über Prinzessinnen': ‚Schneewittchen', ‚Dornröschen' und ‚Rosamunde'" versehen ist, erweckt sie bei den Rezipient*innen den Eindruck, dass im Breslauer Teatr Polski eigentlich der Roman *Die Klavierspielerin* inszeniert wurde und lediglich einige wenige als Verweissignale eingesetzte Inhalte aus den erwähnten Dramoletten integriert wurden. Der Roman dient als Grundlage für die Entwicklung der Figuren, die Konstruktion der Dialoge sowie die Gestaltung der Handlung. Die Hauptfigur ist eine Klavierspielerin (dargestellt von Małgorzata Gorol), die von ihrer Mutter (gespielt von Ewa Skibińska) schikaniert, beleidigt und kritisiert wird. Das tatsächliche Leben der Mutter wird durch Fernsehsendungen repräsentiert, welche sie durch die Regulierung der Lautstärke jederzeit unter Kontrolle zu haben scheint. Eine Schülerin des Konservatoriums (Katarzyna Strączek) hegt den Wunsch, eine Karriere als Pianistin zu verfolgen, und ist gewilligt, für dieses Ziel Demütigungen und körperliche Schmerzen zu ertragen. Die Klavierlehrerin trifft auf einen jungen Mann, der ihren sadomasochistischen Bedürfnissen gerecht wird. Als sie ihm diese offenbart, stößt sie auf eine negativ bewertende Reaktion. Die Mutter übt einen erheblichen Einfluss auf die Lebensführung ihrer erwachsenen Tochter aus, beispielsweise hinsichtlich der Kleidung, der Rückkehrzeit oder der Freizeitgestaltung.

Es wird die Geschichte von vier zentralen Figuren vermittelt, nämlich von Erika Kohut, der Protagonistin aus *Der Klavierspielerin*, von ihrer Mutter, von dem Schüler Walter Klammer und dem Musikkonservatorium. Darüber hinaus wird eine Geschichte über den Terror, dem die einzelnen Figuren ausgesetzt sind, erzählt: die Klavierlehrerin wird von ihrer Mutter terrorisiert und die Schüler von ihrer Klavierlehrerin. Den Opfern wird all ihre Leidenschaft und Lebensfreude geraubt. Es werden die toxische Beziehung der Klavierspielerin mit der besitzergreifenden Mutter – ein wiederkehrendes Leitthema in Jelineks Roman – sowie der strenge Trainingsplan, in dem die Tochter gefangen ist, thematisiert. Im weiteren Verlauf zeigt sich eine Entwicklung, in der die Tochter zunehmend in der Welt der Faszination am Körperlichen aufgeht. Sie besucht eine Peep-Show und nimmt – wie es in der Verfilmung des Romans von Michael Hanecke (2001) dargestellt wird – den Geruch von spermabefleckten Taschentüchern wahr und beobachtet ein kopulierendes Paar. Diese Verweise auf den Roman können als intendierte, daher bewusst hergestellte und gestaltete intertextuelle Referenzen verstanden werden, die jedoch über die Bezogenheit eines jeden Textes auf andere Texte hinausgehen. Sie dienen nicht nur der Herstellung von Bedeutungszusammenhängen, sondern gewährleisten auch die Differenzqualität des referenzierten Textes. Die intertextuelle Bezugnahme auf den Roman erfolgt auf semantischer Ebene und weist auf eine „bestätigende Integration" (Magdolna Orosz)[69] hin. Diese besteht in einer „zustimmenden Annahme der Aussageinhalte".[70] Die Bezugnahme zeigt jedoch eine Form der szenischen Duplikation, einer Repetition, und deutet auf eine komplexe Textrelation mit eng umrissenen Wirkungsabsichten. In

69 M. Orosz, *Intertextualität in der Textanalyse*, ÖGS/ISSS, Wien 1997, S. 25.
70 Ebd.

der Folge kann von dem Verfahren einer szenischen Adaption des Romans gesprochen werden.[71]

Eine Doppelkodierung des Stücks bezüglich der im Untertitel angesprochenen Prätexte (Schneewittchen, Dornröschen, Rosamunde) wird in einigen Szenen realisiert. Diese Doppelkodierung manifestiert sich ausschließlich in Bezug auf die beiden ersten Teile, wenn sich die Klavierspielerin in Schneewittchen verwandelt, das von der Mutter für seine Schönheit systematisch bestraft wird, und wenn die Schülerin am Konservatorium, die für ihre Karriere als Pianistin Demütigungen und körperliche Schmerzen erträgt, zugleich das aus dem Traum geweckte Dornröschen spielt, und dann keinen Prinzen, sondern einen despotischen und sadistischen Lehrer (Michał Opaliński) trifft. Die Einbettung der *Prinzessinnen* resultiert zwar in semantischen (und dadurch verwirrenden) Lücken in der Inhaltsstruktur der Aufführung, diese Lücken werden jedoch mittels einer Fülle an visuellen Reizen, mit denen das Publikum konfrontiert wird, kompensiert. Die subtilen Transformationen der beiden Frauengestalten können nur dann nachvollzogen werden, wenn die Zuschauer*innen aufgrund ihrer Kenntnisse der Prätexte die in der Aufführung indizierten Intertextualitätssignale erfassen und verarbeiten. In einer unerwarteten Szene tanzt die Hauptgestalt als Schneewittchen in Eiskunstlauf-Bekleidung mit zwei Männern in hellen Masken tanzt, die ihr dabei helfen, mehrere Eistanzfiguren aufzuführen. Der Tanz als eine nonverbale Aktion kann als Gegensatz zur Kultur des Klaviers konzeptualisiert werden und Lebenslust symbolisieren. Diese These fußt auf den Forschungsergebnissen des Musikwissenschaftlers Curt Sachs aus den Dreißigerjahren des vergangenen Jahrhunderts, dessen Erkenntnisse bis heute immer noch als gültig erachtet werden:

> [im Tanz] verfließen die Grenzen von Leib und Seele, von zweckfreier Gefühlsäußerung und zweckhafter Haltung, von Gesellschaftlichkeit und Persönlichkeitsentfaltung, all diese Grenzen, die erst eine fortschreitende Menschheit gezogen hat.[72]

Die als intendierter Sinn der Aufführung dargestellte Körperbewegung in Form von Tanz weist auf das Thema der völlig marginalisierten Körperlichkeit im Leben einer Frau hin. Die beiden Männer in hellen Masken stellen demnach eine Manifestation des erotischen Begehrens der Hauptfigur dar, wohingegen zwei männliche Charaktere in schwarzen Latexkostümen als Projektionen ihrer Phantasie (rein sexuellen Begehrens)

71 Viele Theaterrezensent*innen verstanden diese Inszenierung auch als eine Variation der Geschichte von Erika Kohut. Vgl. u.a. M. Urbaniak, *Kołtuństwo i sztuka: nagonka na Teatr Polski we Wrocławiu*, in: Gazeta Wyborcza, Wysokie Obcasy 284, 2015, http://www.e-teatr.pl/pl/artykuly/213814.html (Zugriff am 2.4.2024); B. Tumiłowicz, *Porno i pianistka*, in: Przegląd 49, 30, http://www.e-teatr.pl/pl/artykuly/213595.html (Zugriff am 2.4.2024); A. Kyzioł, *Czeskie porno, polska wyobraźnia*, in: Polityka, 2015, Nr. 49, https://www.polityka.pl/tygodnikpolityka/kultura/teatr/1642101,1,recenzja-spektaklu-smierc-i-dziewczyna-rez-ewelina-marciniak.read (Zugriff am 2.4.2024); W. Mrozek, *Zwroty: Tęcza Marciniak*, http://www.dwutygodnik.com/ artykul/6267-zwroty-tecza-marciniak.html (Zugriff am 2.4.2024).

72 C. Sachs, *Eine Weltgeschichte des Tanzes*, Berlin 1933, Reprint OLMS, Hildesheim 2007, S. I.

in einer der vorherigen Szenen zu betrachten sind. Diese Choreografie wird Konsequenzen zeitigen, denn im Finale des Stücks vereinen sich die Klavierspielerin und ihr Schüler (Andrzej Kłak) – anders als in der Schlussszene des Romans – in Zirkuspositionen, die einen sexuellen Akt suggerieren und die Täter-Opfer-Beziehung in Frage stellen bzw. durchbrechen.

Die finale Szene der Manifestation der Körperlichkeit fungiert als ironische Anspielung auf Ereignisse, die sich kurz vor der Premiere zugetragen haben. Dadurch wird eine Verbildlichung der Wechselwirkungen zwischen Kunst und Gesellschaft erzielt. Im Vorfeld der Uraufführung in Wrocław machte das Teatr Polski bekannt, dass das Stück ausschließlich für ein erwachsenes Publikum bestimmt sei, da es explizite Darstellungen sexueller Handlungen beinhaltet.[73] Es wurde in den Medien darüber berichtet, dass Pornodarsteller*innen aus der Tschechischen Republik eingesetzt werden sollen.[74] Die Ankündigung von sexuellen Handlungen auf der Bühne wurde von zahlreichen Kommentator*innen als Marketinginstrument gedeutet. Des Weiteren wurde das Theaterplakat seitens Facebook-Administrators zensiert, nachdem es zwei Wochen vor der Premiere auf dem Profil von Teatr Polski veröffentlicht worden war.[75]

Die in den Medien verbreitete Information über den angeblichen pornografischen Inhalt des Stücks veranlasste das Ministerium für Kultur und Nationales Erbe zu einer Stellungnahme. Der neu gewählte Kulturminister und Vizepremierminister der Kaczyński-Partei Recht und Gerechtigkeit (PiS), Piotr Gliński, der erst seit einer Woche im Amt war, forderte einen Tag vor der Uraufführung das Stück aus dem Programm zu streichen.[76] Er kündigte auch an, einen Brief an den Marschall der Woiwodschaft Niederschlesien

73 In der Beschreibung des Stücks stand zur Ankündigung der Aufführung im Oktober: „*Śmierć i dziewczyna* to spektakl o tym, jak najsprawniej zadać torturę. Gdzie uderzać i z jaką kulturą? Do jakiej opowieści przywiązać naszą ofiarę? Co zrobić, by kat i ofiara mogli odczuwać się głębiej i intensywniej? Wyobraźmy sobie tę sytuację. Że przykładamy rękę do ciała drugiego człowieka jak do jakiegoś instrumentu. I gramy na nim tak długo i tak mocno, aż nas poprosi o bis. Przedstawienie jest przeznaczone dla widzów NAPRAWDĘ dorosłych i zawiera sceny seksu" [*Der Tod und das Mädchen* ist ein Stück darüber, wie man jemandem auf die effizienteste Art und Weise Folter zufügt. Wo soll man zuschlagen und mit welcher Kultur? An welche Geschichte soll unser Opfer gebunden werden? Was tun, damit sich der Henker und das Opfer tiefer und intensiver spüren können? Stellen wir uns diese Situation vor. Dass wir unsere Hand auf den Körper einer anderen Person legen wie auf ein Instrument. Und wir spielen es so lange und so hart, bis er uns um eine Zugabe bittet. Diese Aufführung ist für WIRKLICH erwachsenes Publikum bestimmt und enthält Sexszenen]. Programmheft, auch auf der Internetseite des Theaters erhältlich, https://www.teatrpolski.wroc.pl/przedstawienie/smierc-i-dziewczyna/ (Zugriff am 1.07.2023).

74 Vgl. u.a. M. Gadawa, *Seks na żywo w teatrze. Będzie protest z różańcami*, in: Gazeta Współczesna, v. 7.11.2015, https://wspolczesna.pl/seks-na-zywo-w-teatrze-bedzie-protest-z-rozancami/ar/9094498 (Zugriff am 10.10.2023).

75 Vgl. ebd.

76 Vgl. u.a., TVN 24: *Prof. Gliński: Koniec z przeznaczaniem pieniędzy publicznych na pornografię*, https://www.wprost.pl/kraj/525682/prof-glinski-koniec-z-przeznaczaniem-pieniedzy-publicznych-na-pornografie.html, datiert mit 21.11.2015 (Zugriff am 10.03.2024); J. Pelczar, *Minister kultury przeciwko wrocławskiej premierze*, https://www.radioram.pl/articles/view/29469/Minister-kultury-przeciwko-wroclawskiej-premierze, datiert mit 20.11.2015 (Zugriff am 10.03.2024).

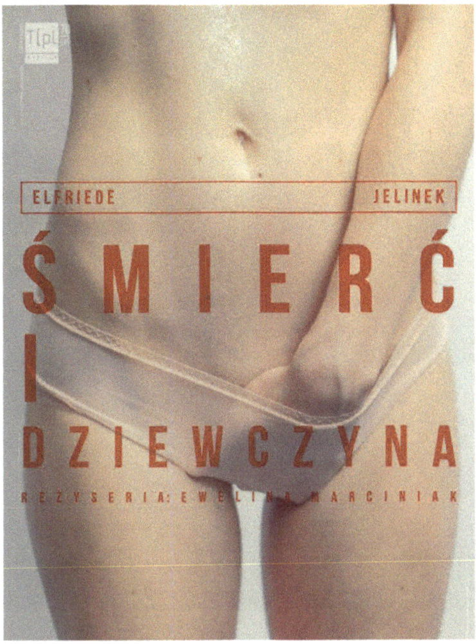

Abb. 6: Plakat zur Aufführung von Elfriede Jelineks *Śmierć i dziewczyna* [Der Tod und das Mädchen] im Teatr Polski Wrocław, 2015 (© Teatr Polski we Wrocławiu, Grafikdesign: Natalia Kabanow)

zu verfassen, in dem der Direktor des Theaters, der übrigens Mitglied der oppositionellen Nowoczesna-Partei war, aufgefordert werden solle, keine Pornografie an öffentlichen Orten zuzulassen. Der Sprecher des Marschalls gab zur Antwort, dass das Amt keinesfalls die Absicht habe, in die Freiheit des künstlerischen Ausdrucks einzugreifen. Auch der Direktor des Teatr Polski Krzysztof Mieszkowski verbarg seine Empörung über das Verhalten des Ministers nicht. Er äußerte sich dahingehend, dass die Reaktion des Premierministers als Entscheidung über präventive Zensur zu verstehen sei. Dies sei als Entkräftung der Demokratie sowie als Präzedenzfall nicht nur in Polen, sondern auch in Europa zu verstehen. Er appellierte an Gliński auf TVN24, von seinem Amt zurückzutreten.

Die Premiere des Stücks wurde am 21. November 2015 durchgeführt. Die Uraufführung verzeichnete ausverkaufte Vorstellungen und das Publikum reagierte mehrheitlich begeistert. Vor dem Theater kam es zu öffentlichen Protesten,[77] und in den Medien entbrannte eine rege Diskussion über die Legitimität der staatlichen Förderung solcher Aufführungen. Diese Diskussion erreichte ihren Höhepunkt nach der Äußerung der Regisseurin am 26. November 2015. Fünf Tage nach der Uraufführung gestand Ewelina Marciniak in der Sendung *Hala odlotów* [Halle der Aufbrüche] auf TVP Kultura offen: „Es gibt wirklich Live-Sex."[78] Sie erklärte auch, dass die Rekru-

77 Vgl. u.a. IAR, PAP, *Premiera sztuki „Śmierć i dziewczyna". Szarpanina z policją i zatrzymania przed Teatrem Polskim we Wrocławiu*, https://www.polskieradio.pl/5/3/Artykul/1547514,Premiera-sztuki-Smierc-i-dziewczyna-Szarpanina-z-policja-i-zatrzymania-przed-Teatrem-Polskim-we-Wroclawiu, datiert mit 21.11.2015 (Zugriff am 10.10.2023).

78 Vgl. TVP Kultura, *Hala odlotów. Granice wolności w sztuce*, https://vod.tvp.pl/video/hala-odlotow,granice-wolnosci-w-sztuce-26112015,22609836, datiert mit 26.11.2015 (Zugriff am 02.10.2023). An der TV-Debatte nahm Małgorzata Gorol (Hauptdarstellerin), Ewelina Marciniak (Regisseurin), Tomasz Terlikowski (Kolumnist), Janusz Wolniak (Die Katholische Aktion), Edwin Bendyk (Journalist aus dem Politikmagazin Polityka) teil. Vgl. auch M. Matuszewska, *Śmierć i dziewczyna. Reżyserka twierdzi, że był seks na scenie*, https://gazetawroclawska.pl/smierc-i-dziewczyna-rezyserka-twierdzi-ze-byl-seks-na-scenie/ar/9127576, datiert mit 27.11.2015 (Zugriff am 10.04.2023).

Abb. 7: Elfriede Jelinek, *Śmierć i dziewczyna*, Teatr Polski Wrocław, Regie: Ewelina Marciniak, 2015 (Foto: © Natalia Kabanow)

tierung von Pornodarsteller*innen explizit zu diesem Zwecke erfolgte. Sie betonte auch, dass den Schauspieler*innen uneingeschränkte Freiheit gewährt wurde, hinsichtlich der Art und Intensität ihrer Handlungen. Die von Marciniak ausgelöste mediale Debatte um pornografische Inhalte setzte sich im Erfolg des Stückes um. Das außerordentliche Interesse an der Inszenierung manifestierte sich in einer Rekordzahl an Einträgen auf dem Portal TerazTeatr.pl, was zu einem vollständigen Ausverkauf der Eintrittskarten bis zum Jahresende führte. In der Kritik wurde wiederholt die Frage aufgeworfen, ob es zu einer sexuellen Handlung gekommen sei, was die Stimmung weiter anheizte und den Konflikt eskalieren ließ. Die Mitarbeiter*innen des Teatr Polski in Wrocław fühlten sich in der Folge bedroht und stigmatisiert. Dies führte zur Veröffentlichung zweier Bekanntmachungen. In der ersten wurde dargelegt, dass die Ereignisse rund um die Premiere von *Der Tod und das Mädchen* unter der Regie von Ewelina Marciniak keine Marketingaktion des Theaters gewesen wären und nicht von ihm inspiriert wurden, da sein Ziel darin besteht, Kunst zu schaffen.[79] In der zweiten Erklärung wurde sowohl die Beunruhigung

79 Im Original: „W związku pojawiającymi się w mediach komentarzami, że sytuacja wokół premiery spektaklu Śmierć i dziewczyna w reżyserii Eweliny Marciniak jest akcją marketingową Teatru, oświadczamy, że nie jest to prawdą. Wydarzenia wokół premiery spektaklu są od nas niezależne i nie były przez nas inspirowane. Naszym celem było i jest uprawianie sztuki. Pracownicy Teatru Polskiego we Wrocławiu". M. Gaik, *Śmierć i dziewczyna – notatki ze skandalu*, https://www.terazteatr.

Abb. 8: Elfriede Jelinek, *Śmierć i dziewczyna*, Teatr Polski Wrocław, Regie: Ewelina Marciniak, 2015 (Foto: © Natalia Kabanow)

über die öffentlichen Reaktionen als auch der direkte Angriff auf die Personen thematisiert: „Im Zusammenhang mit Drohungen und Beleidigungen gegenüber Theatermitarbeitern weisen wir darauf hin, dass alle verbalen Beleidigungen und Drohungen als Straftaten gegen die persönliche Würde und als Handlungen, die die Sicherheit gefährden, behandelt und ausnahmslos der Polizei gemeldet werden."[80] Mehrere Mitglieder der rechtskatholischen Gebetsinitiative Rosenkranz-Kreuzzug (Krucjata Różańcowa) sowie gewaltbereite Rechtsradikale der Bewegung für die Wiederauferstehung Polens protestierten nicht nur am Samstagabend vor dem Theatergebäude gegen die Premiere, indem sie dort zusammen „Kein Porno im Teatr Polski" skandierten.[81] Des Weiteren wurde das

pl/aktualnosci/smierc-i-dziewczyna-notatki-ze-skandalu,2380, datiert mit 23.11.2015 (Zugriff am 10.4.2023).

80 [Übers. v. d. V.] Im Original: „W związku z groźbami i wyzwiskami wobec pracowników teatru informujemy, że wszystkie akty słownego znieważania i pogróżki będą traktowane jak przestępstwo godzące w godność osobistą oraz czyny zagrażające bezpieczeństwu i będą bez wyjątków zgłaszane Policji". Vgl. ebd., auch dziennik.pl: *Prowokacyjny spektakl we Wrocławiu. Powszechne zgorszenie czy wiele hałasu o nic?*, https://kultura.dziennik.pl/teatr/galeria/506325,smierc-i-dziewczyna-w-teatrze-polskim-minister-kultury-protestuje.html, datiert mit 23.11.2015 (Zugriff am 10.12.2023).

81 Vgl. u.a. J. Pelczar, *Minister kultury przeciwko wrocławskiej premierze*, in: Radio RAM, datiert mit 20.11.2015, https://radioram.pl/articles/view/29469/Minister-kultury-przeciwko-wroclawskiej-premierze (Zugriff am 10.10.2023); b.k., *Premiera sztuki ‚Śmierć i dziewczyna'. Szarpanina z policją i*

von Ewelina Marciniak inszenierte Stück als ‚pornografisch' bezeichnet. Einige Personen versuchten, den Eingang zum Polnischen Theater in Wrocław zu unterbinden, und wurden von der Polizei festgenommen. Sie verweigerten die Annahme einer Geldstrafe und wurden daraufhin vor Gericht gestellt.

Bei dem Einsatz der Pornoschauspieler*innen, der eine untypische szenische Geste darstellt, handelt es sich nicht um Obszönität, sonst gäbe es ein Element der Transgression, Provokation oder Überredung und Verdrängungen, deren Thema Gewalt ist und die durch Phantasie sublimiert wird.[82] Im Falle der Pornodarstellung verschwindet die ‚repressive Sublimierung', denn die Pornografie ist eine künstliche Synthese von Sex, die durch ihre Übertreibung den Sex realer erscheinen lässt als die Realität selbst.[83] Die übertriebene Konzentration auf Details, die – wie Jean Baudrillard behauptet – eine Art Halluzination einleitet, führt dazu, dass die entblößte Nacktheit zu einem weiteren Zeichen wird. Gemäß der Aussage des französischen Philosophen führt die Entlarvung der Wahrhaftigkeit des Sexes und seiner Mechanik zu einem Bild, das zunehmend in das grenzenlose Überzeichen einer nicht mehr existierenden Realität und eines nie existierenden Körpers verstrickt ist.[84] Jean Baudrillard weist auf einen weiteren Aspekt der Pornografie hin, nämlich den der Produktion im wörtlichen Sinne des Wortes. Die Produktion ist so viel, wie etwas gewaltsam zu materialisieren, das einer anderen Ordnung angehört. Die spontane Inszenierung des sexuellen Aktes, das wilde Vergnügen, ihn zu vergegenwärtigen, bewirkt in der Pornografie einen Rückzug vom Sex durch Halluzination, einen Rückzug von der Realität durch Hyperrealität sowie einen Rückzug vom Körper durch seine erzwungene Materialisierung.[85] Daher ist Pornografie als Simulakrum zu betrachten, das heißt als ein Effekt der Wahrheit, der die Tatsache verschleiert, dass sie nicht existiert.[86] Die Pornografie suggeriert: ‚Es gibt irgendwo guten Sex', da sie selbst eine Karikatur ist. Sie ist ein grotesk-obszöner Versuch, die Wahrheit des Sexes zu retten und provoziert die Frage, ob es Sex als idealen Gebrauchswert des Körpers gibt, Sex als potenzielles Vergnügen, das befreit werden kann und ‚muss'.[87] Eine positive Antwort auf diese Frage scheint Ewelina Marciniak in ihrer Inszenierung zu geben. Im Finale des Stücks kommt es zur suggerierten sexuellen Vereinigung der Protagonistin (der Klavierspielerin) und ihres Schülers.

Marciniak thematisiert die kulturelle ‚Gewohnheit', Frauen nach sexuellen Kategorien zu behandeln und sie auf abgenutzte, aus populären Erzählungen bekannte Mustern der idealen Mutter und der bösen Stiefmutter zu reduzieren. Nichtsdestotrotz ist die Aufführung in Bezug auf Sexualität als subversiv zu erachten. Die intertextuellen Bezüge zu

---

zatrzymania przed Teatrem Polskim we Wrocławiu, in: Portal Polskiego Radia SA, datiert mit 21.11.2015, https://www.polskieradio.pl/5/3/Artykul/1547514,Premiera-sztuki-Smierc-i-dziewczyna-Szarpanina-z-policja-i-zatrzymania-przed-Teatrem-Polskim-we-Wroclawiu (Zugriff am 10.10.2023).

82 Vgl. J. Baudrillard, *O uwodzeniu*, übers. v. J. Margański, Wydawnictwo Sic!, Warszawa 2005, S. 32.

83 Vgl. ebd., S. 31, 32.

84 Vgl. ebd., S. 35.

85 Vgl. ebd., S. 38.

86 Vgl. ebd.

87 Vgl. ebd.

dem Roman *Die Klavierspielerin* greifen das Thema auf, in der Gesellschaft gäbe es kein positives Bild weiblicher Sexualität. Dies fußt auf der Idee, dass Weiblichkeitskonzepte nicht auf einem Selbstwertgefühl sondern auf einer perspektivisch männlichen Bewertung basieren.[88] Der Fokus der Regisseurin in Bezug auf den Einsatz der Pornoschauspieler*innen liegt weniger auf Provokation, sondern viel mehr auf der Exploration neuer Ausdrucksformen, die als Medium für eine angestrebte Wertewandlung dienen können. Diese Zielsetzung steht in Zusammenhang mit der von Jennifer Cypher und Eric Higgs geäußerten Befürchtung, dass „die Grenze zwischen Künstlichkeit und Realität so dünn ist, dass die Künstlichkeit zum Zentrum der moralischen Werte wird“[89], außer Kraft gesetzt wird.

Wenn die (Porno-)Darsteller*innen einen Geschlechtsakt in intensivem Stroboskoplicht inszenieren, ist eine für den Pornokonsum übertriebene Konzentration auf Details kaum möglich. Es manifestieren sich keinerlei Effekte, die als Hyperrealität bezeichnet werden könnten oder eine erzwungene Materialisierung des Körpers darstellen. Ganz im Gegenteil: Wenn sich zwei (Porno-)Schauspieler*innen mechanisch in sexuellen Positionen und ohne erotische Konnotation auf der Bühne ‚bewegen‘, sind sie im grellen Disko-Licht schwer zu sehen. Die Zuschauer*innen reagieren darauf mit Gelächter und Applaus, was als ein offensichtliches Manifest dessen gewertet werden kann, was im außerliterarischen Kontext zustande gekommen ist.

Das provokante, aggressive Verhalten und die hysterischen Reaktionen der Demonstrant*innen, die das Stück gar nicht kannten und die Aufführung nicht gesehen hatten, weisen auf die vorhandenen Tabuzonen der in der polnischen Kultur existenten kulturellen Muster der Weiblichkeit hin. Trotz der gesellschaftlichen und kulturellen Transformationen der vergangenen Jahre, die das Frauenbild beeinflusst haben, ist eine anhaltende Dichotomie zwischen zwei Polen festzustellen: Einerseits manifestiert sich das Frauenbild als das einer Mutter, die sich der Kinder und der Familie widmet, andererseits wird das Frauenbild als das einer verführerischen (sündigen) Femme fatale dargestellt. Ersteres ist eine Hinterlassenschaft der christlichen Ikonografie der Frau, die – wie die Darstellung der Jungfrau Maria mit dem Jesuskind – eine Einheit mit ihrem Nachwuchs bildet.[90] Letzteres lässt sich unter anderem als eine Konsequenz der Ablehnung des biblischen Mythos von Lilith zu interpretieren, der die Reduktion der weiblichen Sexualität und Sensualität auf Mutter- und Gattenliebe außer Kraft setzt.[91] In diesem Spannungsfeld hat sich der Mythos der Polnischen Mutter (Mutter-Polin) herausgebildet, der für

88 Vgl. K. Flaake, *A body of one's own: Sexual development and the female body in the mother-daughter relationship*, in: *Daughtering and mothering: female subjectivity reanalysed*, hrsg. v. J. van Mens-Verhulst, K. Schreurs, L. Woertman, Routledge, London 1993.

89 Mehr darüber vgl. J. Cypher, E. Higgs, *Colonizing the imagination: Disney's wilderness lodge*, in: Capitalism Nature Socialism, 1997, 4, S. 107–130.

90 Vgl. E. Korolczuk, *Kobiecość jako źródło cierpień. Matki i córki w polskim kinie*, in: *Ciało i seksualność w kinie*, hrsg. v. S. Jagielski, Wydawnictwo Uniwersytetu Jagiellońskiego, Kraków 2009, S. 155–172.

91 Über die Gestalt Lilith vgl. A. Majkiewicz, *Die Dämonin Lilith in der Prosa Elfriede Jelineks im Kontext jüdisch-christlicher und literarischer Überlieferungen*, in: *Geschlecht und Gedächtnis. Österreichische Autorinnen prüfen Geschichtsmythen*, hrsg. v. A. Rudolph, G. Jelitto-Piechulik u. M. Wójcik-Bed-

mehrere Jahrzehnte die polnische Kultur und Literatur maßgeblich geprägt und andere Varianten der Mütterlichkeit in den Hintergrund gedrängt hat.[92]

Die Problematik des Frauenmythos, sein gesellschaftliches Funktionieren und seine Auswirkungen auf Frauen, die mehr oder weniger bewusst ihr Schicksal gestalten, sind in Polen nach wie vor ein heikles Thema. In Polen wurde Elfriede Jelinek daher zur Ikone der *Écriture féminine*. Auch der Roman *Die Klavierspielerin* stößt nach wie vor wie kein anderes ihrer Werke sowohl bei den polnischen Leser*innen, als auch bei Theaterschaffenden und Schriftsteller*innen auf erhebliches Interesse und inspiriert – wie Agnieszka Jezierska nachweist[93] – zu weiterem künstlerischen Schaffen. Elfriede Jelinek nimmt damit eine signifikante Stellung in der polnischen Literatur- und Kulturlandschaft ein. Die polnische Aufführung von Jelineks *Prinzesinnendramen* bestätigt das und demonstriert die bewusste und spielerische Auseinandersetzung von Theatermenschen mit den subversiven Texten der prominenten österreichischen Nestbeschmutzerin.

Die Inszenierung von Marciniak und ihre Manifestation der Körperlichkeit waren keinesfalls so radikal, provokativ, experimentell oder skandalös, wie es in den Medien dargestellt wurde. Der Skandal der Inszenierung ist demnach nicht als literarischer, sondern als gesellschaftlicher Skandal zu betrachten. Eine Analyse der Reaktionen in den Medien und sowie der Demonstrationen vor dem Gebäude des Teatr Polski legt den Schluss nahe, dass Sexualität, die nicht in einem von christlich-konservativen Vorstellungen geprägten Rahmen liegt, in der polnischen Kultur Abscheu zu wecken scheint sowie als abstoßend wirkt und – wie Julia Kristeva schreibt – als etwas, das Identität, System und Ordnung stört, das Grenzen, Orte und Regeln nicht respektiert.[94]

---

narz [=Serie: Transkulturelle Forschungen an den Österreich-Bibliotheken im Ausland, Deutsche Philologie/Germanistik. Bd. 18], New Academic Press, Wien 2020, S. 131–150.

92 Vgl. B. Zwolińska, *Proza kobieca o 1989 roku wobec mitu matki-Polki*, in: *Polska proza i poezja po 1989 roku wobec tradycji*, hrsg. v. A. Główczewski u. M. Wróblewski, Wydawnictwo Uniwersytetu Mikołaja Kopernika, Toruń 2007, S. 73–84, hier 73; A. Jezierska, *Jelineks polnische Räume*, in: *Jelineks Räume*, hrsg. v. M. Szczepaniak, A. Jezierska u. P. Janke, Praesens Verlag, Wien 2017, S. 179–196. Der Prozess der Emanzipation der polnischen Frauen unterscheidet sich wesentlich von dem in den westlichen Ländern. Joanna Jabłkowska und Magdalena Saryusz-Wolska sehen einen Grund dafür in der unterschiedlichen Bürgertumsgeschichte. Wegen der Kontrolle der Teilungsmächte – im 18. Jahrhundert – „konnte sich die Emanzipation der Frauen [in Polen] nicht so intensiv vollziehen wie in den westeuropäischen Ländern." J. Jabłkowska u. M. Saryusz-Wolska, *An- und abwesend. Weiblichkeitsmodelle in der deutschen und polnischen Kultur*, in: *Deutsch-polnische Erinnerungsorte*, Bd. 3: *Parallelen*, hrsg. v. H.H. Hahn u. R. Traba, Schöningh, Paderborn 2012, S. 337–359, hier 337, 338. Vgl. auch B. Chołuj, *Mutter Polin nach der Wende*, in: VIA REGIA – Blätter für internationale kulturelle Kommunikation, 2000, 68–69, http://www.via-regia.org/bibliothek/pdf/heft6869/choluj_mutter.pdf (Zugriff am 1.4.2023).

93 Vgl. A. Jezierska, *Jelineks polnische Räume*, S. 179–196. Die Literaturwissenschaftlerin beweist dies an Beispiel von Werken der polnischen Schriftsteller*innen: Joanna Bator, Bożena Keff-Umińska, Sylwia Chutnik, Wanda Żółcińska, Marta Syrwid, Wojciech Kuczok, Michał Witkowski und Mariusz Szczygieł.

94 J. Kristeva, *Potęga obrzydzenia. Esej o wstręcie*, übers. v. M. Falski, Wydawnictwo Uniwersytetu Jagiellońskiego, Kraków 2007, S. 20.

Die Problematik der Autonomie der Kunst und der Grenzen des künstlerischen Schaffens werden auch in der Inszenierung von Marciniak thematisiert. Die Regisseurin legt der Figur des Kritikers (Piotr Nerewski) folgende Worte in den Mund legt: „Sztuka to rodzaj szamba. Możecie państwo uprać u nas swoje brudy, gwarantuję, że to się państwu opłaci“ [Kunst ist eine Art Klärgrube. Sie können Ihren Schmutz bei uns reinwaschen, ich garantiere, dass es sich für Sie lohnt], was eine kathartische Wirkung der (profanen) Kunst ankündigt. Wenn zu Beginn der Aufführung, begleitet von sehr lauter Musik und intensiven, bunten Stroboskoplichtern, ein Paar (Porno)Schauspieler*innen in sexuellen Positionen auf der Bühne zu sehen ist, verspottet Marciniak in aller Deutlichkeit den angeblichen Theaterskandal und die von ihr ausgelöste mediale Porno-Debatte.

Das provokante, aggressive Verhalten und die hysterischen Reaktionen der Demonstrant*innen könnte auch als Verbildlichung der Wechselwirkungen zwischen Kunst und Gesellschaft betrachtet werden. Diese Wechselwirkungen basieren auf einer in der polnischen Kultur existenten akuten Phobie. Die Kunst bricht mit etablierten Denkmustern und stellt sogar ganze Weltanschauungssysteme in Frage. Dies ist ein Grund, warum die Kunst, wie Jerzy Kopania mit Recht betont,[95] von (extrem) religiösen Menschen oft abgelehnt wird. Daher war die Aufführung ein gesellschaftlicher Erfolg, weil es die Kunst ist, die eine ‚Reinigung' bietet: Katharsis *par excellence*. Denn das Künstlerische – um wieder mit Kristeva zu sprechen – wurzelt im Abstoßenden, spricht es aus und reinigt es.[96] Die Kunst entpuppt sich als therapeutisches Mittel, oder sogar, um Kristeva zu paraphrasieren, als einzig wirksame Methode zur Bewältigung der Phobie.[97] Die Inszenierung von Ewelina Marciniak ist daher auch als künstlerische Artikulationsform und Sichtbarmachung bereits bestehender Konflikte im sozialen Umfeld zu verstehen. Der ausgelöste Konflikt bzw. Skandal kann als eine Form der Gesellschaftsanalyse begriffen werden.

95 J. Kopania, *Etyczny wymiar cielesności*, Aureus, Kraków 2002, S. 106.
96 J. Kristeva, *Potęga obrzydzenia. Esej o wstręcie*, S. 21.
97 Ebd., S. 40.

Kapitel 3: Deplatzierte Dialogizität – Fallbeispiele aus der polnischen Übersetzungspraxis

Der Begriff Kultur ist aus der heutigen translatologischen Diskussion nicht mehr wegzudenken. Diese Entwicklung ist das Resultat des in der amerikanischen und europäischen Sprach- und Literaturwissenschaft zu beobachtenden Paradigmenwechsels, der sogenannten kulturwissenschaftlichen Wende der 90er Jahre des 20. Jahrhunderts.[1] Obwohl die poststrukturalistischen Theorieansätze zu einem neuen Verständnis des Phänomens Textualität führten, wurde die historische, gesellschaftliche und allgemeine kulturelle Einbettung von Texten dabei außer Acht gelassen. Gegen Ende der 1980er Jahre kam es in den Geisteswissenschaften zu einem programmatischen Bestreben, über die Fächergrenzen hinauszugehen und Artefakte, Theorien oder Symbole sowie Texte und Alltagspraktiken durch Rückbezug auf die Kultur, aus der sie entstanden sind, zu erklären. Die Kerngedanken dieser kulturwissenschaftlichen Forschungsrichtung wurden durch den *New Historicism* geprägt, der sich in der zweiten Hälfte der 1980er Jahre an der University of Berkeley entwickelte. In gewisser Weise ging er aus der Diskursanalyse hervor (als führender Theoretiker des *New Historicism* gilt der US-amerikanische Literaturwissenschaftler Stephen Greenblatt). Als die dominierende literaturwissenschaftliche Praxis sich mit historisch-kultureller Fragestellung auf poststrukturalistischer Grundlage befasste, definierte er sein eigenes Programm wie folgt:

> Die poststrukturalistische Ausrichtung auf Geschichte, die jetzt in der Literaturwissenschaft aufkommt, kann mit einem Chiasmus bezeichnet werden als ein reziprokes Interesse an der Geschichtlichkeit von Texten und der Textualität von Geschichte.[2]

Poststrukturalistisch daran ist die Skepsis gegenüber den historischen Metanarrativen, also „der Bruch mit einem Konzept von Geschichte als übergeordneter Summe großer Erzählungen, in die man die individuellen Texte einfach einhängen kann."[3] Die *New Historicists* streben eine Restituierung der ursprünglichen Komplexität an, indem sie den

1 Vgl. A. Burzyńska, *Kulturowy zwrot teorii*, in: *Kulturowa teoria kultury. Główne pojęcia i problemy*, hrsg. v. M. P. Markowski u. R. Nycz, Universitas, Kraków 2006, S. 41–91.

2 L. A. Montrose, *Die Renaissance behaupten. Poetik und Politik der Kultur*, in: *New Historicismis. Literaturgeschichte als Poetik der Kultur*, hrsg. v. M. Bassler, Fischer Taschenbuch Verlag, Frankfurt am Main 1995, S. 67.

3 M. Baßler, *New Historicism und der Text der Kultur: Zum Problem synchroner Intertextualität*, in: *Literatur als Text der Kultur*, hrsg. v. M. Csáky u. R. Reichensperger, Passagen Verlag, Wien 1999, S. 24.

historischen Hintergrund an bestimmten Stellen genauer betrachten. Für Literaturwissenschaftler*innen konstituiert sich dieser Hintergrund aus einer Vielzahl von Texten, die durch gemeinsame Diskurse miteinander verbunden sind.[4] Der *New Historicism* stellt literarische Texte in den Kontext anderer Texte, nicht nur zeitgenössischer. Erst an dieser Stelle offenbaren sie ihre Besonderheit bzw. lassen sie neue interessante Aspekte ihrer Einbindung in eine komplexe historische Situation erkennen. Den praktischen Studien lieferten die *New Historicists* Überlegungen nach, die vor allem die Beziehung von Text, Gesellschaft und Kultur beleuchteten, jedoch keine zusammenhängende, in sich schlüssige Theorie entwarfen. Der *New Historicism* bezog sich in erster Linie auf die neuere Kulturanthropologie und Ethnologie (insbesondere auf die Forschungen von Clifford Geertz). Innerhalb der ethnologischen Bezugstheorie wird die Annahme aufgestellt, dass Kultur als Text aufgefasst werden kann. Die Vertreter des *New Historicism* propagieren im Anschluss an Geertz das Verfahren der ‚dichten Beschreibung' (*thick description*), mit dessen Hilfe das anvisierte Verstehen einer fremden Kultur näherungsweise erreicht werden kann. Es handelt sich um ein Vorgehen, das stets vom Einzelfall ausgeht und daher nur zu Generalisierungen kommen kann, die in dessen Rahmen bleiben. Dieses Verfahren besteht darin, dass nicht allein möglichst viele Informationen über ein zu verstehendes Phänomen – etwa ein Ritual in einer unbekannten Kultur – gesammelt werden, sondern dass es so interpretiert wird, dass seine Bedeutung in Bezug auf seine kulturelle Umgebung erkennbar wird.[5] Der Interpret des unbekannten Phänomens hat seinen Gegenstand und dessen kulturelle Bezüge möglichst detailliert zu beschreiben, darf dabei jedoch nicht an der Oberfläche der wahrnehmbaren Phänomene bleiben, sondern muss nach möglichen vom Augenschein abweichenden Intentionen oder verborgenen Motiven suchen, um der Komplexität seines Objekts gerecht zu werden. Die sogenannte dichte Beschreibung kann den zu beschreibenden Handlungen ihren Ort in einem Netzwerk von Intentionen und kulturellen Bedeutungen zuweisen.

Der Begriff Repräsentation ist von zentraler Relevanz für den *New Historicism*. Die symbolische Ordnung einer Kultur besteht aus kollektiven Repräsentationen, die als Ergebnis gemeinsamer kultureller Tätigkeiten gelten. Ihre Analyse stellt das wichtigste Anliegen neohistoristischer Forschungen dar. Mithilfe von Repräsentationen werden Modus und Ausprägung erfasst, in denen sich beispielsweise Institutionen und gesellschaftliche Machtstrukturen zu einer bestimmten Zeit in einer bestimmten Kultur in

---

4 Die Welt besteht nicht nur aus Texten – wie Moritz Baßler betont –, und die Diskurse, die in einen Text hineinlaufen, können aus verschiedenen Bereichen des Lebens stammen, „zumindest für den historisch arbeitenden Literaturwissenschaftler ist die Historie aber stets in Form von tradierten, und das setzt voraus: gespeicherten, Zeugnissen repräsentiert, die, um überhaupt Zeugnisse für etwas zu sein, in irgendwelcher Weise lesbar sein müssen (auch wenn es sich etwa um Bild oder Gebrauchsgegenstände handelt). Was aber gespeichert ist und die Lektüre ermöglicht, kann wohl als Text bezeichnet werden". M. Baßler, *New Historicism und der Text der Kultur: Zum Problem synchroner Intertextualität*, S. 25.

5 Vgl. T. Köppe u. S. Winko, *Neuere Literaturtheorien: eine Einführung*, J.B. Metzler Verlag, Stuttgart-Weimar 2008, S. 223.

symbolischen Einheiten wie Sprache, Kunst oder Ritualen manifestieren.[6] Ein derartiges Ziel der Kulturanalyse kann lediglich durch eine ‚konzertierte Aktion‘ verschiedener Fächer erreicht werden, weshalb der Ansatz des *New Historicism* wesentlich inter-, und vor allem transdisziplinär ist. Dies impliziert, dass Repräsentationen in sehr unterschiedlichen Kulturbereichen analysiert werden müssen, beispielsweise von Historikern, Philosophen, Soziologen, Psychologen, Anthropologen und Kunstwissenschaftlern. Diese Vorgehensweise ermöglicht die Identifizierung von Gemeinsamkeiten, die für disziplinär eingeschränkte Studien nicht zugänglich sind. Ein derart weites Spektrum der gestrebten Untersuchungsfelder führte zur sogenannten kulturellen Wende innerhalb der Geisteswissenschaften, das heißt zur Erweiterung des historisch-philologischen Paradigmas um einen kulturwissenschaftlichen Ansatz. Dieser Umstand resultierte in einem fundamentalen Wandel der Konzepte, Modelle und Verfahren und implizierte die Verbindung der Ansätze der Gesellschafts- und Kulturanalyse diverser Wissenschaftstraditionen.

3.1 „Neue Energien“ im Text? Zielkulturbezogene Kontextualisierung

Aus der Perspektive der Übersetzungswissenschaft ist der neohistoristische und damit der kulturanthropologische Ansatz als eine besonders anregende Forschungsrichtung zu begrüßen.[7] Zwei Komponenten des Ansatzes dürften hier als Gründe für dessen Attraktivität für die Translationswissenschaft zu veranschlagen sein. Einerseits ist dies der kontextualisierende Umgang mit literarischen Texten, andererseits die fachübergreifende Herangehensweise. Diese ist der Natur der Sache geschuldet, denn das Übersetzen steht nicht nur mit Sprache und Grammatik, sondern ebenso mit Kulturspezifika sowie der kommunikativen Situation von Menschen in Verbindung. Aus diesem Grund werden in der Übersetzungswissenschaft – zwar durchaus einer eigenständigen Disziplin mit einem

---

6 Vgl. ebd., S. 225.

7 Der kulturelle Ansatz ist in der Translationswissenschaft nicht neu. Der deutsche Übersetzungswissenschaftler Hans J. Vermeer leitete Ende der 1970er Jahre die so genannte kulturelle Wende in der Translationswissenschaft ein. Im Zusammenhang mit der Entwicklung seiner Skopostheorie untersuchte er das Verhältnis von Sprache und Kultur in der Translationswissenschaft. Sein Standpunkt war, dass die Sprachwissenschaft – und demzufolge auch die Übersetzungswissenschaft, die damals als eine Teildisziplin der angewandten Sprachwissenschaft verstanden wurde – in die Kulturwissenschaft integriert werden sollte, sodass Sprache als Teil einer Kultur aufgefasst wird. Vermeer bezeichnete Translation als einen „kulturellen Transfer“. Damit meinte er die „Lösung eines Phänomens aus seinen alten kulturellen Verknüpfungen und seine Einpflanzung in zielkulturelle Verknüpfungen“. H. J. Vermeer, *Übersetzen als kultureller Transfer*, in: *Übersetzungswissenschaft – eine Neuorientierung. Zur Integrierung von Theorie und Praxis*, hrsg. v. M. Snell-Hornby, UTB, Tübingen 1986, S. 34. Ausgangspunkt für den *cultural turn* ist jedoch die Überzeugung, dass die Übersetzung literarischer Texte von einer Sprache in die andere keine bloße Sprachübertragung ist, sondern vielmehr einen umfassenden Transfer zwischen Kulturen impliziert. Dabei wird die Aufmerksamkeit auf Themen wie Kontext, Geschichte und Konventionen gelenkt. Durch die Neufokussierung auf die Kulturwissenschaften rückt der komplexe Begriff ‚Kultur‘ in den zentralen Objektbereich der Translationswissenschaft.

genuinen Forschungsbereich: eben dem Prozess und Produkt der Übersetzung – stets interdisziplinäre Erkenntnisse aus anderen Bereichen mit einbezogen.

Die kulturelle Wende konstituiert für die Translationswissenschaft eine richtungsweisende Erweiterung des Beobachtungsrahmens sowie die Erarbeitung von Fragestellungen, die zunächst insbesondere bei der Erforschung von Übersetzungspraktiken Problemkomplexe wie die kontextuelle Situation oder historische Zusammenhänge berücksichtigt werden.[8] Der Makrokontext des Forschungsgegenstandes der Übersetzungswissenschaft rückt in den Vordergrund. Die kulturorientierte Übersetzungsforschung fokussiert sich in diesem Zusammenhang einerseits auf die kulturelle Divergenz zwischen dem Ausgangs- und Zieltext und andererseits auf die Andersartigkeit (an dieser Stelle wird bewusst der negativ konnotierte Begriff Fremdheit vermieden) oder Alterität als Problem des interkulturellen Transfers.

Die Erforschung der kulturellen Einbettung des Originals erweitert das Spektrum der Texte, die in die Interpretation einbezogen werden können, und eröffnet einen größeren Spielraum für die Suche nach dem potenziell subversiven Bedeutungsüberschuss. Dieser Bedeutungsüberschuss kann jedoch nicht nur im Prozess der Übersetzung identifiziert werden, da in diesem explizite und besonders implizite Verweise auf die im zu übersetzenden Text enthaltene Einbindung in eine historische Situation besonders erkennbar sind. Vielmehr lässt sich dieser auch über den translatologischen Vergleich der übersetzten Texte mit deren Original erschließen.

8 Es ist zu erwähnen, dass die kulturelle Einbettung bereits im Jahr 1985 im Rahmen des *Sonderforschungsbereichs 309* an der Universität Göttingen zum Untersuchungsfeld wurde. Im Mittelpunkt stand die Frage nach der Rolle der Translation bei der Konstituierung von Nationalliteraturen. Als Forschungsobjekt wurden Übersetzungen ins Deutsche seit dem 18. Jahrhundert ausgewählt. Die Forschungsmethoden und das Erkenntnisinteresse der Übersetzungsforschung wurden in erster Linie von der vergleichenden Literaturwissenschaft und der Rezeptionsforschung geprägt. Der methodische Zugang wurde als „historisch, deskriptiv und transferorientiert" definiert. E. Prunč, *Einführung in die Translationswissenschaft*, Band 1: *Orientierungsrahmen*, Selbstverlag, Institut für Theoretische und Angewandte Translationswissenschaft, mit Unterstützung der Universität, Graz 2002, S. 293. Ziel des Projekts war es, die Wege der Rezeption (*sic!*) einzelner literarischer Strömungen und Werke nachzuzeichnen, wie sie sich in den Übersetzungen widerspiegeln. Aufgrund ihrer Transferorientierung zielte die Übersetzungsforschung darauf ab, die Veränderungen, die ein literarisches Kunstwerk während seiner Rezeption durchmacht, in erster Linie mit philologischen Mitteln zu analysieren. Deshalb waren für sie jene Übersetzungen besonders interessant, die sich stärker vom Original entfernten. Die inhaltlichen Schwerpunkte der einzelnen Bände, die innerhalb von zwölf Jahren herausgegeben wurden, sind bei Prunč zu finden. Vgl. ebd., 294.
Die im Göttinger Sonderforschungsbereich entwickelte Übersetzungsforschung ist nicht mit Translationswissenschaft zu verwechseln. Bei diesem wissenschaftlichen Großprojekt wird Übersetzung nämlich implizit als literarische Übersetzung verstanden. Der Fokus der Übersetzungsforschung lag somit lediglich auf einem Teilbereich des Phänomens der Übersetzung. Je nach Schwerpunkt und Methode kann die Übersetzungsforschung somit als Teildisziplin der Übersetzungswissenschaft im soeben definierten Sinne oder als Teildisziplin der vergleichenden Literaturwissenschaft verstanden werden. Vgl. ebd., 14). Mehr dazu auch Norbert. Vgl. N. Greiner, *Übersetzung und Literaturwissenschaft. Grundlagen der Übersetzungsforschung*, Universität Tübingen, Tübingen 2004, S. 102–103.

Das Ziel der translatologischen Betrachtung besteht in der Erlangung eines anderen oder erweiterten Verständnisses. Dabei impliziert der Begriff des ‚Verstehens‘ nicht bloße ‚Findung‘ eines bereits existierenden Sinns, sondern vielmehr die bewusste Generierung eines solchen Sinns auf Basis des einbezogenen kontextgebundenen Materials. Der Einbezug des Kontextes (Kontextualisierung) ermöglicht die Erschließung neuer Aspekte des literarischen Textes, wobei unter dem Begriff Kontext insbesondere ein außerliterarischer sowie intertextueller Kontext zu verstehen ist. Diese Kontext-Verflechtung literarischer Texte ist nicht im Sinne einer einfachen ‚Widerspiegelung‘ sozialer, politischer, kultureller Praktiken im literarischen Text zu verstehen. Es geht in diesem Zusammenhang weder um nachgewiesene Einflüsse noch um dokumentierbare, explizit behauptete Relevanz. Es erfolgt keine Sammlung historischer Fakten. Literarische Texte sind vielmehr ein Bestandteil des kulturellen „Gewebes(textum)“ im Sinne von Roland Barthes. Aus diesem Grund wird nach den Stellen gesucht, die sich nicht in eine traditionelle, Sinn rekonstruierende Interpretation integrieren lassen, sondern eine Widerständigkeit aufweisen, d.h. ‚Brüche‘ im Text anzeigen. Erst nach der Rekonstruktion des Kontextes lassen sich diese Brüche als im Werk sinnstiftende Elemente identifizieren. Das Ziel der kulturellen übersetzungsbezogenen Analyse besteht demnach nicht in der Rekonstruktion einer Gesamtbedeutung eines literarischen Textes, sondern in der Erhellung spezifischer Bedeutungsaspekte.

Gemäß dem neohistoristischen Ansatz wird Literatur als ein sprachliches Produkt sowie als ein kontingentes Resultat historischer, sozialer, und psychischer Faktoren aufgefasst. Zugleich reflektiert sie gesellschaftliche Kräfte der jeweiligen Kultur. Insofern wird Literatur von diesem Modus der Repräsentationen mitgestaltet. Diese Wechselwirkung, auch als „Austauschbeziehung“[9] bezeichnet, ist dafür verantwortlich, dass ein Werk über eine bestimmte ‚Resonanz‘ verfügt, über seine:

> Grenzen hinaus in eine umfassendere Welt hineinzuwirken und im Betrachter jene komplexen dynamischen Kulturkräfte heraufzubeschwören, denen es ursprünglich entstammt und als deren [...] Repräsentant es vom Betrachter angesehen werden kann.[10]

Literarische Texte entstehen demnach aus spezifischen kulturellen Praktiken und enthalten ein besonderes Potenzial an (Mehr)(Be)deutungen. Das literarische Oeuvre von Elfriede Jelinek veranschaulicht in exzellenter Weise die Verschränkung unterschiedlicher Kontexte in literarischen Texten. Ihre Werke sind eng an die Realität ihrer Zeit gebunden und werden zugleich stark von diskursiven bzw. intertextuellen Zusammenhängen bestimmt. Diese bilden dann die oben genannten ‚Brüche‘ im Text, die als textrelevant erscheinen und im Prozess der Kontextualisierung aufzudecken sind. Die Besonderheit ist für die Ziel-Rezipient*innen nicht immer erkennbar. Dies ist zum einen durch die zeitlich-räumliche Distanz und zum anderen durch die kulturelle Differenz

9 Vgl. T. Köppe, S. Winko, *Neuere Literaturtheorien: eine Einführung*, S. 226.

10 S. Greenblatt, *Resonance and Wonder* (Essay, 1990), zit. nach T. Köppe, S. Winko, *Neuere Literaturtheorien: eine Einführung*, S. 226.

bedingt. Als Beispiele dafür werden zwei Texte Jelineks herangezogen: das Stück *Präsident Abendwind* aus dem Jahr 1987 und der Roman *Die Kinder der Toten* (1995). Die nachfolgende Analyse zielt darauf ab, bestehende kulturelle Differenzen zwischen dem deutschsprachigen Ausgangs- und dem polnischen Zieltext zu reflektieren, d.h. aufzuspüren und nachzuvollziehen.

3.1.1 Misslungene Verortung des Stücks *Präsident Abendwind*

Bei der kulturorientierten Lektüre manifestieren sich im Stück *Präsident Abendwind* ‚kulturelle Energien', die die Handlung nicht nur subtil einfärben, sondern auch für die Sinngebung des Stücks von entscheidender Bedeutung sind. Es wird nämlich auf die politische Situation der 1980er Jahre verwiesen, die die fiktionale Welt des Kunstwerks thematisch ‚vervollständigt' und als kulturelle Repräsentation im Text verstanden wird. Den Leser*innen wird jedoch kein expliziter Hinweis darauf gegeben, dass es sich um außertextuelle Kontexte handelt. Der Text enthält jedoch Signale, die zur Rekonstruktion des kulturellen Kontextes verhelfen. In einer Passage wird das folgende Lied gesungen:

> Abendwind (*singt*):
> Präsident sein das wär gut und fein
> Ein Präsident ist nie allein
> Hab mein ganzes Volk gefressen
> und dann hab ich es vergessen
> Kommt ein Gscherter übers Meer
> fress ich ihn, das ist nicht schwer.
> Doch leichter noch als jedes Fressen
> fällt euerm Präsidenten das Vergessen
>
> Ottilie (*fällt in den Refrain ein*):
> Doch leichter noch als jedes Fressen
> fällt euerm Präsidenten das Vergessen. (*wütendes Gejohle vom Fernseher*)[11]
>
> Wietrzyk-Zachodni: (*śpiewa w konwencji „Opery za trzy grosze"*)
> Ach, jak mi fajnie,
> Na wyborczym kombajnie,
> A prezydentem – jeszcze fajniej być!

11 E. Jelinek, *Präsident Abendwind*, in: *Anthropophagen im Abendwind*, Band 2: *Texte aus dem Literaturhaus Berlin*, hrsg. v. H. Wiesner, Berlin 1988, S. 19–35. Das Stück ist auch auf der alten Homepage Elfriede Jelineks zugänglich. Vgl. E. Jelinek, Elfriede, *Präsident Abendwind,* https://original.elfriedejelinek.com/ [= Elfriede Jelineks Website, Rubriken: Theatertexte]. Alle Zitate aus diesem Stück erfolgen im Text aus der Homepage der Autorin mit der Sigle PA und ohne Angabe der Seite in Klammern.

Prezydent nigdy nie jest sam,
Już ja swój ludek dobrze znam:
Płyną rybki w oceanie,
Znajdą w brzuszku mym mieszkanie.
Wietrzyk ma w kieszeni kartę,
Lubi operacje tajne,
Lecz gdy lśni kamery błysk,
Wszyscy widzą jego pysk.
Tę prawdę niech pamięta każdy z was:
W p i e r w P a n p r e z y d e n t ż r e , b y z a s p o k o i ć g ł ó d ,
A p o t e m n a w y p a r c i e p r z y j d z i e c z a s !

Dorota Wietrzyk-Bobson (*podchwytuje refren*):
Tę prawdę niech pamięta każdy z was:
Wpierw Pan prezydent żre, by zaspokoić głód,
A potem na wyparcie przyjdzie czas![12] [Herv. v. d. V.]

Mit der Bezeichnung „der vergessliche Präsident“ wird auf Kurt Waldheim angespielt, den ehemaligen UNO-Generalsekretär und späteren Bundespräsidenten, der 1986 gewählt wurde. Als er sich jedoch um die Präsidentschaft bewarb, unterzogen verschiedene Journalisten seine Biographie einer detaillierten Analyse. Das war auch die Reaktion auf Waldheims 1985 publizierte Autobiographie *Im Glaspalast der Weltpolitik*, in deren Kapiteln, die der Zeit vor 1945 gewidmet sind, sich keine Angaben zu seinen Tätigkeiten in der Wehrmacht von 1942 bis 1945 finden. Otmar Lahodynsky veröffentlichte im März 1986 im Nachrichtenmagazin Profil Informationen über den Einsatz als Leutnant und Dolmetscher ab März 1942 in der Kampfgruppe Westbosnien. Diese war am Balkan stationiert und an Massakern beteiligt.[13] Die Reaktion Waldheims auf die publizierten Informationen sowie auf die Debatte bezüglich seiner NS-Vergangenheit, insbesondere der Slogan bei den Stichwahlen von 1986 „Jetzt erst recht“, erregten großes Aufsehen. Waldheim erklärte, er habe während des Krieges lediglich die ihm auferlegten Pflichten als Soldat erfüllt habe, ebenso wie Hunderttausende andere Österreicher. Dies resultierte in einer Polarisierung der Meinungen, sowohl in Bezug auf seine Angaben, als auch auf den Umgang Österreichs mit der NS-Vergangenheit. Die sogenannte Waldheim-Affäre beeinträchtigte den bis dahin in Österreich vorherrschenden Opfermythos stark. Dieser besagte, dass Österreich gemäß der Moskauer Deklaration von 1943 von den Alliierten als das erste von Hitler angegriffene Land bezeichnet wurde. Zudem wurde die Art und

12 E. Jelinek, *Prezydent Wietrzyk Zachodni. Dramoperetka (swobodne naśladowanie z Nestroya)*, übers. v. J. Zychowicz, in: Lewą nogą. Półrocznik polityczno-artystyczny, hrsg. v. P. Wielgosz u. S. Zgliczyński, 2002, Nr. 14, S. 451–479, hier 461. Alle weiteren Zitate aus diesem Stück erfolgen mit der Sigle PWZ und Angabe der Seite in Klammern.

13 Vgl. B. Tóth, *Die „Jetzt erst recht“ Wahlbewegung*, in: *1986: das Jahr, das Österreich veränderte*, hrsg. v. B. Tóth u. H. Czernin, Czernin Verlag, Wien 2006, S. 40.

Weise der Durchführung der Entnazifizierung in Österreich nach dem Krieg kritisiert. Andererseits hat die Kritik an Waldheim in der österreichischen Bevölkerung eine Art Trotzreaktion hervorgerufen, die schließlich zu seinem Wahlsieg geführt hat. Elfriede Jelinek – wie viele andere politisch engagierte Intellektuelle und Autoren[14] – nutzte jede Gelegenheit, um gegen die von ihr als ‚Vergesslichkeit' bezeichnete Haltung Kurt Waldheims zu protestieren. Dies manifestierte sich nicht nur in ihrem persönlichen Verhalten,[15] sondern findet auch in ihrem Stück *Präsident Abendwind* Ausdruck. In den folgenden Passagen wird auf die Vergesslichkeit des Präsidenten angesprochen bzw. diese wird direkt geäußert:

> Abendwind: Ich spreche jetzt zu euch, liebe Inselbewohner, doch habe ich vergessen, was ich ursprünglich sagen wollte. (*Gejohle*) (PA)

> Wietrzyk-Zachodni: Zapłocianie, mówię do was z głębi serca. Do diabła, chyba wypadło mi z głowy, co szczerze i spontanicznie chciałem wam powiedzieć (*brawa z kasety, gwizdy na żywo*) (PWZ, 459)

> Abendwind: Was wollte ich noch sagen? Ich habs schier vergessn. Gleich tu ich euch mit Mann und Maus ausrottn! (PA)

14 Zu nennen sind hier beispielsweise die Stücke von Heinz R. Unger (*Die Republik des Vergessens* 1980–1987), Felix Mitterer (*Kein schönes Land* 1987), Thomas Bernhard (*Heldenplatz* 1987), in denen auf die politische Situation in Österreich Mitte 1980er Jahre angespielt wird.

15 Jelinek stand am Tag vor seiner Angelobung vor der Zentrale der Waldheim-Partei ÖVP und warf ihm in einer „Grußadresse" entgegen, er hätte sich „entlarvt als Kumpel der antisemitischen Stammtischgröler" (V. Mayer u. R. Koberg, *Elfriede Jelinek: Ein Porträt*, S. 143). Sie saß im dritten Rang des Grazer Schauspielhauses, während Waldheim auf der Bühne den „steirischen herbst" eröffnete. In einem offenen Brief hatte Jelinek gegen sein Erscheinen protestiert: „Sie haben Ihre Vergangenheit vergessen. Wir würden gern vergessen, dass Sie unser Bundespräsident sind" (ebd., 143). Im Juni 1987, ein Jahr nach der Wahl Waldheims, ging sie auf die Straße. Vor dem Stephansdom, an jener Stelle, an der jemand im Zweiten Weltkrieg „05" ins Gemäuer geritzt hatte, das Symbol für den österreichischen Widerstand, fand eine Mahnwache statt. Jelinek verteilte Flugblätter, auf denen folgendes stand: „Wir können nicht wissen, wie wir uns damals verhalten hätten, aber wir wissen, wie wir uns verhalten hätten sollen. Wir ehren die Helden des österreichischen Widerstands, wir gedenken der Opfer" (ebd., 143). Eine öffentliche Stellungnahme zu der Waldheimer-Affäre gab Jelinek auch in ihrer Rede bei der Verleihung des Heinrich-Böll-Preises 1986: „In den Waldheimen und auf den Haidern dieses schönen Landes brennen die kleinen Lichter und geben einen schönen Schein ab, und der schönste Schein sind wir. [...] Land der Musik und weißen Pferde, Tiere sehen sich an, sie sind weiß wie unsere Westen, und Kärntneranzüge zahlreicher Bewohner und deren befreundeter Politiker sind braun und haben große Westentasche, in die man viel hineinstecken kann". P. Janke, *Die Nestbeschmutzerin. Jelinek & Österreich*, Jung und Jung, Salzburg 2002, S. 54–55. Angespielt wird hier auf Österreich als ein schönes Land, das sich mit seiner Politik als ein Land mit potenziellem Antisemitismus, Neofaschismus und gleichzeitiger Phäakenhaftigkeit entpuppt, und somit auf den politischen Aufstieg Jörg Haiders (aus Kärnten) an die Spitze der FPÖ.

> Wietrzyk-Zachodni: Co im miałem jeszcze powiedzieć? Zupełnie zapomniałem! Ja ich jeszcze wytracę: ogniem, nożem i widelcem! (PWZ, 462) [Herv. v. d. V.]

Die Fähigkeit, das Wichtigste vergessen zu können, wird auch im folgenden Satz verspottet:

> Abendwind: Jessas, mein heiliger Bär! Auch den hab ich in der Eile ganz vergessn. Gewählt ist gewählt!
> Apertutto: Mein Gott, was für eine indianische Gewohnheit! Wie leicht vergißt man einmal etwas wirklich Wichtiges! (PA)
>
> Wietrzyk-Zachodni: Jezu, toż to mój kochany niedźwiadek! Taki jestem zalatany, że na śmierć o nim zapomniałem! A przyjaźń jest i będzie dla mnie rzeczą świętą. Wolny wybór jest siłą demokracji!
> Apertutto-Bujda: Boże drogi cóż to za barbarzyńskie obyczaje: jak łatwo zapominamy o kimś naprawdę dla nas ważnym. (PWZ, 477) [Herv. v. d. V.]

Schließlich wird der Präsident, der das eigene Volk und die Fremden tyrannisiert und zu Konservenfutter verarbeitet hat, von dem Bär selbst aufgefressen. Die Überlebenden stimmen ein Lied an, in dem auch die Rede von dem Vergessen ist:

> Glücklich ist, wer vergisst,
> was doch nicht zu ändern ist.
> Frisst die Braut
> ungeschaut
> frisst den Mann
> gleich is tan!
> Frisst alle Leut,
> ob dumm, ob gescheut!
> Schaun sich dann selber im Fernsehn an.
> Nimmst mit Appetit dein Volk zum Fressen mit.
> Sogar der arme Mann
> stolz wird Nahrung dann
> von an gwissen Herrn,
> der frisst Menschen gern.
> Glücklich ist, wer vergisst
> was doch nicht zu ändern ist… (usw.)
> *Langsamer Vorhang* (PA)
>
> Szczęśliwy, kto wieczorną porą,
> Zapomniał, co za dnia się działo,
> Niech dawne nie powraca zmorą.
> Tak było? Pewnie tak być miało!

Piękna panienko, co syta być lubisz,
Czuwaj na swego kawalera.
Który cię wzrokiem pożera.
Bo kto żreć lubi, ten się czubi!
Toczy się wojna: Kto poluje ten żyje,
Kto zeżarł rąbankę, słoninę, kaszankę,
Koniaku też się napije!
Z czegoś żyć musisz!
Więc żryj i chłeptaj krew,
Dopóki cię suszy!
Potem włącz telewizor,
(Jeśli cię nie znudził),
Prawda, że miliardami pożera się ludzi?
Co to za noga tam z paszczy wystaje?
Latynos czy Wielkorus?
Wiedzą diabli z bajek.
Bogaty zjadł biednego?
Do kogo ta mowa!?
Niech się głupi ucieszy,
Że ktoś go potrzebował.
Szczęśliwy, kto wieczorną porą,
zapomniał, co za dnia się działo.
Tak było? Pewnie tak być miało.
Kurtyna powoli opada. (PWZ, 479) [Herv. v. d. V.]

Die Worte „Glücklich ist, wer vergisst / was doch nicht zu ändern ist" entstammen der Operette *Die Fledermaus* von Johann Strauss Sohn und fungieren als Schlüsselwörter des gesamten Stückes. Im Text wird auch auf die ‚lückenhafte' Biografie von Waldheim mit folgenden Worten angespielt: „Vielleicht mögen Sie dies folgender biographischer Skizze entnehmen" (PA), worauf es hinzugefügt wird: „die was ich selbst erfunden habe" (PA).

Das Stück von Jelinek kann als eine kritische Auseinandersetzung mit der österreichischen Gesellschaft betrachtet werden. Es orientiert sich an Nestroys Thematisierung von nationaler Identität, was im Untertitel „sehr frei nach J. Nestroy"[16] explizit zum Ausdruck gebracht wird. *Präsident Abendwind* stellt eine Paraphrase auf Nestroys letztes Stück *Häuptling Abendwind oder Das greuliche Festmahl* (1862) dar, welches für ein Theaterfest des Literaturhauses Berlin verfasst wurde.[17] Jelinek vollzieht in ihrem Text eine Umbe-

16 Der Untertitel wurde beigefügt, als das Stück zum zweiten Mal veröffentlicht wurde. Vgl. Text & Kritik, Bd. 117, 3–20.

17 V. Mayer u. R. Koberg, *Elfriede Jelinek: Ein Porträt*, S. 143. Die Autoren, die Nestroy zitierten und sein Stück *Häuptling Abendwind oder Das greuliche Festmahl* paraphrasierten, waren Helmut Eisendle, Libuše Moníková und Oskar Pastior. Wie der Herausgeber kommentierte, ging es bei diesem „Wahnsinnsunternehmen" darum, um festzustellen, dass eine tiefe Kluft zwischen dem besteht, was

nennung der Operette von *Häuptling Abendwind* in *Präsident Abendwind*, wodurch sie eine Intensivierung ihrer gesellschaftskritischen Andeutungen erreicht.

Nestroys Stück handelt vom Gipfeltreffen zweier Kannibalenhäuptlinge, deren Heiratsgeschäft daran zu scheitern droht, dass der Gast (mutmaßlich der eigene Sohn) zum Fraß vorgesetzt wird. In ihrer Essenbesessenheit wird auch das Wiener Milieu erkennbar. *Häuptling Abendwind* stellt einen Ränke schmiedenden, zivilisationsbewussten, ehrgeizigen Wilden dar, der darauf aus ist, seine eigentlichen nationalistischen Ziele zu verfolgen, ungeachtet der Konsequenzen für die anderen. Nestroy entlarvt die nationale Selbstgefälligkeit und die problematische Politik der österreichischen Regierung (eine Anspielung auf das Regime Kanzlers Metternichs). Die österreichische Gastfreundlichkeit wird als nur schlecht getarnter Versuch dekuvriert, dem Gegner zu schmeicheln, um leichter die eigenen, gierigen Ziele verfolgen zu können.[18]

Jelineks Bearbeitung ist, wie auch Angela Gulielmetti hervorhebt, eine radikalisierte Version von Nestroys *Häuptling Abendwind*.[19] Sie betont die Bezüge zur politischen Situation, zur österreichischen Gesellschaft und zum Mythos Österreich als Alpenparadies deutlich stärker. Dem Weiteren widmet sie sich detaillierter spezifischen Aspekten von Themen, die bei Nestroy lediglich am Rande erwähnt werden oder gänzlich fehlen. Ein Beispiel ist der Fremdenhass, der dann zu spüren ist, wenn Abendwind wütendes Gejohle und Pfeifen als Reaktion auf sein Auftreten hört und wie folgt kommentiert: „Dös seind fremde Elemente. So ein Fleisch konn man nur noch weghaun“, woraus Ottilie sofort schließt: „Seind gewiß hauptsächlich Ausländer in dieser Hetzmeute. Packens mirs ein für später?“ (PA). Die Ausbeutung durch den Kapitalismus wird ebenfalls thematisiert, wenn Abendwind als Präsident des „Wurstimperiums“ (PA) bezeichnet wird und wenn Apertutto die symbiotische Verbindung zwischen den Papatutus und den Großjuhuers aufdeckt: „Is jo logisch, dass ich do bin. Mir fabrizieren unnütze Dinge, und die verkaufen mir Ihnen dann“ (PA).

Die kulturelle (politische, historische und literarische) Einbettung des Stücks *Präsident Abendwind* stellt eine wesentliche Herausforderung an die Leser*innen und vor allem an die Übersetzer*innen dar. Die Veröffentlichung des Stücks in der polnischen Version erfolgte im Jahr 2002 in der gesellschaftspolitischen Halbjahreszeitschrift Lewą nogą [Mit linkem Bein]. Es ist anzunehmen, dass der polnische Übersetzer Jacek Zychowicz keine Kontextualisierung des Originals vorgenommen hat. In dem bereits angeführten Fragment über den Verlust von im Gedächtnis gespeicherter Erinnerung an „etwas wirklich Wichtigste[m]“ findet sich in der polnischen Übersetzung die Wortverbindung „o kimś naprawdę dla nas ważnym“ [dt. an jemandem für uns wirklich wichtigen], die

---

die heute schreibenden Autoren ausdrücken wollen und dem, was das Theater für „machbar“ hält. Vgl. H. Wiesner, *Nachwort*, in: *Anthropophagen im Abendwind. Helmut Eisendle, Elfriede Jelinek, Libuše Moníková, Oskar Pastior nebst Johann Nepomuk Nestroy. Vier Theatertexte nach Johann Nepomuk Nestroys „Häuptling Abendwind oder Das greuliche Festmahl“*, hrsg. v. H. Wiesner, Literaturhaus Berlin, Berlin 1988, S. 113–114, hier 113.

18 A. Gulielmetti, *Häuptling Abendwind* und *Präsident Abendwind. Nestroy und Elfriede Jelinek*, in: Nestroyana. Bd. 17, 1997, S. 39–49, hier 46.

19 Ebd., S. 49.

sich auf den angesprochenen Bären bezieht. Für den Übersetzer scheint die situationsbedingte Information wichtiger zu sein als die kulturelle Anspielung, der es sich möglicherweise nicht bewusst ist. Dies bestätigt die Wiedergabe des Refrains: „Doch leichter noch als jedes Fressen / fällt euerm Präsidenten das Vergessen", der wie folgt übersetzt wurde: „Tę prawdę niech pamięta każdy z was: / Wpierw Pan prezydent żre, by zaspokoić głód, / A potem na wyparcie przyjdzie czas!". Die polnischen Leser*innen erfahren, dass der Präsident zuerst frisst, um seinen Hunger zu stillen und anschließend das sogenannte „Herausdrücken" (poln. wyparcie) durchläuft. In diesem Kontext ist es schwierig, mit dem Wort *wyparcie* die Anspielung auf das ‚Verdrängen' zu aktivieren. Umso mehr, dass zu Beginn des Liedes keine Information über die Vergesslichkeit des Präsidenten vorhanden ist (vgl. „Präsident sein das wär gut und fein / Ein Präsident ist nie allein / Hab mein ganzes Volk gefressen / und dann hab ich esvergessen"; poln. „Ach, jak mi fajnie, /Na wyborczym kombajnie, /A prezydentem – jeszcze fajniej być! / Prezydent nigdy nie jest sam, / Już ja swój ludek dobrze znam" [Ah, wie cool ich bin, / Im Wahlkampfkombinat, / Und Präsident – noch cooler zu sein! / Der Präsident ist nie allein, ich kenne meine Leute gut]). Die impliziten Verweise auf den politischen und historischen Kontext des Stücks können nur von Leser*innen entschlüsselt werden, die mit der Ausgangskultur vertraut sind. Bei den polnischen Leser*innen wird das Vorwissen hingegen nicht aktiviert. Den Rezipient*innen bleiben auch inhaltliche Signale auf den außerliterarischen Kontext verwehrt.[20] Stattdessen vervollständigt der Übersetzer viele Stellen im Text und verwendet Amplifikationen (z.B. „Ich träume davon"), die auf ein gewisses Misstrauen gegenüber der Zielsprache und auf die Befürchtung hindeuten, dass die polnische Sprache nicht in der Lage sei, *intentio operis* adäquat zu vermitteln. Die Versuchung seitens des Übersetzers, die eigene Subjektivität zu offenbaren, zeigt sich in Änderungen auf der kulturellen Ebene, die nicht nur im Haupttext, sondern auch in den Didaskalien auftreten. Im Sekundärtext des Theaterstücks stellt Jelinek den Schauplatz des Geschehens sehr detailliert dar. Zu Beginn des ersten Aktes findet sich folgende Information:

> Abendwind und seine Tochter Ottilie sitzen in südseeinsulanischer Urwaldlandschaft. Sie sind aber europäisch-repräsentativ gekleidet, dezente Beimengungen von Südsee-Folklore wie Federn, Nasenringe, etc. Ottilie sehr aufgetakelt, aber sympathisch. Beide kauen an blutigen menschlichen Schenkelknochen. Das Blut rinnt ihnen übers Kinn. (PA)
>
> Jędrzej Wietrzyk-Zachodni oraz jego córka, Dorota Wietrzyk-Bobson, siedzą we wnętrzu willi stylizowanej na folklor góralski. Wystrojeni zgodnie z konwencją obowiązującą

20 Dieser Umstand lässt sich als Erklärungsansatz für die in der polnischen Literaturkritik häufig zu findenden unsachlichen und verständnislosen Urteile über Jelineks Gesamtwerk heranziehen. Vgl. darüber auch J. Górny, *Elfriede Jelinek und die polnische Öffentlichkeit. Ein Beitrag zur Wahrnehmung der Schriftstellerin in der polnischen Presse*, in: *Positionen der Jelinek-Forschung. Beiträge zur polnisch-deutschen Elfriede-Jelinek-Konferenz. Olsztyn 2005*, hrsg. v. C. Zittel u. M. Holona, Peter Lang, Bern–Berlin–Bruxelles–Frankfurt am Main–New York–Oxford–Wien 2008, S. 13–28.

wśród zeuropeizowanych elit, podkreślają swą odrębność za pomocą „cepeliowskich“ detali (czapka z piórkiem, ciupaga, pasiasta spódnica itp.). Dorota Wietrzyk-Bobson jest bardzo „odstawiona“, ale stara się zachowywać miło i naturalnie. Oboje pogryzają krwiste ludzkie „udka“. Krew spływa im po brodzie. (PWZ, 451)

[Jędrzej Abendwind und seine Tochter Dorota Wind-Bobson sitzen im Inneren einer Villa im Stil der Berglandfolklore. Gekleidet nach Konventionen der europäisch geprägten Elite, betonen sie ihre Individualität mit Folkloredetails (Trachtenhut mit Feder, die Ciupaga[21], gestreifter Rock usw.). Dorota Wind-Bobson ist sehr „aufgetakelt“, versucht aber, freundlich und authentisch zu sein. Beide knabbern an blutige menschliche „Keule“. Das Blut rinnt ihnen über das Kinn.] [übers. v. d. V.]

Zychowicz wendet die Strategie der Naturalisierung (Einbürgerung – im Sinne von Schleiermacher) bereits auf der Ebene der Eigennamen an und führt konsequent polnische Vornamen (vgl. Dorota als Ottilie, Jędrzej Wietrzyk-Zachodni als Abendwind) ein. Die Verstärkung dieser Strategie manifestiert sich zudem in Dorotas Nachnamen (Wietrzyk-Bobson), was mit hoher Wahrscheinlichkeit dem Zweck dient, die amerikanische Sprechweise der Protagonistin zu betonen. Aus pragmatischer Sicht ist der doppelte Nachname, den die Jungfrau trägt, und der im Haupttext angedeutet wird, als eine Mystifikation zu betrachten, die dem Bild der dargestellten Welt sowie der außerliterarischen Welt zuwiderläuft. Ein weiterer Aspekt für die Einführung des Naturalisierungsverfahrens ist der Handlungsort des Stücks sowie die damit einhergehenden Requisiten. Der Übersetzer verlegt die Handlung in das Innere einer Villa, die im rustikalen Stil der polnischen Bergbauern (Tatra-Goralen) eingerichtet ist, und stattet die Hauptfiguren mit der typischen Goralen-Tracht aus. Abgesehen davon, dass Dorotas Kleidung – angeblich im Stil der europäischen Oberschicht – aus einem gestreiften Rock besteht, der ja das Hauptelement einer Frauentracht darstellt, stößt man überraschend auf die Szene, in der von Nachbarinseln die Rede ist:

Ottilie: Und jedes Johr tateten mir dann die Zivilisationsverbreiter zu die Nachbarinseln schicken, damit sie wissen, was eine Kultur ist und woran man sie erkennen tut. (PA)

Dorota Wietrzyk-Bobson: Kazdego roku wysylamy przeciez misjonarzy cywilizacji na sasiednie wyspy, zeby wszyscy sie dowiedzieli, czym jest prawdziwa kultura i gdzie jej mozna skosztowac. (PWA, 455)

Selbst ein geübter Leser wird Schwierigkeiten haben, die Motivation für eine Kette so unterschiedlicher Elemente wie die rustikale Villa von Goralen (im Zakopane-Stil), die Anthropophagie, die Missionare der Zivilisation, Inseln und die Londoner Börse zu ver-

21 Die Ciupaga ist ein Bergstock mit dem Handgriff in Form einer kleinen Axt, der von den Tatra-Goralen als Element der Volkstracht getragen wird.

stehen. Dies ist auf die Entscheidungen des Übersetzers zurückzuführen, die eine ‚Zwischenwelt' (*intermonde*) schaffen, die weder ganz die Welt des Originals noch die Welt der Kultur der Übersetzung gänzlich darstellt. Die Handlung des Originalwerks spielt auf einer der Inseln im Südpazifik, auch Südsee genannt, das Gebiet südlich von Panama. Die Inseln sind von Kannibalen bewohnt und der Welt der Zivilisation, d.h. der Hochkultur, unbekannt. Diese Tatsache wird erst am Ende des Stücks offenbar, als ein TV-Team in Gestalt eines weißen Bären, in dem sich ein Fernsehjournalist in seinem Inneren versteckt, ankommt.

Im Theaterstück von Jelinek wird die Hauptfigur, Abendwind, als Hersteller von Würsten und Fleischkonserven dargestellt, die ins Ausland exportiert werden. Zudem bekleidet er das Amt des Präsidenten des Rates der Vereinigten Pfitschi-Inseln.[22] Auf Bitten seiner Tochter beschließt er, für das Amt des Inselpräsidenten zu kandidieren. Nach einem ersten Rückschlag erhält er Unterstützung von seinem zukünftigen Schwiegersohn Hermann. Schließlich organisiert Abendwind ein Gipfeltreffen und lädt den Präsidenten der Nachbarinseln, Franz Josef Apertutto (der übrigens mit starkem bayerischen Akzent spricht), auf die Insel ein, um seinen „präsidialen" Erfolg mit Walzerklängen (nach dem Vorbild eines Wiener Opernballs) und einem üppigen Festmahl zu feiern. Die Gegenüberstellung von Berglandkulisse und Inselbewohnern in der polnischen Übersetzung könnte als groteskes Mittel angesehen werden, um auf eine versteckte Bedeutung hinzuweisen. Das Stück wurde als Dramolett bezeichnet, also als Mini-Bühnenstück beliebigen Inhalts und Genres. Aufgrund dessen könnte die „kulturelle Vielfalt" die Groteske der geschilderten Ereignisse zusätzlich betonen. Wenn jedoch das Ausmaß an unerwarteten kulturellen Verbindungen mit den folgenden Szenen zunimmt, sodass der Eindruck entsteht, dass sich eine Art kulturellen ‚Eintopfs' entwickelt, dann ist es wenig begründet, die Motivation für die Entscheidungen des Übersetzers in der beabsichtigten Groteske zu suchen. Gegen Ende des ersten Aktes erscheint der Geist von Dorotas Mutter, die versehentlich in einem Fleischwolf zu Tode kam. Der Geist singt ein rührendes Lied in der Manier der Wiener Operette, wie der Übersetzer anmerkt. Im zweiten Akt der polnischen Version manifestieren sich weitere Erweiterungen auf: Abendwind summt einen Text in der Konvention der *Dreigroschenoper* (S. 460–461) und wird einen Moment später von seiner Tochter Dorota begleitet, die sich im „Soul"-Stil versucht, um dann zum Jodeln (wie diesmal auch im Original) überzugehen:

22 Dank der Information über die Lage der Insel (Südpazifik) können wir vermuten, dass die Handlung des Stücks auf einer der Fidschi-Inseln spielt, deren Namen Jelinek phonetisch schreibt (deutsch: Fidschi-Inseln). Es ist erwähnenswert, dass neben den Fidschi-Inseln die Samoa-Inseln (Samoa-Archipel) – eine Gruppe von 14 Vulkaninseln in Polynesien – und die Gesellschaftsinseln (Französisch-Polynesien / Tahiti) liegen.

Ottilie: Seind gewiß hauptsächlich Ausländer in dieser Hetzmeute. Packt mirs ein für später?
(*singt*)
die Sänge meiner Kindheit gib mir wieder
der Haimat siaße Lieder!
(*sie jodelt ein bißchen*) (PA)

Dorota Wietrzyk-Bobson: Muszą tu być jacyś porządni turyści w tej okropnej zgrai! Zapakować któregoś na wałówkę?
(*próbuje zaśpiewać w stylu „soul“*):
Kraj lat dziecinnych! On zawsze zostanieeeeeeee...
(*przechodzi na jodlowanie*):
Tak nas powrócisz na ojczyzny łono...
Jo-ho-ho! Jo-ho-ho! Jo-ho-ho! Jo-ho-ho! Jo! (PWZ, 461)

[Es muss doch ein paar anständige Touristen in diesem furchtbaren Haufen geben! Soll ich eine von ihnen für eine Färse einpacken?
(*versucht im „Soul“-Stil zu singen*):
Das Land der Kindheit! Er wird immer bleibeeeeeeeeen....
(*wechselt zum Jodeln*):
So wirst du uns zum Schoß der Heimat wiederbringen....
Jo-ho-ho! Jo-ho-ho! Jo-ho-ho! Jo-ho-ho! Jo!] [übers. v. d. V.]

Die Zeile „Tak nas powrócisz na ojczyzny łono...” ist ein Zitat aus dem ersten Gesang im *Herr Thaddäus oder Der letzte Einritt in Lithauen* des Nationaldichters Polens Adam Mickiewiczs: „Tak nas powrócisz cudem na Ojczyzny łono“ (dt. „So wird zum Schooß der Heimat dein Wunder uns wiederbringen!“[23]). Diese Erweiterung in der polnischen Übersetzung legitimiert ebenfalls die Verwendung des Namens Tadeusz (im Original Hermann), den der zukünftige Schwiegersohn Abendwinds trägt. Zychowicz ruft weitere Nationalkünstler der Romantik auf, wenn sich Tadeusz an den Arien aus *Straszny Dwór* (*Das Gespensterschloss*) Stanisław Moniuszkos, des Vaters der Polnischen Nationaloper, versucht (S. 465). Im weiteren singt auch Dorota „jak obiecująca adeptka Teatru Narodowego“ [wie ein vielversprechender Adept des Nationaltheaters] (S. 466) und als auch wie „primadonna Teatru Roma“ [wie eine Primadonna des Roma-Theaters][24] (S. 467) mit. Tadeusz hingegen ändert im Finale sein Repertoire und imitiert den kommerziellen Jan Kiepura, der als populärster polnischer Tenor und einer der erfolgreichsten Sängerschauspieler des europäischen Films der 1930er Jahre gilt. Des Weiteren wird der ehrgeizige

23 A. Mickiewicz, *Herr Thaddäus oder der letzte Einritt in Lithauen*, in: ders. *Poetische Werke*, Leipzig 1882, Band 1; Erstdruck: Paris 1834 (2 Bde), übers. v. S. Lippiner, http://www.zeno.org/Literatur/M/Mickiewicz,+Adam/Versroman/Pan+Tadeusz+oder+Die+letzte+Fehde+in+Litauen (Zugriff am 4.04.2024).

24 Teatr Muzyczny Roma ist das Musiktheater für Oper und Musical in Warschau.

Marek Grechuta (S. 467) nachgeahmt, der neben Czesław Niemen als einer der wichtigsten Vertreter der Gesungenen Poesie in der zweiten Hälfte des 20. Jahrhunderts erachtet wird. Der Übersetzer fügt Tadeusz – aus Gründen, die nicht ersichtlich sind – die Worte aus dem von der polnischen Sängerin Edyta Geppert gesungenen Chanson *Och, życie kocham cię nad życie* (aus dem Langspiel-Debüt 1986, Text von Wojciech Młynarski, Musik von Włodzimierz Korcz) in den Mund:

> Tadeusz: (*naśladując komercyjnego Kiepurę lub ambitnego Grechutę*):
> Uparcie i skrycie,
> Dorotko, moje życie,
> Ech, kocham, kocham, kocham Cię nad życie!
> Dajmy trochę zarobić na naszym miesiącu miodowym,
> Prężnej linii lotniczej, od której mam bilet zniżkowy! (PWZ, 467)
>
> [Tadeusz: (*imitiert den kommerziellen Kiepura oder den ehrgeizigen Grechuta*):
> Hartnäckig und heimlich,
> Dorota, mein Leben,
> Eh, ich liebe, ich liebe, ich liebe dich über das Leben!
> Lass uns in unseren Flitterwochen der florierenden Fluggesellschaft
> etwas Geld verdienen, von der ich ein ermäßigtes Ticket bekam!] [übers. v. d. V.]

Bei dem Bestreben, die Argumentation des Übersetzers zu rekonstruieren, lässt sich die Motivation für die signifikante Anzahl von Modifikationen des im Übersetzungstext aktivierten „musikalischen Raums" in der Prämisse ermitteln, dass Jelineks Werk eine „Dramoperette" sei und nicht – wie im Original – ein Dramolett. Die Genreänderung und die Anhäufung bekannter polnischer Musiktexte führt zu einer ‚semantischen Verdichtung' – *conditio sine qua non* der Literatur. Eine detaillierte Analyse ergibt jedoch eine Inkonsistenz der dargestellten Welt, die durch die Einführung von Musiktexten verschiedenartiger Provenienz bedingt ist. Trotz der Lesbarkeit der Übersetzung, die sich aus der Strategie der Einbürgerung (Naturalisierung) der Ausgangskultur ergibt, hat der Übersetzer ‚Spuren' dieses Verfahrens in Form von ausgangskulturellen Elementen hinterlassen. Im dritten Akt tanzt das Gefolge des Präsidenten der Nachbarinsel den Walzer (Donauwalzer) von Johann Strauss II. aus dem Jahr 1867. Dabei stellt sich heraus, dass der Wiener Opernball stattfindet:

> [...] *Daneben – malerische Gruppe – der Präsident der Nachbarinsel, Franz Josef Apertutto, mit kleinem Gefolge. Alle sind äußerst festlich, wenn auch ein wenig exotisch, gekleidet, denn es ist der WIENER OPERNBALL. Das Gefolge Apertuttos tanzt Walzer, natürlich den Donauwalzer, der leise aus dem Fernseher dringt.* (PA)
>
> [...] *Obok – tworząc grupę ujęta w malarskiej perspektywie – prezydent sąsiedniej wyspy Franciszek Józef Apertutto-Bujda oraz jego orszak przyboczny. Wszyscy są popisowo uroczyście – choć zarazem nieco egzotycznie – wystrojeni. Spostrzegamy po chwili, że przy-*

> *byli oni na wiedeński bal w operze w jego miejscowej odmianie. Świta Appertutto-Bujdy tańczy walca – naturalnie „nad pięknym modrym Dunajem“ – którego przytłumione dźwięki wydobywają się z odbiornika.* (PWZ, 469)

Der dritte Akt schließt mit einem Walzer um einen weißen Bären, der sich ausruht, nachdem er den Präsidenten Abendwind verschlungen hat:

> (*Der Bär verzehrt die letzten Reste von Abendwind) (Ottilie und Hermann kommen vorsichtig zurück. Alle zusammen tanzen jetzt Walzer um den satt am Boden sitzenden Bären und singen*)
>
> Glücklich ist, wer vergißt,
> was doch nicht zu ändern ist... (PA)
>
> (*Niedźwiedź dojada resztki po Wietrzyk-Zachodnim.*) (*Dorota Wietrzyk-Bobson i Tadeusz ostrożnie wracają na scenę. Wszyscy zgromadzeni tańczą walca dookoła niedźwiedzia, który rozsiadł się wygodnie, pomrukując z zadowolenia. Śpiewają chórem:*)
>
> Szczęśliwy, kto wieczorną porą,
> Zapomniał, co za dnia się stało... (PWZ, 478)

Zu den Ingredienzien des ‚kulturellen Eintopfs‘ in der polnischen Übersetzung von Jelineks Stück gehören: die Berglandschaft und Goralen-Requisiten, die Insellandschaft (Kakaobäume, Kokospalmen), die polnische Oper, österreichische Kultursymbole (der Opernball, der Walzer von Johann Strauß II.) und – als dritter Kulturraum – Elemente der englischen (Londoner Börse – vgl. unten) und amerikanischen Kultur (vgl. World Trade Center, PWZ, 470) samt verwendeten Anglizismen.

Nicht erkannt oder als unwichtig erachtet hat Zychowicz die Tatsache, dass Jelineks Drama die Konventionen des Alt-Wiener Volkstheaters parodiert. Dies lässt sich durch die Verwendung des Wiener Dialekts[25] erklären. Die Protagonisten sprechen ein übertriebenes, künstliches Wienerisch, was die Rezeption des Textes erheblich erschwert.[26] Der polnische Übersetzer bedient sich eines unglücklichen Tricks – er lässt die Personen in einem Polnisch sprechen, das mit englischen oder englisch anmutenden Wörtern vermischt ist. In der schriftlichen Form verzichtet er auf die Verwendung der polnischen diakritischen Zeichen. In einem kurzen Nachwort erläutert er die Grunde für seine translatorischen Entscheidungen wie folgt:

---

25 *Burgtheater. Posse mit Gesang* (1980–1981) ist Jelineks erstes Stück im Dialekt.

26 Der Gebrauch des Wiener Dialekts verschärft ihre Sozialkritik, da Jelinek sich der Rolle der Sprache als Medium der sozialen und kulturellen Identitätsfindung bewusst ist. Vgl. A. Gulielmetti, *Häuptling Abendwind* und *Präsident Abendwind. Nestroy und Elfriede Jelinek*, S. 47.

Do najbardziej rzucających się w oczy wyróżników stylu Jelinek należy parodiowanie współczesnej zamerykanizowanej niemczyzny, w której na przykład – zwłaszcza w żargonie polityków – zamiast rodzimego ekwiwalentu „miejsc pracy“ używa się coraz częściej słówka „jobs“. Tak więc w dramoperetce „Prezydent Wietrzyk-Zachodni“ spotykamy – by ograniczyć się do najprostszych przejawów takiej zabawy z językiem – „I“ zamiast „Ich“, „is“ w miejsce „ist“ czy „nix“ zastępującego „nichts“. Aby z tego humoru lingwistycznego cokolwiek uprzystępnić polskim czytelnikom – wprowadzając, gdzie to poręczne, makaronizmy z American English – przyjmuję, że wypowiedzi Doroty Wietrzyk-Bobson z Aktu I (i sporadycznie z kolejnych) zostały zanotowane na klawiaturze komputerowej bez polskich znaków diakrytycznych. Aktorka grająca tę rolę na scenie powinna oczywiście posługiwać się wymową z silnymi naleciałościami anglosaskimi, której pouczającym wzorcem jest na naszym gruncie James Bond Polski Ludowej, Andrzej Olechowski. Mam nadzieję, że zastosowany przeze mnie zabieg wzbogaci psychologię tej postaci dramoperetki: w Aktach II i III, usiłując zrobić karierę polityczną w ojczyźnie oraz uwodząc wykształconego partnera, Wietrzyk-Bobson staje się bardziej poprawna gramatycznie (PWZ, 479).

[Zu den augenfälligsten Besonderheiten des Jelinekschen Stils gehört das Parodieren der gegenwärtigen amerikanisierten deutschen Sprache, in der zum Beispiel – besonders im Jargon der Politiker – statt der deutschen Entsprechung für Arbeitsplätze immer öfter von „Jobs“ die Rede ist. So haben wir im Dramoperette *Prezydent Wietrzyk-Zachodni* – um die einfachsten Beispiele eines solchen Spiels mit der Sprache zu geben – „I“ an Stelle von „Ich“, „is“ statt „ist“ oder „nix“ und anstatt „nichts“. Um dem polnischen Leser diesen linguistischen Humor etwas näher zu bringen, füge ich da, wo es günstig scheint, Phrasen des American English hinzu, denn ich nehme an, dass Dorota Wietrzyk-Bobson Reden im ersten Akt (und gelegentlich in den folgenden Akten) auf einer Computertastatur ohne polnische Diakritika geschrieben wurden. Eine Schauspielerin, die diese Rolle auf der Bühne spielt, sollte natürlich eine stark angelsächsisch geprägte Aussprache verwenden, für die Andrzej Olechowski – der polnische James Bond in der Volksrepublik Polen – in unserer Kultur ein lehrreiches Vorbild ist. Ich hoffe, dass die von mir angewandte Strategie die Psychologie dieser Figur in der Dramoperette bereichert: In dem zweiten und dritten Akt, während sie versucht, in ihrer Heimat politisch Karriere zu machen und ihren gebildeten Partner zu verführen, spricht Dorota Wietrzyk-Bobson grammatikalisch korrekter.] [übers. v. d. V.]

Bei der ersten Lektüre dieses Kommentars, der neben einem Vor- und Nachwort als eine Form des Paratextes (Gérard Genettes)[27] den Haupttext begleitet bzw. ergänzt und in die-

---

27 Gérard Genette definiert Paratexte als Peripherie des Werks, die eine präsentierende Funktion gegenüber dem Haupttext haben. Dazu zählen: „Titel, Untertitel, Zwischentitel; Vorworte, Nachworte, Hinweise an den Leser, Einleitungen usw.; Marginalien, Fußnoten, Anmerkungen; Motti; Illustrationen; Waschzettel, Schleifen, Umschlag und viele andere Arten zusätzlicher, autooder allographer Signale, die den Text mit einer (variablen) Umgebung ausstatten und manchmal mit einem offi-

sem Fall als das deutlichste Signal für die Präsenz der Stimme des Übersetzers gilt – fällt der letzte Satz auf, der dem ersten widerspricht: Wenn die Protagonistin Dorota Wietrzyk-Bobson eine politische Karriere anstrebt, warum weicht sie dann von den im ersten Satz erwähnten Amerikanismen ab, die für die Sprache von Politiker*innen so charakteristisch sind.[28] Zweitens: Warum soll das Fehlen von polnischen diakritischen Zeichen ein Indiz für die Aussprache mit einem starken amerikanischen Akzent sein? Die vom Übersetzer vorgeschlagene formale Lösung wirft eine Reihe von Zweifeln auf. Sei es nun, weil die vom Übersetzer erwähnte Einführung von Anglizismen in die Sprache des oben erwähnten polnischen James Bonds eine gängige Technik ist, um – neben der phonetischen Transkription englischer Wörter – die akzentuierte Sprache in Werken der zeitgenössischen Literatur zu betonen, ohne auf orthografische ‚Reduktion‘ zurückzugreifen. Auch die Behauptung des Übersetzers, das von ihm angewandte Verfahren solle „die Psychologie der Figur bereichern“, scheint kaum gerechtfertigt. Drittens versucht der Übersetzer, die Leser*innen davon zu überzeugen, dass Jelinek das moderne, amerikanisierte Deutsch parodiert. Dabei missachtet er die österreichische Herkunft der Autorin und interpretiert die Verwendung des Dialekts nicht als Nachahmung von Nestroys Theater. Demzufolge missversteht er Merkmale des österreichischen Deutsch, genauer gesagt des Wiener Dialekts: „I“ statt ‚Ich‘, ‚is‘ statt ‚ist‘ oder ‚nix‘ statt ‚nichts‘. Im Original spricht Dorota (im Original Ottilie) wie ihr Vater Wienerisch, was hier eine stark charakterisierende Funktion hat:

> Ottilie: Derfst nimmer olle einspirrn, Papa, des tuat ma net. A paar muaßt scho aussilassn, damits unsare Gäst begrüßen können! (PA)
>
> Dorota Wietrzyk-Bobson: Wszystkich nie mozna zamknac, dadku, to mi sie juz mniej podoba. Ktos musi sie walesac na swobodzie, zeby – jak przyjdzie czas – przywitac naszych drogich gosci. (PWZ, 454)
>
> [Du kannst nicht alle einsperren, Papa, das gefällt mir schon weniger. Jemand muss frei herumlaufen, damit wir – wenn es soweit ist – unsere lieben Gäste begrüßen können.]

---

ziellen oder offiziösen Kommentar versehen [...] Das Feld dieser Beziehungen stellt zweifellos einen privilegierten Ort der pragmatischen Dimension des Werkes dar, d.h. seiner Wirkung auf den Leser“. G. Genette, *Palimpseste: die Literatur auf zweiter Stufe*, übers. v. W. Bayer u. D. Hornig, Suhrkamp, Frankfurt am Main 1993, S. 11–12. Die Paratextualität stellt für den französischen Forscher aufgrund ihrer Wirkung auf die Leser*innen einen privilegierten Bereich der pragmatischen Dimension des Werks dar, wodurch paratextuelle Äußerungen einen Status autonomer Einzeläußerungen erhalten.

28 Im Original versucht Ottilie (Dorota) ihren Vater dazu zu überreden, dass er für das Amt des Präsidenten kandidiert, anstatt selbst politische Ambitionen zu hegen. In der polnischen Übersetzung handelt es sich dementsprechend um keine Überinterpretation, sondern um eine inhaltliche Fehlinformation, die die handelnden Personen verfälscht darstellt.

Abendwind: Mein tapferes Volk hat ihn vor der Grenze noch abgfangn und eingspirrt. Und donn hob i sukkzessive mei Vulk eingspirrt. (PA)[29]

Wietrzyk-Zachodni: Mój dzielny naród dopadł go na granicy i zatrzymał. A potem ja zatrzymałem naród, żeby go nie ciągnęło na obczyznę. (PWZ, 454)

[Mein tapferes Volk hat ihn an der Grenze eingeholt und aufgehalten. Und dann habe ich die Nation aufgehalten, damit sie nicht in das fremde Land geschleppt wird.] [übers. v. d. V.]

Der Gebrauch des Dialekts zeigt sich vor allem in der Verdunkelung von Vokalen: die Beispiele hierfür sind die Abflachung von „a" → als „o" ausgesprochen (donn ← dann, hob ← habe), „o" → „u" (Vulk ← Volk), „e" → „i" (eingspirrt ← eingesperrt), in der Reduktion von „e" in unbetonter Stellung (abgfangn ← abgefangen) oder im Auslaut (Grenz ← Grenze) und in der Verwendung von Kurzformen i ← ich, mei ← mein. Diese Merkmale sind typisch für die oberdeutschen Dialekte, insbesondere für das Österreichisch-Bayerische (Untergruppe: Mittelbayerisch). Ein weiteres Beispiel veranschaulicht die Konsequenzen der Annahme seitens des Übersetzers, Jelinek parodiere amerikanisiertes Deutsch:

Abendwind: Und außerdem bin ich der greeßte Fleischexporteur… und meine liabn Bluatbankerln ieberoll im Lond erscht…. An jedem schönen Aussichtspunkt eine kleine Blutbank…. Diskretion Ehrensache! (PA)

Wietrzyk-Zachodni: By the way, jestem największym eksporterem mięsa według ostatniego rankingu. A mój kochany bank krwi ma pierwsze miejsce w notowaniach na giełdzie londyńskiej. O tym marzę: w każdym niebrzydkim punkcie widokowym mała, przyjemna filia banczku krewki… Dyskrecja gwarantowana! (PWZ, 453)

[By the way bin ich laut der neuesten Rangliste der größte Fleischexporteur. Und meine geliebte Blutbank ist die Nummer eins an der Londoner Börse. Davon träume ich: eine nette kleine Filiale der Blutbank an jedem unansehnlichen Aussichtspunkt… Diskretion garantiert!] [übers. v. d. V.]

Die Monophthongierung von Doppellauten (Diphthongen) ist eine Besonderheit des Wienerischen im Vergleich zu anderen Untergruppen der mittelbairischen Dialekte (der greeßte ← der größte wird ausgesprochen wie ein breites „e"), ieberoll im Lond ← überall im Land (statt eines Diphthongs gibt es ein weiches „i(e)", dazu das Vokal „a" verdunkelt zu „o"). Außerdem wird im Wort liabn (← lieben) das „ie" nicht als [i], sondern als weiches [(i)ea] ausgesprochen, und der „st"-Laut wird im Wortstamm wie eiein Anlaut [scht]

29 In der Standardsprache lautet der Satz wie folgt: „Abendwind: Mein tapferes Volk hat ihn vor der Grenze noch abgefangen und eingesperrt. Und dann habe ich sukzessive mein Volk eingesperrt."

gelesen: erscht ← erst. Ein weiteres Merkmal des Wienerischen ist die weit verbreitete Verwendung des Diminutivs, bei dem die auch für die bairische Mundart typische Endung -(e)l bzw. -erl an Substantive angehängt wird. Die Wiener fügen die Diminutivsuffixe (Liquidsuffixe: -l und -al/-erl) hinzu, die jedoch keine verkleinernde oder intimitätsfördernde Bedeutung haben. Damit wird eine emotionale Einstellung zu einem Objekt oder ein höflicher bzw. zuvorkommender Ton signalisiert. Im obigen Fragment aus Jelineks Stück taucht der Diminutivbegriff Blutbank auf: „Bluatbankerln“ – zusätzlich mit der Realisierung von „u“ als [ua]. In der polnischen Übersetzung wird der Deminutiv als einziges Merkmal der Wiener Mundart mit einem doppelten Diminutiv wiedergegeben: „filia banczku krewki“ (banczku ← banku, krewki ← krwi). Dies hat einen komischen Effekt zur Folge. Andere Merkmale der Mikrosprache werden vom Übersetzer nicht erkannt oder als irrelevant eingestuft. In diesem Fall führt dies zu einer Fehlinterpretation: das Substantiv „Lond“ mit dunklem [a] (← Land) hält der Übersetzer für eine Kurzform des geographischen Eigennamens der Hauptstadt Großbritanniens und gibt es zusammen mit dem Substantiv „Börse“ als „giełda londyńska“ (dt. Londoner Börse) wieder. Auf diese Weise rechtfertigt er das Auftreten der Stadt London und diese Assoziation verstärkt er mit der englischen Redensart *By the way*. In Anbetracht der vorgenommenen Änderungen ist dies die einzig mögliche Rekonstruktion des Gedankenvorgangs des Übersetzers.

Man kann sich dem Eindruck nicht entziehen, dass der englischsprachige Kulturraum (dritte Kultur) zum Medium der Intention des Übersetzers wird: Wenn er die Vereinigten Staaten von Amerika als die älteste Demokratie der Welt anführt und zugleich auf ihre Kehrseite als kapitalistische Supermacht verweist, so offenbart sich das Bindeglied für einzelne Elemente im Text. In der Tiefenstruktur entpuppt sich das Bild einer kapitalistischen Welt, die ihr eigenes Volk verschlingt, und die sich durch eine wackelige Demokratie, scheinbar demokratisch durchgeführte Wahlen, eine noch spürbare Diktatur, den Kult des Warenhandels (vgl. Geld – die Londoner Börse), sowie Kaufsucht auszeichnet. Man kann sagen, dass Jacek Zychowicz das Stück in den Raum der polnischen Missstände (Zielkultur) versetzt, und es „entkontextualisiert“, denn es werden keine Bezüge zur politischen Situation in Österreich in den späten 1980er Jahre (Ausgangskultur) hergestellt. Nicht ohne Bedeutung scheint auch der Erscheinungsort der Übersetzung zu sein: Die Halbjahreschrift *Lewą nogą* veröffentlicht vor allem Artikel zu Perspektiven und Dilemmata der heutigen Linken. Die Verortung des Stücks in der Zielkultur und die Akzentuierung von Themen, die sich mit der Kapitalismus-Problematik auseinandersetzen (Londoner Börse, World Trade Center) lassen vermuten, dass sich der Übersetzer an der politischen Haltung der beiden Autor*innen orientiert hat. Sowohl Nestroy als auch Jelinek gehören zu den Kritiker*innen des Kapitalismus. Dies erklärt auch die Entscheidung des Übersetzers, Wiener Dialekt bzw. Kunstsprache mit österreichischen Regionalismen anhand einer Rede wiederzugeben, die ein „amerikanisches Polnisch“ (d.h. eine Mischung aus Englisch und Englisch klingenden Wörtern) nachahmen sollte.

3.1.2 Asymmetrien im Kulturtransfer des Wassermotivs im Roman *Die Kinder der Toten*

Der Roman *Die Kinder der Toten* (1995) gehört zur dritten Schaffensphase, die mit dem Werk *Lust* aus dem Jahr 1989 eingeleitet wurde[30] und die sich durch Sprachgewalt und eine ‚negative' Ästhetik auszeichnet. Die am Textanfang in komprimierter Form dargestellte extreme Reduktion der Handlung sowie die ebenso extreme Vielfalt der sprachlichen Mittel bei der Beschreibung des Szenarios und der handelnden Personen, bilden das Sprach- und Erzählkonzept des gesamten Romans. Er beginnt mit einem intertextuell markierten Satz, der eine Anspielung auf Goethes Gedicht *Gesang der Geister über den Wassern* ist: „Das Land braucht oben viel Platz, damit seine seligen Geister über den Wassern ordentlich schweben können".[31] Der intertextuelle Bezug sowie die angesprochenen Elemente des Wassers und der Lüfte im Eröffnungssatz weisen eindeutig auf die impliziten Erzählstränge und Sprachbilder hin, die für den gesamten Roman konstitutiv sind. Goethes Gedicht gilt somit als Eröffnungssignal für das Betreten eines von dem Element des Wassers beherrschten Raumes, der mit vielen Bedeutungsschattierungen beladen ist.

Im Gedicht *Gesang der Geister über den Wassern* reflektiert der Dichter bei der Kontemplation des Naturschauspiels eines Gebirgsbaches, während er sich 1779 in Lauterbach in der Schweiz aufhält,[32] über die Wandelbarkeit des menschlichen Lebens:

> Des Menschen Seele
> Gleicht dem Wasser:
> Vom Himmel kommt es,
> Zum Himmel steigt es,
> Um wieder nieder
> Zur Erde muß es,
> Ewig wechselnd.[33]

Der ständige Wechsel und Kreislauf in der Natur dient Goethe als Vergleich für das Auf und Ab des menschlichen Schicksals (Strophe I, V. 1–2). Die weiteren Zeilen schildern das kräftig dahinstürzende Wasser bis hin zum Wiesental, wo es als Bach „dahinschleicht" und in einen See mündet, der vom Wind umtost und in „schäumende Wogen" gekräuselt

---

30 Vgl. ausführlicher darüber: A. Majkiewicz, *„Was bisher geschah...". Romananfänge bei Elfriede Jelinek,* in: *Textanfänge – Semantische Aspekte*, hrsg. von M. Duś, R. Kołodziej u. J. Konieczna-Serafin, Peter Lang Verlag, Frankfurt am Main 2017, S. 61–76.

31 E. Jelinek, *Die Kinder der Toten*, Rowohlt Verlag, Reinbek bei Hamburg 1995, S. 7. Alle weiteren Zitate aus diesem Roman erfolgen im Text mit der Sigle KdT und einfacher Angabe der Seite in Klammern.

32 Vgl. K.M. Woschitz, *Fons Vitae – Lebensquell. Sinn- und Symbolgeschichte des Wassers*, Herder, Freiburg 2003, S. 41.

33 J.W. Goethe, *Gesang der Geister über den Wassern*, in: J.W. Goethe, *Gedichte in zeitlicher Folge*, Insel, Frankfurt am Main 1982, S. 230–231.

wird.[34] In der siebten Strophe reflektiert der Dichter erneut – wie bereits am Gedichtanfang – das wechselhafte Schicksal des Menschen, das – wie das Wasser vom Wind in ständige Bewegung gesetzt wird und über der Seele des Menschen waltet:[35]

> Seele des Menschen,
> Wie gleichst du dem Wasser!
> Schicksal des Menschen,
> Wie gleichst du dem Wind!

Das Wasser, Sinnbild des menschlichen Lebens, wird zum Symbol der Seele und des Unbewussten und zugleich zum Medium der Verwandlung. Die urgermanische Bedeutung des Wortes Seele „saiwalô" bedeutet: „die vom See stammende, zum See gehörige"[36] und ruft die germanische Vorstellung von Seelen hervor, die von ihrer Geburt an und nach ihrem Tod in bestimmten Seen oder im Meer weilten. Jelinek übernimmt den Begriff der Seele und versteht ihn im religiösen Sinne als unsterbliche, substanzlose Essenz des Menschen, die nach dem Tod weiterlebt. Der Anfangssatz gibt das zentrale Motiv vor: den Wechsel der Seelen von den oberen Sphären zurück ins Leben und zurück. Bei der Autorin sind dies die Toten, die zurück ins Leben wollen, wie Scheidl zu Recht konstatiert.[37] Ihnen wurde jedoch der ‚natürliche' Weg verweigert, der in der ersten Strophe von Goethe zum Ausdruck gebracht wurde. Deshalb greift Jelinek zur Metapher des Wassers: Nicht um das ungestüme Vorwärtsstürmen des menschlichen Lebens zu benennen, sondern um den Raum des Wassers als Raum der Erinnerung zu erschaffen. Zugleich verweist sie aber implizit auf die Verdrängungsproblematik:

> Das Gedächtnis in diesem Urstrom ist ein ganzer Kontinent, wenn man bedenkt, was alles auf unser Schuldenkonto kommt; doch es ist inkontinent geworden, unser liebes Gedächtnis dort draußen auf der See, da es nicht rechtzeitig aufgesammelt wurde" (KdT, 96).

In *Die Kinder der Toten* wird das Thema der verdrängten Vergangenheit erneut aufgegriffen und durch das Element des Wassers materialisiert. Ein prägnantes Beispiel für die Wassermetaphorik als literarische Ausdrucksform für den Prozess und die Aufgabe des Erinnerns der Vergangenheit, findet sich in dem über 30 Seiten umfassenden Kapitel, das mit den Worten „Karin Frenzel hat" beginnt (KdT, 76–108). Da Jelinek die Wassersymbolik auf kreative Weise einsetzt, was die Übersetzung ihrer Texte anspruchsvoller macht, werden im Folgenden einige Fragmente in der Originalfassung und in der polni-

34 Vgl. K.M. Woschitz, *Fons Vitae – Lebensquell. Sinn- und Symbolgeschichte des Wassers*, S. 41.

35 Vgl. ebd., 41–42.

36 S. Selbmann, *Mythos Wasser. Symbolik und Kulturgeschichte*, Badenia Verlag, Karlsruhe 1995, S. 101.

37 G. Scheidl, *Ein Land auf dem rechten Weg? Die Entmythisierungen der Zweiten Republik in der österreichischen Literatur von 1985 bis 1995*, Braumüller, Wien 2003, S. 150.

schen Übersetzung besprochen, um auf die Konsequenzen der (lokalen) Entscheidungen seitens der Übersetzerin aufmerksam zu machen.

Wasser in dem Landschaftsraum

Eine Wandergruppe zieht durch die Berglandschaft, „die Luft ist von früher Herbstlichkeit schon etwas verschleiert" (KdT, 71) und „ein Gang zum Wildbach wird in Betracht gezogen" (KdT, 82). Die Wanderer bleiben jedoch immer wieder stehen, denn „der Weg senkt sich steil hinab" (KdT, 82):

> [...] es geht recht steil hinab, unten wirbelt die Gischt herum wie in der Trommel einer urzeitlichen Waschmaschine, Schaumfetzen fliegen von den Lefzen apokalyptischer Köter empor, die sich geifernd auf ihre Artgenossen stürzen, die von der Natur unbeeindruckt nach dem Wilden schnuppern, das sich hier vergessen zu haben scheint. (KdT, 83)

Das Bild des wild aufsprühenden, spritzenden und schäumenden Wassers wird zum Symbol und Abbild einer ursprünglichen Lebenskraft. Im Text wird dieser Zustand als urzeitlich beschrieben. Aufgrund seiner Fließkraft und lebendigen Beweglichkeit lässt es sich auch als Bild für die Dynamik des Wachstums und der Veränderlichkeit jeglicher Prozesse verstehen. Das Wasser wird somit erneut zum Medium der Verwandlung. Während der Lektüre der polnischen Version kommen einem andere Gedanken. Der Begriff „Wildbach" („nicht regulierter, reißender Gebirgsbach mit starkem Gefälle"[38]) entspricht dem polnischen Begriff „potok" (im Sinne von „ciek o wartkim nurcie, o dużym spadku, na terenach gór i wyżyn" [Ein Fluss mit starker Strömung und großem Gefälle in Berg- und Hochlandgebieten]). Das verwendete polnische Substantiv „strumień" (vgl. „Rozważana jest przechadzka do strumienia"[39]) bezieht sich jedoch auf einen kleinen natürlichen Wasserlauf – in der Bedeutung des deutschen Wortes „Bach" – von geringer Tiefe und Breite, der in flacher oder nur leicht hügeliger Landschaft zu finden ist. Das Bild der Bewegung des Wassers als der Inbegriff des Lebendigen ist in der polnischen Version verloren gegangen. Genauso wie das Bild des fließenden Stroms des Wildbachs, das die Flüchtigkeit des Lebens symbolisiert.[40] Auch im weiteren Fragment verwendet die Übersetzerin das Wort „strumień":

> Da unten ist der Bach ja schon. Applaus. Er rauscht, das ist eine Tatsache, die wir uns ebenfalls ausgemacht haben. (KdT, 82)

---

38 Duden, online-Wörterbuch, https://www.duden.de/suchen/dudenonline/Wildbach (Zugang am 22.01.2023).

39 Vgl. E. Jelinek, *Dzieci umarłych*, übers. v. A. Kowaluk, Warszawa, W.A.B., S. 82. Alle weiteren Zitate aus diesem Roman erfolgen im Text mit der Sigle DzU und einfacher Angabe der Seite in Klammern.

40 S. Selbmann, *Mythos Wasser. Symbolik und Kulturgeschichte*, S. 84.

> Tam na dole jest już strumień. Brawo. Szumi, to też jest fakt ustanowiony przez nas. (DzU, 82)

Eine Seite weiter greift die Übersetzerin zum Adjektiv „dziki" [wild], um das Bild vom Wasser zu beleben. Dabei bildet sie die künstliche, semantisch jedoch widersprüchliche Wortverbindung „dziki strumień" (DzU, 83), die höchstwahrscheinlich eine wortwörtliche Wiedergabe des deutschen Wortes „Wildbach" ist. Interessanterweise kommt es zu einer Steigerung der Wasserbewegung in der polnischen Wiedergabe. In der weiteren Passage, in der das sprudelnde, springende und überschäumende Wasser offensichtlich geschildert wird, steht nämlich „pieni się potok", „wirbelt die Gischt herum" (vgl. 83):

> Jest na prawdę stromo, w dole pieni się potok, jak w bębnie jakiejś pradawnej pralki, strzępki piany lecą w górę z warg apokaliptycznych kundli, co rzucają się z ujadaniem na łagodniejszych towarzyszy, na których natura nie robi większego wrażenia, więc węszą za dzikim, które się tu najwyraźniej zgubiło. (DzU, 82)

Das inkohärente Bild der Landschaft mit dem Gebirgsbach, das in der polnischen Fassung entsteht, verhindert die Rekonstruktion weiterer, nur scheinbar irrelevanter Inhalte. Die Schilderung der „zahmeren Artgenossen" als „łagodniejsi towarzysze" [mildere, gefügigere Genossen] schwächt den Kontrast zwischen der Wassergewalt und den gezähmten, zutraulichen Wanderern ab. Dabei scheinen sie als „apokalyptischer Köter" (vgl. „von der Natur unbeeindruckt nach dem Wilden schnuppern", KdT, 83) von derselben Art zu sein. Die binäre adversative Bezeichnung zahm-wild für die Menschen[41] verdeutlicht die ‚Unwildheit' des nassen Elements, durch dessen Bewegung ein lebensfördernder Kreislauf im Wasser entsteht. Diese Bewegung verformt auch das Wasser, gibt ihm eine neue Gestalt und „in diesen ständig verwandelten Gestaltungen kann sich das Licht zu immer wieder neuen Bildern reflektieren."[42] Wie Barbara Blum-Heisenberg fortsetzt, scheinen sich „in den sich ewig wandelnden Gestalten des bewegten Wassers [...] die ursprüngliche Gestaltungs- und Verwandlungskraft zu offenbaren."[43]

Das niederstürzende Wasser wird zugleich als Klangraum genutzt, denn „der Bach tost so laut über verkrüppeltes Gehölz empor, dass man sein eigenes Wort kaum mehr versteht" (KdT, 83). Mit Blick auf den Gesamttext wird der Klangraum zum Klangraum der Seele, des Verinnerlichten:[44]

---

41 Der US-amerikanischer Anthropologe aus dem 19. Jh. Lewis H. Morgan vertrat die Theorie einer monoton aufsteigenden Entwicklung der menschlichen Kultur. Demnach durchlaufen alle Kulturen drei Entwicklungsstufen: von der Stufe der „Wildheit" über die Stufe der Barbarei bis hin zur Zivilisation. Vgl. B. Ganzer, *Lewis Henry Morgan*, in: *Klassiker der Kulturanthropologie*, hrsg. v. W. Marschall, Beck, München 1990S. 88–108.

42 B. Blum-Heisenberg, *Die Symbolik des Wassers. Baustein der Natur – Vielfalt der Bedeutung*, München 1988, Kösel-Verlag, S. 40.

43 Ebd.

44 Vgl. C. Feyer, *Wasser als Raum in Literatur und Kultur: Wasserkonzepte im interkulturellen Vergleich*, in: Kalbotyra, 59, 2008, 3, S. 81.

> Der schmale Weg macht noch eine kleine Serpentinenkurve, ein Rinnsal gluckert, von seinem großen Bruder unten beinahe übertönt (wäre es an dieser Stelle nicht ein Schallschutz eingebaut, aufgrund der Laune, des hügeligen Geländes, das den Bach hier ein wenig abschirmt, sein Brüllen eindämmt, wir würden gar nichts vom Bächlein und dem, was es aufhält, hören), mit dem es sich bald vereinigen wird. (KdT, 84)

> Dróżka tworzy jeszcze jeden serpentynowy zakręt, szemrze strumyczek, niemal zagłuszony prawie przez dużego brata z dołu (gdyby w tym miejscu nie zbudowano dźwiękoszczelnej osłony, ze względu na humory pagórkowatego terenu, która odrobinę odgradza dziki strumień i tłumi jego wrzask, nie słyszelibyśmy nic ze strumyka i z tego co zatrzymuje), z którym zaraz się połączy. (DzU, 83)

Das Bild einer gluckernden Quelle – die Szene spielt sich doch in einer Hochgebirgslandschaft ab – wird in der polnischen Fassung erneut abgeschwächt: Es handelt sich zwar um ein sehr kleines, sacht fließendes Gewässer, doch die Bezeichnung „strumyczek" wird gewöhnlich nicht für die Gewässer in den Bergen verwendet.[45] Auch „der Bach" wird irrtümlicherweise nochmals als „dziki strumień" wiedergegeben. Statt eines animalischen Baches, der einen dumpfen, durchdringenden Laut (vgl. „sein Brüllen") ausstößt, erfahren die polnischen Leser*innen von einem wilden, schreienden Rinnsal (!), ohne dabei den fließenden Strom des Wildbachs und den herabstürzenden Wasserfall vor den Augen zu haben. Auch die Belebung „des hügeligen Geländes", in das eine Art Schallschutz eingebaut wurde, wird nicht zum Ausdruck gebracht. Stattdessen wird die unpersönliche Form „zbudowano" [man baute] verwendet, ohne das Agens zu nennen. Die Vereinigung des Rinnsals mit dem „großen Bruder" (Bach) verkörpert den natürlichen Kreislauf des Wassers. Auf seinem Weg von der Quelle zum Meer unterliegt es, wie die Seele des Menschen (vgl. Goethe), einem Kreislauf:

> Irgendwo dort oben muss eine der zahllosen Quellen sein. Die stärkeren unter ihnen sind in die zweite Wiener Hochquellenwasserleitung eingenäht worden. (KdT, 84)

> Gdzieś tam na górze jest jedno z nielicznych źródeł. Silniejsze spośród nich zostały wszyte w drugi wiedeński wodociąg z wodą źródlaną. (DzU, 83)

Wasser bewegt sich nicht nur in einem natürlichen, komplexen Weltkreislauf. Die Idee der Zirkulation wird vom natürlichen Wasserkreislauf auf den technosozialen Wasserkreislauf in der Stadt übertragen. Das in die Stadt geleitete und dadurch ‚domestizierte' Wasser verbindet den mikrokosmischen und technosozialen Kreislauf mit dem „natürlichen Weltkreislauf des Wassers"[46], auch wenn es sie (die Stadt) durch die Siele verlassen

45 Vgl. E. Bajkiewicz-Grabowska, *Hydrologia ogólna*, Wydawnictwo Naukowe PWN, Warszawa 2007, S. 55.

46 S. Selbmann, *Mythos Wasser. Symbolik und Kulturgeschichte*, S. 76.

muss. In diese Zirkulation wird auch (nur scheinbar?) ein unnatürlich wirkendes Betonbecken eingefügt. In dieses Becken fließt das (Quellen)Wasser ein und aus:

> Das Gerinnsel, das da über den Waldboden hinabblutet, mündet in einem zersprungenen Betonbecken, aus dem es sich, durch eine Art Abfluss, unten wieder hinauswirft. Dann hat das Gerinnsel es nicht mehr weit zur Vollendung seines Tagwerks, dem rauschenden Bach, an den es sich jetzt schon hinzudenken scheint, denn es ist recht flott unterwegs. (KdT, 84)

> To coś, sączące się po poszyciu niczym krew, wpada do pękniętego betonowego zbiornika, z którego przez rodzaj odpływu znowu wylatuje. Stamtąd strumyczek ma już niedaleko do końca swojego dziennego pensum, do szumiącego potoku, ku któremu już zdaje się przybliżać, w myślach, bo naprawdę sprawnie się porusza. (DzU, 84)

Der natürlich-lebendige Wasserkreislauf scheint unterbrochen zu sein. Dies wird bereits in der Ankündigung angedeutet: „langsam wagt die Natur sich zu entfalten“, wenn auch über ‚die Schwelle‘ gesprochen wird. Dies zeigt das Wasser samt dem von ihm geprägten Urwald seine Gewalt und Urkraft: als Urstoff, aus dem unsere Welt zusammengesetzt ist und als Ursprung – ohne das nasse Element ist kein Leben möglich:

> Es kommt die Schwelle, an der wir nicht mehr wie das Wilde sind, nicht mehr die Leute, sondern, Achtung, Natur, bitte reißen Sie sich zusammen, jetzt, da wir alle herschauen: der Wald, die Wildnis, das Wasser. (KdT, 83)

> Zbliża się to miejscem, gdzie nie my jesteśmy dzicy, nie ludzie, ale, uwaga, naturo, proszę się jakoś ogarnąć, bo wszyscy patrzymy: las, pustkowie, woda. (DzU, 83)

Die Triade: der Wald, die Wildnis, das Wasser[47] bildet eine volle ‚Dreiheit‘ aller (grammatischen) Kategorien (bei den Nomen) und ergibt durch den phonetischen Parallelismus fast einen Dreiklang (a–ia–a). Sie verkörpert eine Bewegung, die als „Cantus firmus“ den Gesamttext prägt. Im sogenannten Vokaldreieck steht a unten und i oben. Die Wortfolge Wald-Wildnis-Wasser mit dem nacheinander folgenden offenen-geschlossenen-offenen Vokal und – in Bezug auf die Position der Zunge – dem unteren-oberen-unteren Vokal spiegelt die Bewegung ↓-↑-↓ als eine naturgemäß ersehnte Ordnung wider. Nach dieser Ordnung können, wie die *Geister über den Wassern* Goethes besingen, die Seelen (das kollektive Unbewusste der Menschheit – die universale Seele) ihren ewigen Kreislauf wiedergewinnen. Als Hindernis wirkt hier „die Schwelle“, die eine Grenzfunktion hat,

47 Die Anhäufung von „W“ kann als eine Anspielung auf Goethes *Gesang der Seelen über den Wassern* verstanden werden. In der vorletzten Strophe macht die Wortfolge „Wind“, „Welle“, „Woge“ das wellenhafte Auf und Ab des menschlichen Lebens anschaulich: „Wind ist der Welle // Lieblicher Buhler; // Wind mischt vom Grund aus // Schäumende Wogen.“ J.W. Goethe, *Gesang der Geister der Seelen über den Wassern,* S. 231.

jedoch nicht im Sinne einer klar definierten Grenzlinie, sondern als mehr oder weniger bestimmte Grenzzone ohne deutliche Ränder,[48] die auf einen anderen, von außen zu betretenden Raum verweist: den Raum des Waldes, der Wildnis, des Wassers. Hier findet man nun ein „zersprungenes Betonbecken“:

> Im Becken ist dunkles Wasser, alt, gestockt, schwarz, seit Urzeiten scheint es sich nicht erneut zu haben, obwohl sich das Gerinnsel recht munter hindurchschlängelt. Die Blutauffrischung scheint aber in der angestammten schwarzen Brühe nichts ausrichten zu können. [...] das Wasser darin [...] wirkt, als stiege es leichtfüßig, manchmal schwer atmend, direkt bis zum Schlund der Erde hinab. (KdT, 84–85)

> Woda w zbiorniku jest ciemna, stara, zakisła, czarna, od wieków chyba się nie odnawia, choć strumyczek przeciska się dość dziarsko. Odświeżenie krwi chyba jednak nic niedane tej stojącej czarnej brei. [...] Woda w nim [...] sprawia wrażenie, jakby zstępowała lekko, czasem ciężko westchnąwszy, prosto do gardzieli ziemi. (DzU, 84)

Das personifizierte Wasser („leichtfüßig“, „schwer atmend“) ist dem natürlichen (lebendigen) Kreislauf entzogen. Dies wird durch die fehlende Erneuerung („Blutauffrischung“) zum Ausdruck gebracht, die physiologisch auf Menschen projiziert wird. Auch die Farbe Schwarz wird zur Metapher für Vergänglichkeit, Todes und Zersetzung, was durch die Analogie zum Hinabsteigen in den Hades („Schlund der Erde“) untermauert wird. Im Kontrast zum sprudelnden, fließenden Lebenswasser des Wildbachs steht das Todeswasser („der Wasserspiegel bewegt sich sacht, als übten tote Tiere immer noch das Schwimmen“, KdT, 85) im Becken („aus dem ein unbeschreiblich fauliger Geruch aufsteigt,“ KdT, 85). Es ist ein Sinnbild für zu erinnernde Toten, denn die Toten kommen nicht von oben hinab, sondern „steigen hinauf zu uns“ (KdT, 466).

Wasser und collective memory

Das Wasser gewinnt im Betonbecken eine ‚Räumlichkeit‘, die auf etwas Verborgenes hindeutet. Es fungiert als Medium zur Realisierung impliziter Inhalte, die um die Verdrängungsproblematik kreisen.[49] Es verkörpert einen Erinnerungsort, einen Ort, durch den „der kleine Bruder“ durchfließt (vgl. „hindurchschlängelt“). Damit die Stimmen der Ver-

48 Duden, online-Wörterbuch, http://www.duden.de/rechtschreibung/Schwelle#Bedeutung3 (Zugang am 20.01.2023).

49 Jessica Ortner versteht die Etablierung der Wassermassen als Darstellung der Kollektivschuld und der Fortsetzung faschistoider Massenveranstaltungen sowie auch als das Bild des massenhaften Todes. Laut der Forscherin wird auch mit Bildern des Regens eine metonymische Verbindung zum Vorgang des Verbrennens der Leichen hergestellt, der den Niederschlag in einen Regen aus Asche und Blut verwandelt, „das ein Meer aus Blut bildet, das wiederum auf den geographischen Ort des Rotem Meeres verweist“. Sie verweist auch auf die Bilder des Waschens, bei denen das Wasser zur Darstellung des unmöglichen Reinwaschens von der Schuld verwendet wird. Vgl. J. Ortner J., *Poeto-*

gessenen zu hören sind, verleihen die Wildbachgewässer ihnen eine Kraft zur Gestaltung und Verwandlung. Nur der Wasserschwall[50] (ein wie im Roman dominierender Redefluss) durchbricht das Schweigen, das über den Opfern (des Nationalsozialismus) liegt.

Bei der Analyse der polnischen Übersetzung wird deutlich, dass diese impliziten Bedeutungen nicht zum Vorschein kommen. Dies ist ein untrügliches Zeichen dafür, dass die Verflechtung unterschiedlicher bildspendender Bereiche eine der größten Herausforderungen darstellt, mit der sich die Übersetzer*innen bei Jelineks Roman auseinandersetzen müssen.

3.2 Intertextuelle Disharmonie im übersetzten Roman *Die Ausgesperrten*

Jeder Text befindet sich in einem bereits existierenden Universum von Texten, unabhängig von der Absicht des Autors. Diese Erkenntnis trug in den Siebzigerjahren des 20. Jahrhunderts zur Entwicklung eines zentralen Konzepts der Literaturwissenschaft (vor allem der Erzählforschung) bei, dessen Hauptbegriff die Intertextualität[51] ist. Der Ausdruck bezeichnet das Verhältnis zwischen einem Text und seinem Bezugstext. Durch diese Verweisung ist der Bezugstext (bzw. Bezugstexte) im ‚späteren' Text ‚anwesend'.[52] Das

---

logie „nach Auschwitz". Narratologie, Semantik und sekundäre Zeugenschaft in Elfriede Jelineks Roman „Die Kinder der Toten", Frank & Timme, Berlin 2016, S. 271–290.

50 Die Frage des Vergessens und Erinnerns wird auch in Bildern der Flut metaphorisch entwickelt. Mehr dazu vgl. K. Kastberger, *Aufweichung der Toten, Sintfluten bei Hans Lebert und Elfriede Jelinek*, in: *Wassersprachen. Flüssigtexte aus Österreich. Ausstellung im StifterHaus*, hrsg. von K. Kastberger [=„Literatur im StifterHaus", Bd. 18], Stifter-Haus, Linz 2007, S. 130–141.

51 Den Begriff hat Julia Kristeva, die bulgarische Kulturwissenschaftlerin (sie emigrierte 1965 nach Paris), Ende der 1960er Jahre eingeführt (vorangegangene Termini waren Dialogizität, Polylogismus und Bivokalität). Der Begriff der Intertextualität hat in den letzten Jahrzehnten eine spektakuläre Karriere gemacht und dabei auch eine Vielzahl von Bedeutungen, Klassifikationssystemen und Unterbegriffen hervorgebracht. Grundsätzlich lassen sich zwei unterschiedliche Ansätze unterscheiden. Im ersten eher theoretisch orientierten Ansatz wird die Intertextualität (nach Kristeva ist jeder Text ein „Mosaik von Zitaten") sehr weit gefasst. Hier stehen die Offenheit und der prozessuale Charakter der Literatur im allgemeinen im Mittelpunkt. Im zweiten Ansatz geht es dagegen darum, die Beziehungen zwischen konkreten Texten zu klären und zu systematisieren. Die Verfasserin vertritt einen ‚dazwischen' Standpunkt: Die intertextuellen Beziehungen eines literarischen Textes umfassen folgende Formen: Gattungsbezüge (Architextualität – im Sinne von Gérard Genette), Intertextualität im engeren Sinne (Verweise auf andere Texte) sowie Verhältnisse zwischen dem jeweiligen Text und den „kulturellen Texten" (kulturelle Erscheinungen bzw. Fakten, die im Prozess der Semiose eine kulturelle Bedeutung gewonnen haben – laut den russischen Semiotikern Jurij Łotman und Borys Uspienski). Mehr darüber vgl. A. Majkiewicz: *Intertekstualność – implikacje dla teorii przekładu. Wczesna proza Elfriede Jelinek,* S. 234–235.

52 Hier werden Diskussionen über die Grenzen der Verweisungen und auch die Polemiken über die Definition des Begriffs Intertextualität, die eine komplexe Beziehung über die bloße Textgestalt hinausreicht, außer Acht gelassen. Mehr darüber vgl. z.B. U. Broich, *Formen der Markierung von Intertextualität*, in: *Intertextualität. Formen, Funktionen, anglistische Fallstudien*, hrsg. v. U. Broich

Konzept der Intertextualität hat signifikante Konsequenzen für die Rezipient*innen: es bedarf einer alternativen Lektüre, um den Text adäquat zu erfassen und zu ‚genießen' – einer Lektüre ‚mit dem Bleistift'. Dies impliziert eine intertextuelle statt einer linearen Textrezeption.

Im Falle von ‚intertextuellen' Werken wird dabei von Expert*innen ausgegangen, die aufgrund ihrer kulturellen Erfahrung in der Lage sind, die intertextuellen Beziehungen zu erfassen. Für die Durchschnittsleser*innen, also Laienleser*innen, wird jedoch die intertextuelle Lektüre unmöglich sein; sie werden sich mit der linearen Lektüre ‚begnügen'. Die Aufdeckung der intertextuellen Beziehungen (Prätexte[53]) ist eine notwendige Voraussetzung, um die Verständlichkeit und Verstehbarkeit eines Textes zu gewährleisten. Anders ausgedrückt: Wenn der entstehende Dialog (als eine Kategorie der Harmonisierung bzw. Disharmonisierung) zwischen dem Text und den vorangegangenen Texten zum Träger des Textsinns (*intentio operis* – Umberto Eco) wird, d.h. ein obligatorisches Element des Verstehens bleibt, diese müssen Relationen (wieder)zuerkannt und offenkundig gemacht werden. Im anderen Fall bleibt die Textintention von den Rezipient*innen verborgen. Dieser Aspekt ist insbesondere im Kontext innovativer Texte von Relevanz, in welchen der textuelle Diskurs die Lektüre maßgeblich beeinflusst. Diese Texte sind in gewisser Weise als Rückbezug auf vorausgehende Texte zu verstehen. Sie gehen in diesen Bezug auf, ohne dabei ihre Autonomie zu verlieren.

Auch Elfriede Jelinek ‚zwingt' zum Lesen gegen den Strich. Ihr häufig angewendetes Verfahren ist eine Art der Textcollage, bei der Textabschnitte verschiedener zeitlicher und inhaltlicher Ebenen scheinbar chaotisch und zusammenhangslos verknüpft werden (vgl. z.B. ihre frühe Prosa: *wir sind lockvögel baby!*, *Michael. Ein Jugendbuch für die Infantilgesellschaft*). Aus diesem Grund lassen sich ihre Werke kaum linear, sondern ausschließlich intertextuell lesen. Wer sich nur auf eine lineare Lektüre beschränkt, kann den Sinn nur mit großer Mühe entschlüsseln. Linear hat der schwedische Literaturkritiker Knut Ahnlund, Mitglied der Nobelpreis-Jury, die Texte von Jelinek sicher gelesen. Er kritisierte die Preisverleihung an Jelinek nachträglich scharf.[54] Das Diktat zum ‚Lesen mit Bleistift' ruft bei vielen Leser*innen, auch bei professionellen, Abwehr hervor. Die Herausforderung im Leseprozess der Werke Jelineks besteht darin, dass die österreichische Autorin nicht nur die Vertrautheit mit dem Kanon, sondern auch mit den Texten unterschied-

---

u. M. Pfister, Max Niemeyer Verlag, Tübingen 1985, S. 31–47; J. Helbig, *Intertextualität und Markierung. Untersuchungen zur Systematik und Funktion der Signalisierung von Intertextualität*, Universitätsverlag C. Winter, Heidelberg 1996; S. Holthuis, *Intertextualität. Aspekte einer rezeptionsorientierten Konzeption*, Stauffenburg Verlag, Tübingen 1993; D. Oraić Tolić, *Das Zitat in Literatur und Kunst*, übers. v. U. Dronske, Böhlau Verlag, Wien–Köln–Weimar 1995.

53 Der Begriff Prätext gilt hier als Oberbegriff für solche Begriffe wie: „Referenztext", „Subtext", Prototext, Genotext, Quellentext, Objekttext usw. All diese Begriffe werden von Forschern vorgeschlagen je nach der Betrachtungsperspektive. Vgl. W. Schmid, *Sinnpotenziale der Diegetischen Allusion. Alexander Puškin Posthalternovelle und ihre Prätexte,* in: *Dialog der Texte. Hamburger Kolloquium zur Intertextualität*, hrsg. v. W. Schmid u. W.-D. Stempel, Wiener Slawistischer Almanach, Wien 1983, S. 143.

54 Zur Debatte vgl. www.literaturkritik.de/public/rezension.php?rez_id=8743 (Zugriff am 20.04.2024).

licher Provenienz, Wertung und Ideologie erwartet, d.h. mit Texten, die miteinander scheinbar ‚inkompatibel' sind. Das von Jelinek entwickelte Zitierverfahren, das auf den destruktiv-entstellenden Umgang mit zitierten Texten abzielt, trägt nicht zur Erleichterung des Lesens und Verstehens bei. Implizite Leser*innen von Jelinek sollen dann, damit ihre Lektüre gelingt, intertextuelle Beziehungen entschlüsseln, d.h. die herangezogenen Texte im jeweiligen Werk in Verbindung zueinander setzen, ihre vorgängigen Bedeutungen dechiffrieren, die Motivation für ihre Erscheinung ergründen und ihre Funktion im neuen Kontext aufdecken. Im anderen Fall werden die Werke von dem/der Leser/Leserin missverstanden oder als unverstehbar klassifiziert, was auf die ‚Hilfslosigkeit' zurückzuführen wäre, die durch Jelineks sinnverweigerndes sowie traditions- und kontextentstellendes Verarbeitungsverfahren verursacht wird. Um die Rezeptionserwartungen und Leseerfahrungen der Rezipient*innen zu optimieren, ist es erforderlich, dass der Leser / die Leserin aktiv bleibt, indem er bzw. sie seine/ihre Lektüre um die Begleitlektüre (der Vortexte) ergänzt. Ein Beispiel dafür ist der Roman *Die Ausgesperrten* (1980), der 2005 in der polnischen Fassung unter dem Titel *Wykluczeni* erschienen ist.[55] Der Roman tritt in dialogische Beziehungen mit einer Vielzahl von literarischen Werken (Prätexten), die nicht nur auf eine Bewegung innerhalb eines bestimmten Raumes der Intertexte verweisen, sondern auch zu Trägern relevanter Inhalte werden, die die Intention des Werks erkennbar machen.

3.2.1 Gefährdeter Dialog mit Jean-Paul Sartre

Im Fokus der weiteren Analyse stehen zwei Prätexte, die ihrerseits auch Translate sind. Die Analyse umfasst zwei Werke von Jean-Paul Sartre (*L'âge de raison* und *La nausée*), die aus ihrem kulturellen Kontext herausgelöst und in zwei neuartige textkulturelle Räume, nämlich den polnischen und den deutschen platziert werden. Diese Konstellation findet sich erstmals im Originaltext von Elfriede Jelinek und zum zweiten Mal in dessen polnischer Übersetzung. Mit anderen Worten geht es um die Harmonisierung der polnischen und deutschen Translate in der polnischen Version des Romans *Die Ausgesperrten*.

In Elfriede Jelineks Roman erfolgt eine explizite Referenzierung auf die französischen Prätexte in vier Fällen, wobei der Autor und der Titel des Werks angegeben werden. Es wird der Roman *Der Fremde* von Albert Camus dreimal erwähnt, während Jean-Paul Sartres *L'âge de raison* (*Zeit der Reife*) – d.h. der erste Band der *Wege der Freiheit* (*Les chemins de la liberté*) – lediglich einmal genannt wird. In der polnischen Version des Romans *Die Ausgesperrten* lässt sich die deutsche Übersetzung des Titels von Camus' Roman mit der polnischen Übertragung harmonisieren, da das Werk in Polen im Jahre 1958 unter

55 E. Jelinek, *Die Ausgesperrten*, Rowohlt Verlag, Reinbek bei Hamburg 1985. Alle weiteren Zitate aus diesem Roman erfolgen im Text mit der Sigle AUS und einfacher Angabe der Seite in Klammern. E. Jelinek, *Wykluczeni*, übers. v. A. Majkiewicz u. J. Ziemska, W.A.B., Warszawa 2005. Alle weiteren Zitate aus diesem Roman erfolgen im Text mit der Sigle WY und einfacher Angabe der Seite in Klammern.

dem Titel *Obcy* [Der Fremde] verlegt wurde.[56] Bemerkenswert ist hingegen die Vergegenwärtigung zweier Werke Sartres in der polnischen Fassung von Jelineks Roman. Im folgenden Fragment wird einer dieser Prätexte explizit genannt:

> Was die Gruppe von anderen Gruppen unterscheidet, die im Wanderdress unterwegs sind, ist, dass sie keinen Wanderdress tragen, dafür aber einen Korb mit einem verschlossenen Sack. In dem Sack kratzt und winselt es, weil sich eine Katze darin befindet. Die Katze hat man eingefangen. I n d e r Z e i t d e r R e i f e v o n J e a n - P a u l S a r t r e w i l l e i n e r s e i n e K a t z e n e r s ä u f e n, und deshalb will man heute diese Katze ebenfalls ersäufen, obwohl auch diese Katze ein Recht auf ihre Existenz hat. Rainer sagt, er selber hat ebenso das Recht auf ihre Nichtexistenz, genau wie diese Katze hier, welche von ihm in ihre Nichtexistenz befördert werden wird, eh sie noch bis drei zählen kann. Sie ahnt etwas, daher die Unruhe im Sack. (AUS, 92)

> Od innych grup w strojach wędrownych ta grupka tym się różni, że strojów wędrownych na sobie nie ma, ale za to ma kosz ze związanym workiem. W worku coś drapie i piszczy, bo jest tam kot. Kota złapali. W W i e k u m ę s k i m J e a n P a u l a S a r - t r e ' a k t o ś c h c e u t o p i ć s w o j e k o t y, dlatego dzisiaj też chcą utopić kota, mimo że ten kot również ma prawo do bytu. Rainer mówi, że on ma takie samo prawo do niebytu, jak ten kot, którego przeniosą w niebyt, zanim zdąży zliczyć do trzech. Coś przeczuwa, dlatego w worku panuje taki niepokój. (WY, 91) [Herv. v. d. V.]

Die Nennung des deutschen Titels von Sartres Roman *Zeit der Reife* fungiert als Orientierungshilfe für die Lesenden, um die zitierte Szene zu finden.[57] Es kann festgestellt werden, dass die Worte „In der Zeit der Reife von Jean-Paul Sartre will einer seine Katzen ersäufen" (poln. „W Wieku męskim Jean Paula Sartre'a ktoś chce utopić swoje koty") sich auf Sartres Protagonisten Daniel beziehen, der eines schönen Morgens beschließt, seine drei heißgeliebten Katzen: „mein Liebstes auf Erden..." (*Zeit der Reife*, S. 96), „ce que j'aime le mieux au monde..." (*L'âge de raison,* S. 115)[58] zu töten. Er steckt sie in einen Weidenkorb und begibt sich mit dem Bus auf den Weg zur „gelben Seine". Der Protagonist sieht sich kontinuierlich mit der Herausforderung konfrontiert, seine Angst zu bewältigen: „Wenn man nicht den Mut hat, sich mit einem Schlag umzubringen, muss man's eben stückweise tun" (*Zeit der Reife*, S. 96), „Quand on n'a pas le courage de se tuer en gros, il faut bien le faire en détail" (*L'âge de raison,* S. 115). Schließlich wird er vom Anblick des „schwarzen Fleck[s] auf dem violetten Stoff" (*Zeit der Reife*, S. 97) übermannt, da ihm bewusst wird, dass er schon bald mit seinen toten Katzen eins sein wird: „und plötzlich fühlte er, dass er nur noch eines war" (*Zeit der Reife*, S. 97), „la tache noire sur l'étoffe violine et tout d'un coup il sentit qu'il ne faisait plus qu'un" (*L'âge de raison*, S. 115).

56 A. Camus, *Obcy,* übers. v. M. Zenowicz, PIW, Warszawa 1958.

57 J.-P. Sartre, *Zeit der Reife*, übers. v. H. G. Brenner, Rowohlt Verlag, Stuttgart–Hamburg, Baden-Baden 1949.

58 J.-P. Sartre, *L'âge de raison*, Gallimard, Paris 1975.

Jelinek nimmt zwar Bezug auf Sartres Szene, modifiziert sie jedoch in entscheidender Weise. Ihre Protagonisten stecken die Katze nicht nur in einen Korb, sondern auch in einen Sack: „einen Korb mit einem verschlossenen Sack. In dem Sack kratzt und winselt es, weil sich eine Katze darin befindet“ (AUS 92). Die Autorin knüpft hier an die Redewendung „die Katze im Sack kaufen“ an, um auf diese Weise die beschriebene Szene durch die Assoziation mit der stereotypen Phrase zu trivialisieren. Demgegenüber birgt der Satz „diese Katze hier, welche von ihm in ihre Nichtexistenz befördert werden wird, eh sie noch bis drei zählen kann“ (AUS, 92) eine starke Ironie in sich. Der direkte Bezug zu Sartre erhält eine bestimmte Funktion: er weist auf das ironisierende Verfahren der Schriftstellerin hin. Dies wird durch die Modifikation des Prätextes deutlich, anhand derer Jelinek das Verhalten ihrer Protagonisten, die um jeden Preis die Helden aus Sartres Roman nachahmen wollen, entwertet. Die Offenbarung des intertextuellen Bezugs führt dazu, dass die Leser*innen die Verweise auf Sartre nicht den in den *Ausgesperrten* mehrmals vorkommenden expliziten Prätexten (*Der Fremde*, *Die Pest*) zuordnen. Zudem liefert die Autorin auch einen Anhaltspunkt dafür, dass die explizite Markierung des intertextuellen Bezugs eine zusätzliche Funktion erhält. Bereits auf der ersten Seite des Romans findet sich eine Anspielung auf den Titel des ersten Bandes von Sartres *Wege der Freiheit*:

> Alle sind um die 18, Hans Sepp ein paar Jahre älter, doch auch o h n e j e d e R e i f e. (AUS, 7)

> Wszyscy mają około 18 lat, Hans Sepp jest co prawda kilka lat starszy, ale również n i e o s i ą g n ą ł d o j r z a ł o ś c i. (WY, 5) [Herv. v. d. V.]

Die Worte „ohne jede Reife“ erscheinen etwas ungewöhnlich, da bei der Leserschaft möglicherweise die Erwartung entsteht, dass stattdessen die Formulierung „ohne Reife“ gebraucht werden sollte. Die fremd anmutende Formulierung fungiert als Verweis auf den intertextuellen Bezug, da Jelinek dadurch an den Titel des Romans *L'âge de raison* (wörtlich: Zeit/Alter der Vernunft), der im Deutschen mit *Zeit der Reife* wiedergegeben wurde, anknüpft. Erst die spätere Szene mit der Katze, in der der Autor explizit genannt wird, dient dem/der Leser/in als Wegweiser zum Verständnis der Verfremdung dieser Formulierung. Auf diese Weise nimmt Jelinek einen Dialog mit dem Prätext Sartres auf. In ihrem Roman nimmt die Autorin noch sechsmal Bezug auf das Werk *L'âge de raison*, und zwar auf den deutschen Titel. Diese Anspielungen fügen jedoch dem Begriff ‚Reife‘ eine pejorative Markierung hinzu. In Jelineks Roman ist ‚Reife‘ demnach nicht mit dem Abschluss der körperlichen und geistig-seelischen Entwicklungsphase gleichzusetzen, sondern vielmehr als ein Zustand der Bereitschaft zu betrachten, gewisse Grenzen zu überschreiten. Dabei geht die Überschreitung dieser Grenzen nicht mit dem Wunsch nach konkreten Handlungen einher, die aufgrund der höheren Entwicklungsstufe als möglich zu erwarten wären. Der Begriff ‚Reife‘ wird auch in Bezug auf den ehemaligen SS-Mann verwendet, wenn er seine pornographische Fotografie als künstlerisch betrachtet und seinen beruflichen Gewohnheiten aus der Kriegszeit freien Lauf lässt: „Denselben Nachdruck wie damals bei der Berufswahl setzt er heute hinter sein Hobby, das keine Einschränkungen kennt", „Die kleinlichen Grenzen, die Deutschland heute gesetzt sind, überschreitet Rainers Vater jeden Tag aufs Neue, wenn er künstlerisch fotografiert" (AUS, 15). Eine ironische Anmerkung des Erzählers, die als wertende Bewertung zu verstehen ist, betrifft Vater Witkowski:

> Für reife Menschen gibt es diese Pornographie nicht, sie ist für solche, die gelenkt werden müssen. (AUS, 15)

> Ta pornografia nie jest dla ludzi dojrzałych, lecz dla tych, którymi trzeba pokierować. (WY, 13) [Herv. v. d. V.]

Die zweite Anspielung auf Sartres Werk *Zeit der Reife* findet sich in der Beschreibung des Gemeindebaus, in dem Hans wohnt. Auch hier wird eine spöttische Bemerkung über die Hausbewohner, in der Regel Arbeiter, gemacht:

> Jeder Insasse darf sich seine Poesie selber machen, dafür hat der Architekt Platz an Wänden und Decken für Bilder und Statuen freigelassen, es liegt nur an den Leuten und ihrem persönlichen Reifegrad, wie sie diese Poesie haben wollen, ob oben, seitlich oder unten. (AUS, 168)

> Każdy użytkownik może sobie stworzyć własną poezję, w tym celu architekt zostawił na ścianie i suficie miejsce na obrazy i rzeźby, to zależy jedynie od ludzi i stopnia ich osobistej dojrzałości, gdzie pragną tej poezji, na górze, z boku czy na dole. (WY, 170–171) [Herv. v. d. V.]

Das mehrdeutige Substantiv „Insasse" ist in diesem Kontext ebenfalls ironisch gefärbt. Der Begriff bezeichnet ‚einen Bewohner, jeden, der sich mit anderen gemeinsam in einem Gebäude, Verkehrsmittel u.ä. aufhält' (z.B. im Altersheim, auf einem Dampfer, aber auch im Gefängnis, im Lager). In der Beschreibung des Gemeindebaus kommen beide Bedeutungen des Wortes „Insasse" zum Tragen: die des Wohnenden und die des Gefangenen. Die Hausbewohner sehen sich in der gesellschaftlichen Schicht gefangen und sind der Auffassung, dass ein sozialer Aufstieg für sie nicht möglich ist. Die Verwendung der Bezeichnung „persönlicher Reifegrad" verstärkt die ironische Färbung. Es ist eine signifikante Tatsache, dass gerade hier die Rede von Hans ist, der von der Überzeugung geleitet wird, dass er sich „bereits aus der langen Kette der Hände herausgelöst hat, die den Wassereimer weiterreichen" (AUS, 171), da er den Kaschmirpullover trägt, den er von Sophie geschenkt bekommen hat.

Im darauffolgenden Fragment wird die Reife auf die grenzenlose Befriedigung des Sexualtriebs reduziert. In der vorliegenden Szene wird Reife in Bezug auf Gerhard, einen Mitschüler von Anna und Rainer Witkowski, mit dem Anna auf dem Bubenklosett Geschlechtsverkehr hatte. Die Ironie manifestiert sich durch zwei Elemente: Zum einen wird das Wort „gut" ständig wiederholt, was die eigentliche Aussage des Satzes auf eine humoristische Art betont. Zum anderen wird Adjektiv „reif" durch die Steigerung („reifer") betont. Da der Protagonist bereits die Geschlechtsreife erreicht hat, wird eine gewisse Diskrepanz zwischen dem intendierten Effekt der Ironie und dem tatsächlichen Alter des Protagonisten erzeugt:

> ... oh das tut gut, so gut, das könnte ich ohne Probleme jeden Tag aushalten, kriege es aber nicht jeden Tag. Man muss leider warten, bis man reifer ist, aber jetzt fühle ich mich schon so sehr reif, Annihasi. (AUS, 58)

> ... och, jak dobrze, jak dobrze, dobrze, bez problemu mógłbym tak codziennie, ale nie mam codziennie. Trzeba niestety poczekać, aż osiągnie się wiek męski, ale ja już teraz czuję się taki męski, Anni, moja myszko. (WY, 57) [Herv. v. d. V.]

Eine ähnliche Bedeutung kommt der Phrase „reif werden" in den folgenden zwei Fragmenten zu. In dem ersten ist es Rainer, der nach „Reife", die er mit Freiheit assoziiert, strebt; im zweiten ist es Hans. Beide verbinden ihre Reife mit Sophie, der Vertreterin einer höheren Gesellschaftsschicht, und bringen deutlich zum Ausdruck, dass sie „Reife" als eine bestimmte Form der (sexuellen) Freiheit, aber auch als sozialen Aufstieg interpretieren:

> Rainer redet dafür für zwei und sagt, wie sehr er Sophie später einmal, viel später, wenn sie beide dafür endlich reif genug sind, haben will. (AUS, 157)

> Za to Rainer mówi za dwóch i opowiada Sophie, jak bardzo kiedyś, znacznie później, gdy oboje wreszcie do tego dojrzeją, będzie chciał ją posiąść. (WY, 159)

> Hans will sich einmal, wenn er reif genug dafür ist, mit Sophie zu einer Ehe verbinden. (AUS, 171)

> Hans chce kiedyś, kiedy do tego dojrzeje, związać się węzłem małżeńskim z Sophie. (WY, 173) [Herv. v. d. V.]

In den zitierten Stellen wird „Reife" [dojrzałość] als ein Konzept verwendet, das eine verkürzte Auffassung von Freiheit reflektiert, die sich in simplen, beinahe primitiven Handlungen manifestiert: von der pornographischen Fotografie, über die Dekoration von Wänden und Decken in Arbeiterwohnungen, bis hin zur Befriedigung des Sexualtriebs. Der Begriff ‚Reife' wird zum Schlüsselwort, zu einer Zauberformel, die auf die Existenz von Trivialmythen des (kleinbürgerlichen) Alltags im Sinne von Roland Barthes verweist. In Jelineks Werk wird die Überwindung von Tabus in der kleinbürgerlichen Welt auf Handlungen reduziert, die dem Individuum eine scheinbare Freiheit verschaffen. Daher wird bei Jelinek die explizit referenzierte Szene mit den Katzen aus Sartres

Roman eingesetzt, um die Freiheit in der Pubertät als gesellschaftliches Trivialmythos zu dekonstruieren.[59]

Bei der Übersetzung ins Polnische waren alle im Originaltext angewandten intertextuellen Markierungen zum Scheitern verurteilt. Die Übersetzerinnen sahen sich gezwungen, auf bereits existierende Übersetzungen der Werke Sartres zurückzugreifen, die ihnen jedoch das Schlüsselwort „Reife" nicht geliefert haben. Der erste Band der *Wege der Freiheit* wurde seinerzeit vom polnischen Übersetzer als *Wiek męski* wiedergegeben (dt. ‚Mannesalter'). Die Entscheidung für diese Übersetzungsstrategie könnte auf den Inhalt des Werkes gestützt und darin begründet werden, dass der Protagonist Mathieu Delarue das 34. Lebensjahr noch nicht vollendet hat. Dies lässt darauf schließen, dass die Entwicklung des Individuum noch nicht als vollendet betrachtet werden kann. Es kann angenommen werden, dass der polnische Übersetzer den Begriff „wiek męski" [Mannesalter] metaphorisch und nicht wörtlich verwendet hat, d.h. als Alter, in dem sich ein Mann am Höhepunkt seiner physischen und psychischen Entwicklung befindet. Ein Gespräch des Protagonisten mit seinem Bruder Jacques veranschaulicht die Überlegungen, die dem Übersetzer bei seiner Interpretation zugrunde liegen konnten. Jacques wirft Mathieus mehrfach vor, er habe *l'âge de raison* bereits erlangt, bemühe sich jedoch, dies vor sich selbst zu verbergen und stattdessen einen jüngeren Eindruck zu erwecken. Schließlich stellt er resigniert fest:

> Tu as pourtant l'âge de raison, mon pauvre Mathieu! Dit-il avec une pitié grondeuse. Mais ça aussi tu te le caches, tu veux te faire plus jeune que tu n'es. D'ailleurs... peut-être suis-je injuste. L'âge de raison, tu ne l'as peut-être pas encore, c'est plutôt un âge moral... peut-être que j'y suis arrivé plus vite que toi. (*L'âge raison*, S. 136)

> ‚Und dabei bist du doch ein reifer Mensch, mein lieber Mathieu! sagte er mitleidig grollend. ‚Aber auch das verschweigst du dir, du willst dich jünger machen, als du bist. Übrigens... vielleicht bin ich ungerecht. Vielleicht hast du das Alter der Reife noch gar nicht erreicht, es ist ja eigentlich ein moralisches Alter... vielleicht habe ich es eher erreicht als du.' (*Zeit der Reife*, S. 115)

> A jednak osiągnąłeś już wiek męski, mój ty biedny Mateuszku – powiedział z gderliwą litością. – Lecz i to ukrywasz przed sobą, próbujesz się odmładzać. A zresztą... może i jestem niesprawiedliwy, możeś jeszcze nie osiągnął wieku męskiego, możeś dopiero dojrzał umysłowo... może ja osiągnąłem go wcześniej od ciebie. (*Drogi wolności*, *Wiek męski*, S. 144) [Herv. v. d. V.]

59 Auch der Protagonist Sartres sagt in der Stunde der Verzweiflung: „ma liberté c'est un mythe" (*L'âge de raison,* S. 271), „meine Freiheit ist ein Mythos" (*Zeit der Reife*, S. 232); in der polnischen Übersetzung: „moja wolność to mit" (J.-P. Sartre, *Drogi wolności*, Bd. 1, *Wiek męski*, übers. v. J. Rogoziński, PIW, Warszawa 1957, S. 298).

Der Begriff *l'âge de raison* wurde von dem polnischen Übersetzer als das Alter der geistigen Reife interpretiert, als Zeitabschnitt zwischen der Jugend und dem Alter, in dem der Mensch bereits eine ausgeprägte Persönlichkeit hat und über ein Wertesystem verfügt, das auf rationalen Prämissen basiert. Diese Bedeutung schrieb er dem Begriff „wiek męski" [Mannesalter] zu. Es steht zur Diskussion, ob es sich bei der Überlegung um eine solche Sartres handelt. Der französische Begriff *l'âge de raison* bezeichnet das Alter, in dem die menschliche Vernunft entwickelt wird, was in etwa dem 7. Lebensjahr entspricht. Jacques meint, dass sein Bruder die Phase der frühen Adoleszenz noch nicht vollständig durchlaufen habe. Er bezeichnet diese als *un âge moral* („es ist ja eigentlich ein moralisches Alter...", *Zeit der Reife*, S. 115), einen Zeitraum, der etwa zwischen dem sechsten und neunten Lebensjahr anzusiedeln ist. Im Roman manifestiert sich eine spielerische Interaktion zwischen Autor und Rezipient*innen, die durch den Titel initiiert wird, und als eine ironische Anspielung auf den Protagonisten Mathieu zu verstehen ist, dessen Charakter durch den Titel in einer abwertenden Weise dargestellt wird. Bei der Übertragung der Anspielungen auf Sartre in der polnischen Übersetzung des Romans *Die Ausgesperrten* stellte die Berücksichtigung des Titels *L'âge de raison*, der sich ausschließlich auf männliche Protagonisten bezieht (vgl. Mannesalter) eine signifikante Herausforderung dar. Bei Jelinek wird bereits auf der ersten Seite von einer unreifen Clique von zwei Mädchen und zwei Jungen gesprochen.

Übersetzerische Schwierigkeiten treten auch beim Sichtbarmachen der intertextuellen Bezüge auf, wenn auf den Titel des zweiten Romans Sartres *La nausée*,[60] für den der polnische Übersetzer das Wort „mdłości" (dt. Übelkeit) gewählt hat, Bezug genommen wird. Der Übersetzer äußerte sich selbst im Vorwort zur ersten polnischsprachigen Ausgabe aus dem Jahr 1974 kritisch über die getroffene Wahl.[61] Das Substantiv „la nausée" bedeutet zwar „mdłości", was im medizinischen Kontext als Synonym für „Übelkeit" im Sinne von Brechreiz und mit Brechreiz, Schwindel sowie Schwäche verbundenes Krankheitsgefühl. Die französische Verbalform „en avoir la nausée" (‚Abscheu, Ekel verspüren', ‚von etwas genug haben') drückt auch ‚Unwillen', ‚Ablehnung' aus, ohne sich explizit auf das körperliche Befinden zu beziehen. Diese Konnotation entspricht dem polnischen Wort „wstręt" [Ekel]. Obwohl im Französischen die Synonyme „mal au cœr" und „haut-le-cœur" existieren, wählt Sartre ein Wort, das eine doppelte Bedeutung hat. Eine vergleichbare Entscheidung wurde seitens des deutschen Übersetzers getroffen, welcher den französischen Titel mit *Der Ekel* wiedergab.[62] Das Substantiv bezeichnet nicht nur ein Übelkeit erregendes Gefühl des Widerwillens, ‚des Abscheus, vor etwas als widerlich Empfundenem', sondern auch ein ‚Gefühl des Überdrusses vor etwas als sinnlos Angesehenem'. Das französische Wort „la nausée" beinhaltet eine doppelte Bedeutung, die sich aus seiner Semantik ableiten lässt. Einerseits kann es als Brechreiz interpretiert werden,

60 J.-P. Sartre, *La nausée*, Gallimard, Paris 1975 (1. Auflage 1938).

61 Vgl. J. Trznadel, *Wolność niezbędna i przeklęta*, in: J.-P. Sartre, *Mdłości*, übers. v. J. Trznadel, PIW, Warszawa 1974, S. 7.

62 J.-P. Sartre, *Der Ekel*, übers. v. H. Wallfisch, Rowohlt Verlag, Stuttgart–Hamburg–Baden-Baden 1949.

andererseits beschreibt es das Gefühl des Überdrusses und des Ekels, das als Reaktion auf die Absurdität der Existenz entsteht.

Jelinek bedient sich des Substantivs „Ekel", dass beide Bedeutungen zum Tragen kommen, wobei das Gefühl des Abscheus und des Ekels im Vordergrund steht. Erst durch den intertextuellen Leseprozess wird das subtile Spiel zwischen der Bedeutung dieses Wortes und seiner textuellen Denotation (Bezug auf ein konkretes literarisches Werk) offenbar. Ein Beispiel ist das Fragment, in dem die Wohnung der Witkowskis beschrieben wird, deren Anblick beim Protagonisten Rainer Ekel und Abscheu hervorruft:

> Rainer glotzt auf die Zigarettenkippen, die Papierln, die Rotweinflecke und die zerknüllten Papiertaschentücher (und weiteres Schlimme) auf dem Boden und wartet auf den unvermeidlichen Überdruß, der manchmal kommt und manchmal nicht. Jetzt, in dem Moment, hat ihn endlich der Ekel ergriffen, so dass er die Feder fallen lässt, mit der er eine Gedichtzeile ins Notizbuch notieren wollte, die Tinte verspritzt nutzlos. War es jetzt der Ekel oder nicht? Nein, er war es doch eher nicht. Der Raum sieht so spießig aus wie immer. Kaum, dass er ihm etwas schwerer, dicker oder kompakter erschiene. Aber er hat, wie Sartre, begriffen, dass die Vergangenheit nicht existiert. Und die Knochen der Getöteten und Verstorbenen, auch der im Bett Verschiedenen, sie existieren ganz für sich selbst, in größter Unabhängigkeit, nichts als ein bisschen Phosphat, Kalk, Salze und Wasser. Ihre Gesichter sind nur Abbilder in Rainers selbst, Fiktion. Eben jetzt empfindet er das sehr stark, es ist ein Verlust. Er sagt aber keinem, dass vor ihm schon Jean-Paul Sartre diesen Verlust genauso gefühlt hat, er gibt es als seinen eigenen Verlust aus. (AUS, 106–107)

> Rainer gapi się na niedopałki, papierki, plamy z czerwonego wina i zmięte chusteczki higieniczne (oraz inne obrzydliwości) na podłodze i czeka na nieunikniony przesyt, który się czasem pojawia, a czasem nie. Teraz, w tej chwili, nareszcie ogarnął go wstręt, upuszcza pióro, którym chciał wpisać do notesu linijkę kolejnego wiersza, atrament rozpryskuje się bezużytecznie. Był w końcu wstręt czy nie? Nie, raczej jednak nie. Pomieszczenie wygląda kołtuńsko – jak zawsze. Prawie nic nie wydaje mu się cięższe, grubsze czy bardziej zwarte. Ale, podobnie jak Sartre, zrozumiał, że przeszłość nie istnieje. A kości zabitych i zmarłych, także tych, którzy w łóżku zasnęli snem wiecznym, istnieją same dla siebie, w całkowitej niezależności, nic poza odrobiną fosforanu, wapnia, soli i wody. Ich twarze są tylko obrazami we wnętrzu Rainera, fikcja. Właśnie w tym momencie odczuwa to bardzo silnie, to strata. Nikomu jednak nie mówi, że tę stratę tak samo odczuwał już przed nim Jean Paul Sartre, lecz przedstawia ją jako stratę własną. (WY, 106–107) [Herv. v. d. V.]

Das am Anfang des Fragments aufscheinende Wort „Überdruss" (vgl. „wartet auf den unvermeidlichen Überdruss") im Sinne von zu vielen Gefühlen, Dingen ist eine inhaltliche Anknüpfung an die inneren Zustände, in die der Protagonist Sartres verfällt; es kündigt gleichzeitig die vielschichtigen intertextuellen Bezüge auf den Roman *La nausée* an. Der Ausdruck „Überdruss" ist semantisch engt mit dem Substantiv „Ekel" verbunden und bezeichnet die Ursache eines starken Widerwillens oder gar Abscheus gegenüber etwas, das als sinnlos erachtet wird.

Da im Polnischen das sprachliche Äquivalent des beschriebenen Zustands eher das Nomen „wstręt" (als ein sehr starkes Gefühl des Widerwillens gegenüber etwas oder jemandem, Abscheu) ist als das Wort „mdłości" (‚Übelkeit', ‚Brechreiz'), wäre es sinnvoll, jenen Begriff zu verwenden, der den psychischen Zustand wiedergibt und nicht den physischen, wofür sich der Übersetzer entschieden hat. Ein Argument, das für diese These spricht, ist die Tatsache, dass Jelinek den Bezugstext nicht explizit nennt, sondern nur zweimal (*sic!*) seinen Autor erwähnt (vgl. „Aber er hat, wie Sartre, begriffen [...] Er sagt aber keinem, dass vor ihm schon Jean-Paul Sartre diesen Verlust genauso gefühlt hat, er gibt es als seinen eigenen Verlust aus", AUS, 107). Es sei darauf hingewiesen, dass die im obigen Zitat hervorgehobenen Sätze keine Entlehnung aus einem konkreten Fragment des französischen Romans darstellen, sondern teils wörtliche, teils paraphrasierte Sätze, die Jelinek willkürlich aus einem ganzen Kapitel mit dem Titel *Montag* aus *La nausée* entnommen hat. In diesem Kapitel gelangt Antoine Roquentin zu der Entscheidung, von der Veröffentlichung eines Buches über Marquis de Rollebon abzusehen. Dieser Entschluss wird durch die folgende Feststellung motiviert: „Wie kann ich, der ich nicht die Kraft besessen habe, meine eigene Vergangenheit festzuhalten, wie kann ich eigentlich hoffen, die eines anderen zu retten?" (*Der Ekel*, S. 129), im Original: „Comment donc, moi qui n'ai pas eu la force de retenir mon propre passé, puis-je espérer que je sauverai celui d'un autre ?" (*La nausée*, S. 136). Sartres Protagonist empfindet die Absurdität, sich mit einer Geschichte zu befassen, die seiner Meinung nach nicht existiert:

> Jedes abgelaufene Geschehnis ordnete sich brav und von selbst in eine Schachtel, und dort wurde es dann so etwas wie ein Ehrengeschehnis: was hat man für Mühe, sich das Nichts vorzustellen! Jetzt aber wußte ich: die Dinge sind ganz und gar, was sie scheinen – und hinter ihnen... gibt es nichts. (*Der Ekel*, S. 131)

> [...] chaque événement, quand son rôle avait pris fin, se rangeait sagement, de lui-même, dans une boîte et devenait événement honoraire: tant on a de peine à imaginer le néant. Les choses sont tout entières ce qu'elles paraissent – et derrière elles... il n'y a rien. (*La nausée*, S. 137)

Auch Jelineks Protagonist empfindet Absurdität, drückt dieses Gefühl jedoch nicht in eigenen Worten aus, sondern zitiert Antoine Roquentin. Die Zitate verweisen zwar auf analoge Empfindungen wie Verfremdung und Absurdität, jedoch ist Rainer lediglich ein Nachahmer und kein kreativer Denker wie Roquentin. Aufgrund seiner Prägung durch die Erziehung des Vaters ist er nicht in der Lage, die Vergangenheit zu verarbeiten. In der Folge greift er auf Camus' Roman *Der Fremde* zurück und zitiert Mersault, für den Fremdheit und Absurdität eher eine Art Reflex sind, der nicht so tief intellektuell reflektiert wird wie bei Roquentin, der die Einsicht gewonnen hat, dass alles, was nicht gegenwärtig war, nicht existierte:

> La vraie nature du présent se dévoilait : il était ce qui existe, et tout ce qui n'était pas présent n'existait pas. Le passé n'existait pas. Pas du tout. Ni dans les choses ni même dans ma pensée. Certes, depuis longtemps, j'avais compris que le mien m'avait échappé. Mais je croyais, jusqu'alors, qu'il s'était simplement retiré hors de ma portée. (*La nausée*, S. 137)

> Die wahre Natur des Gegenwärtigen enthüllte sich hier: das, was existiert – und alles, was nicht gegenwärtig war, existierte nicht. Die Vergangenheit existierte nicht. Ganz und gar nicht. Nicht in den Dingen, nicht einmal in meinen Gedanken. Gewiß, seit langem schon war mir klar geworden, dass meine Vergangenheit mir entglitten war, aber bis dahin hatte ich geglaubt, sie sei lediglich außerhalb meiner Reichweite geraten. (*Der Ekel*, S. 130).

> Odsłaniała się prawdziwa natura teraźniejszości: była tym, co istnieje, a wszystko, co nie było obecne, nie istniało. Przeszłość nie istniała. Zupełnie. Ani w rzeczach, ani nawet w mojej myśli. Oczywiście, od dawna zrozumiałem, że moja przeszłość wymknęła mi się. Wierzyłem jednak, że jedynie wycofała się poza mój zasięg. (*Mdłości*, S. 142)

Für Rainer existiert die Vergangenheit nach wie vor, sie ist nicht außerhalb seiner Reichweite geraten, wie die weiteren Ereignisse der Handlung zeigen. Die Autorin konstruiert eine Charakterisierung des Protagonisten Rainers, indem sie ihm Zitate aus dem Werk *La nausée* in den Mund legt und somit eine Verbindung zwischen den Charakteren herstellt. Es ist von signifikanter Relevanz, dass Rainer eine Translokation in jene psychischen Zustände anstrebt, in denen sich Roquentin befindet, und dies ausgerechnet im Café Sport.

Im nächsten Fragment deutet lediglich das Schlüsselwort Ekel („wstręt") darauf hin, dass Sätze aus Sartres Roman zitiert werden. In Anbetracht der Tatsache, dass Jelinek auch in diesem Fall den Originaltext entstellt, ist die Entdeckung des Bezugstextes lediglich in der intertextuellen Lektüre möglich. In der polnischen Übersetzung ist dies nahezu unmöglich, da der polnische Titel von *La nausée* nur den Brechreiz wiedergibt. Rainer verspürt jedoch keinen Brechreiz, sondern einen Ekel, der sich „an seinen Gefühlen heraus frisst". In der polnischen Version des Romans sahen sich die Übersetzerinnen gezwungen, auf den wörtlichen Bezug zu verzichten und mussten das Wort „wstręt" statt „mdłości" (wie im Titel) verwenden, um dem Kontext gerecht zu werden:

> Rainer lässt die Gefühle bewusst bis in sein Inneres eindringen, von dort aber frisst sich der Ekel an diesen Gefühlen wieder heraus und schlägt sich in einem Gedicht nieder. Rainer hat genug von diesen Ideen über die Vergangenheit, die Gegenwart, die Welt. Er verlangt nur eines: man soll ihn in Ruhe sein Buch beenden lassen, das er

schreiben will. Der Mann in ihm sagt, dass er Sophie bekommen muss, der Künstler sagt, bleibe der einsame Wolf, der du bist. Rainer umgibt sich mit einem Panzer aus Eis, man muss aber spüren, dass dieser Panzer durch Sophie schmelzbar ist." (AUS, 60)

> Rainer świadomie pozwala wniknąć uczuciom do swojego wnętrza, gdzie żeruje na nich wstręt i znajduje ujście w wierszu. Rainer ma dość tych idei dotyczących przeszłości, teraźniejszości, świata. Domaga się tylko jednego: by dać mu skończyć w spokoju książkę, którą chce napisać. Mężczyzna w nim mówi, że musi zdobyć Sophie, artysta mówi, bądź samotnym wilkiem, którym już jesteś. Rainer otacza się pancerzem z lodu, musi jednak odczuwać, że Sophie potrafi ten pancerz stopić. (WY, 59)

Der dritte und vierte Satz des obigen Fragments stellen eine Paraphrase der Aussage von Antoine Roquentin dar, als er den Entschluss fasst, das Thema seines Buches zu ändern.[63] Obgleich Rainer Gedichte verfasst, hegt er, ähnlich wie Roquentin, den Wunsch, ein Buch schreiben. Die Aufzeichnung der Geschichte einer realen Person (Marquis de Rollebon) fungiert für Roquentin als Mittel, um die undurchsichtige, vieldeutige und unbenennbare Welt, in der er lebt, zu beherrschen.[64] Das Vorhaben endet jedoch mit einer Niederlage, da der Protagonist die „Undeutigkeit und Unbestimmbarkeit" seines Helden und damit auch der Welt im Ganzen erkennt. Marquis de Rollebon repräsentiert eine ambivalente Figur, die Eigenschaften eines Helden, eines Schmierenkomödianten, eines Naivlings und eines Betrügers in sich vereint. Diese simultane Präsenz verschiedener Rollen- und Verhaltensaspekte verleiht ihm eine schwer bestimmbare Identität. Rainer vollzieht eine Identifikation mit dem Intelektuellen Roquentin, wenn er ihn zitiert. Seine Absicht, ein Buch zu schreiben, lässt sich als ein Wunsch interpretieren, der undurchsichtigen, feindlichen Welt, die (nach der Zeit des Nationalsozialismus) von einer Vielzahl an Quasi-Helden geprägt ist, eine Ordnung und einen Sinn zu verleihen.

Im Roman *Die Ausgesperrten* lässt sich eine weitere Funktion der Bezugnahme auf Sartres Titel *La nausée* identifizieren. In ihrem literarischen Werk bedient sich Jelinek auch anderer Wortformen, um eine Anspielung auf den französischen Roman zu machen. Zu diesem Zweck verwendet sie beispielsweise das Verb „anekeln" oder das Adjektiv „ekelhaft". Die Verwendung erfolgt zur Beschreibung des als ekelerregend wahrgenommenen kleinbürgerlichen Haushalts der Familie der Witkowskis. Auf diese Weise wird die kri-

63 Es handelt sich um folgenden Satz: „Rainer hat genug von diesen Ideen über die Vergangenheit, die Gegenwart, die Welt. Er verlangt nur eines: man soll ihn in Ruhe sein Buch beenden lassen, das er schreiben will." (AUS) In der deutschen Übersetzung von Sartres Roman lautet diese Passage: „Ich nahm meine Feder zur Hand und versuchte, mich wieder an die Arbeit zu machen. Ich hatte genug, übergenug von diesen Ideen über die Vergangenheit, die Gegenwart, die Welt. Ich verlangte nur eins: man solle mich in Ruhe mein Buch beenden lassen" (*Der Ekel*, S. 129–130); im Original: „Je pris ma plume et j'essayai de me remettre au travail; j'en avais par-dessus la tête, de ces réflexions sur le passé, sur le présent, sur le monde. Je ne demandais qu'une chose: qu'on me laisse tranquillement achever mon livre" (*La nausée*, S. 136).

64 Vgl. H. Puszko, *Być Stendhalem i Spinozą…: szkic o filozofii Jean-Paula Sartre'a*, Scholar, Warszawa 1997, S. 194–195.

tische Einstellung Jelineks gegenüber der jüngsten österreichischen Vergangenheit zum Ausdruck gebracht. Der Schmutz fungiert hierbei als Metapher für den ‚moralischen' Sumpf des kleinbürgerlichen Österreichs:

> Die Mutter andererseits versucht ihren Kindern Menschlichkeit beizubringen, das ist Mutteraufgabe. Bald muss die Mutter das aber wieder aufgeben, weil die Kinder unmenschlich sein wollen und alles tun, um auch so auszusehen. Es ist vergeblich, was man tut, und ekelhaft. Alles ekelt einen an, ohne dass man es beseitigt, im Gegenteil, es ekelt einen zerknüllte Papiere, alte Zigarettenstummeln am Fußboden, Käserinden, Wursthäute, Kaffeeflecken und vor allem Apfelbutzen und Orangenkerne an. Die sind das Schlimmste. Sie werden nicht entfernt, weil es ein schönes Gefühl ist, wenn sich der Magen emporreckt. Die Wohnung ist voller vollgepropfter Ecken und Nischen, in denen sich Abfälle häufen. Der Kleinbürger hat stets etwas zu verbergen, dafür sind diese Ecken da. (AUS, 33–34)

> Matka ze swojej strony próbuje wpoić dzieciom człowieczeństwo, to matczyne zadanie. Wkrótce będzie musiała od tego odstąpić, gdyż dzieci chcą być nieludzkie i bardzo się starają, aby na takie wyglądać. Cokolwiek się robi, jest daremne i obrzydliwe. Wszystko wywołuje mdłości i obrzydzenie, ale się tego nie usuwa, wręcz przeciwnie, u jednego obrzydzenie wzbudzają zmięte papierzyska, stare niedopałki na podłodze, skórki od sera i kiełbasy, plamy po kawie i przede wszystkim ogryzki jabłek i pestki pomarańczy. To najgorsze z możliwych rzeczy. Nie usuwa się ich, ponieważ to takie wspaniałe uczucie, kiedy żołądek podchodzi do gardła. Mieszkanie pełne jest zapchanych kątów i nisz, w których piętrzą się odpadki. Mieszczuch zawsze coś ma do ukrycia, po to są te kąty. (WY, 32–33) [Herv. v. d. V.]

Da der Anblick einer verfallenen Wohnung insbesondere vor allem Brechreiz auslösen kann, eignet sich hier die polnische Übersetzung des Titels von *La nausée* (*Mdłości*), um eine direkte Referenz zu Sartre herzustellen. An dieser Stelle erfolgt eine Kompensation für jene Stellen, an denen sich der Begriff „mdłości" für „Ekel" – im psychischen Sinne – nicht geeignet hat. Es lässt sich folglich eine Bilanz der direkten und indirekten intertextuellen Verweise in der polnischen Fassung des Romans *Die Ausgesperrten* erstellen.

Es sei darauf hingewiesen, dass Jelineks Anspielung auf den Roman Sartres bei der Beschreibung der kleinbürgerlichen Wohnung mitnichten zufällig erscheint. Auch in *La nausée* findet sich eine ähnliche, wenngleich nicht in demselben Maße sarkastische Beschreibung. In den Überlegungen Antoine Roquentins, die er im Kaffeehaus sitzend anstellt und in denen er über die Menschen in ihren Häusern sinnt, tauchen auch kleinbürgerliche Wohnungen auf:

> Douce lumière; les gens sont dans les maisons, ils ont allumé aussi, sans doute. Ils lisent, ils regardent le ciel par la fenêtre. Pour eux… c'est autre chose. Ils ont vieilli autrement. Ils vivent au milieu des legs, des cadeaux et chacun de leurs meubles est un souvenir. Pendulettes, médailles, portraits, coquillages, presse-papiers, paravents, châles. Ils ont

des armoires pleines de bouteilles, d'étoffes, de vieux vêtements, de journaux; ils ont tout gardé. Le passé, c'est un luxe de propriétaire. (*La nausée*, S. 96–97)

Mildes Licht; die Leute in den Häusern haben fraglos auch Licht gemacht. Sie lesen, sie schauen durch die Scheiben nach dem Himmel. Für sie ist es nicht das gleiche... Sie sind auf andere Weise gealtert. Sie leben inmitten von Vermächtnissen und Geschenken, und jedes Möbelstück ist ihnen eine Erinnerung. Wanduhren, Medaillen, Familienbilder, Muscheln, Briefbeschwerer, spanische Wände, Halstücher. Sie haben Schränke voll Flaschen, Stoffen, alten Kleidern, Zeitungen – alles haben sie aufgehoben. Die Vergangenheit ist ein Luxus für die Besitzenden. (*Der Ekel*, S. 91)

Łagodne światło; ludzie siedzą w domu, na pewno także pozapalali światła, wyglądają przez okna jaka pogoda. Dla nich... to co innego. Oni zestarzeli się inaczej. Żyją pośród tego, co odziedziczyli, pośród podarków, i każdy mebel jest dla nich wspomnieniem. Zegary ścienne, medale, portrety, muszle, przyciski, parawany, szale. Mają szafy pełne butelek, materiałów, starych ubrań, gazet; zachowali wszystko. Przeszłość to zbytek posiadacza. (*Mdłości*, S. 105)

Aus dieser Analyse folgt, dass Jelinek durch den Verweis auf Sartres Romane eine intertextuelle Beziehung herstellt, die sie als essenziell und unabdingbar für die Interpretation ihres Romans erachtet. Die Zuordnung der dialogischen Stellen in Jelineks Werk zu den entsprechenden Prätexten ist für den erfolgreichen ‚Dialog' zwischen dem/der Sender/in (Autor/in) und dem/der Empfänger/in (Leser/in) von entscheidenden Bedeutung.

Im translatorischen Kontext sind für den richtigen Kommunikationsakt nicht nur die Übersetzer*innen verantwortlich, die als Sekundärautor*innen und Mittler*innen zwischen dem Autor/der Autorin in der Ausgangskultur und den Empfänger*innen in der Zielkultur über das entsprechende Intertextualitätsbewusstsein verfügen und sich dadurch in ihrer Rolle als Sekundärautor*innen um die Markierung der Dialogizität des von ihnen übersetzten Textes bemühen werden. Eine wesentliche Rolle kommt auch den Translaten zu, die in dem Moment, in dem sie in einen Dialog mit anderen Texten treten, nicht nur miteinander harmonisieren müssen, sondern auch mit jenen Texten, die auf sie verweisen und die selbst auch Translate sind. Die oft mangelnde semantische Äquivalenz von Begriffen in verschiedenen Sprachen erschwert die Harmonisierung der Übersetzungen im neuen Kulturraum und die Aufnahme eines Dialogs im übersetzten Werk mit anderen Translaten. Dies ist insbesondere dann der Fall, wenn die intertextuellen Bezüge in die Handlung derart integriert sind, dass eine explizite Markierung dieser Bezüge die Textkohärenz gefährden könnte. Die Tatsache, dass es in der Zielkultur bereits existierende Translate gibt, mit denen das zu übersetzende Werk in einen Dialog tritt, garantiert nicht, dass in der Übersetzung alle intertextuellen Markierungen bewahrt werden und die Übersetzung dieselbe Dialogizität erhält wie das Original.

3.2.2 Verdeckte Zitate Adalbert Stifters und „Täuschungsmanöver“ mit de Sade

Die vom Übersetzer aufgedeckten Differenzen zwischen den ‚dialogisierenden‘ Texten tragen wesentlich zum Textverständnis bei und gehören deshalb zur Ebene der ‚obligatorischen‘ intertextuellen Bezüge. Im Prozess der Rezeption bildet eine Einschränkung nicht nur die Prägnanz der Prätexte, die mit dem Grad der impliziten Verweise zusammenhängt, sondern auch die Tatsache, dass es in der Zielkultur keine Translate gibt, mit denen das zu übersetzende Werk in einen Dialog zu treten hat. Ein Beispiel findet sich im Roman *Die Ausgesperrten*, in dem mehrmals auf den im polnischen Kulturraum nur wenig bekannten österreichischen Schriftsteller Adalbert Stifter Bezug genommen wird.

Die Protagonistin Anna erhält im Deutschunterricht von ihrer Lehrerin die Aufgabe, den Text über den österreichischen Schriftsteller zu Ende zu lesen. Stattdessen formuliert sie folgende Sätze:

> Witkowski Anna, würdest du freundlicherweise dort weiterlesen, wo wir aufgehört haben. Jawohl, Frau Professor, Stifter lehrt uns, daß die Menschen unfrei sind, Sklaven der Naturgesetze. Daher muß man sich jenen heftigen Aktionen hingeben (wenn man sich schon sonst niemand hingibt!), die die Durchschnitsmenschen als Verbrechen bezeichnen würden, die wir jedoch als die Norm, allerdings die unsere und nicht die der anderen, bezeichnen.
> Worauf Anna aus der Klasse hinausflog, was sie beabsichtigt hatte. (AUS, 56–57)

> Anna Witkowska, bądź uprzejma czytać dalej, tam gdzie skończyliśmy. Tak, pani profesor, Stifter nas uczy, że ludzie nie są wolni, lecz spętani prawami natury. Dlatego należy oddawać się (skoro nie można oddać się komuś innemu!) owym gwałtownym działaniom, które głupcy zwą w swej słabości zbrodniami, a które my określamy jako normę, oczywiście naszą, a nie innych.
> Po czym Anna wylatuje z klasy, co było jej zamiarem. (WY, 55–56) [Herv. v. d. V.]

Die Worte von Anna „Stifter lehrt uns, daß die Menschen unfrei sind, Sklaven der Naturgesetze“ (poln. „Stifter nas uczy, że ludzie nie są wolni, lecz spętani prawami natury“) verneinen die Auffassung der Natur bei Stifter. Die Natur wird vom österreichischen Schriftsteller nicht nur ästhetisiert, sondern auch mythologisiert. In seiner Interpretation wird die Natur als ein Phänomen dargestellt, das den Sinn des Lebens stiftet und als Grundlage für die Wiederherstellung der Ordnung im öffentlichen Leben dient. In seinen Romanen konstruiert Stifter ein harmonisches Bild der menschlichen Welt, welches die zwei sich gegenseitig bedingenden Wirklichkeiten, die Natur und den Menschen, darstellt. Gerade diese scheinbar problemlos ruhige Welt wird von Jelinek angesprochen und *implicite* unter Kritik gezogen, indem sie ihrer Protagonistin Anna eine sarkastisch gefärbte Aussage aussprechen lässt, die zusätzlich durch das Kommentar in Klammern und das Ausrufezeichen gestärkt wird. Die auf diese Weise entstandene ‚inhaltliche‘ Kluft zwischen den Worten von Anna und der wahren Auffassung der Natur bei Stifter schafft einen intertextuellen Zwischenraum und wird zum impliziten Signal für die

Fortführung des Dialogs mit einem anderen Prätext: nicht von Stifter sondern von dem französischen Schriftsteller Marquis de Sade. Die Worte, aufgrund derer Anna aus der Schulklasse verwiesen wurde, stammen aus seinem Roman *Die Geschichte der Juliette* (Kapitel: *Die Gesellschaft der Freunde des Verbrechens*):

> Pleinement convaincue que les hommes ne sont pas libres, et qu'enchaînés par les lois de la nature, ils sont tous esclaves de ces lois premières, elle approuve tout, elle légitime tout, et regarde comme ses plus zélés sectateurs, ceux qui sans aucun remords se seront livrés à un plus grand nombre de ces actions vigoureuses, que les sots ont la faiblesse de nommer crimes (*Histoire de Juliette*, S. 551)

> Da sie vollkommen davon überzeugt ist, dass die Menschen nicht frei sind und dass sie, durch die Gesetze der Natur an Ketten gelegt sind, alle Sklaven eben dieser Gesetze sind, billigt sie alles, erlaubt sie alles und betrachtet diejenigen als ihre eifrigsten Anhänger, die ohne Gewissensbisse sich einer größeren Anzahl jener heftigen Aktionen hingeben, die die Dummen schwächlicherweise als Verbrechen bezeichnen. (*Die Geschichte der Juliette*, S. 604)

> Głęboko przekonane, że ludzie nie są wolni, a jako skrępowani prawami natury, wszyscy są niewolnikami tych pierwszych praw, zezwala na wszystko, wszystko usprawiedliwia i uznaje za najgorliwszych zwolenników tych, którzy bez żadnych wyrzutów sumienia oddawali się jak największej liczbie owych śmiałych czynów, które głupcy w swej słabości nazywają zbrodniami. (*Julietta. Powodzenie występku*, S. 137) [Herv. v. d. V.]

Jelinek bedient sich eines Täuschungsmanövers, indem sie aus dem Werk de Sades zitiert (vgl. hervorgehobene Satzteile im oberen Zitat), sich auf bestimmte Stellen wortwörtlich bezieht (vgl. „die Menschen unfrei sind") und andere modifiziert. Neben der reduzierenden Transformation des Satzes: „durch die Gesetze der Natur an Ketten gelegt sind, alle Sklaven eben dieser Gesetze sind" ist auch eine grammatische Modifikation der Phrase „sich jenen heftigen Aktionen hingeben" vorhanden, die durch die Anpassung an den neuen Kontext verursacht wird. Auch in dem letzten Satz des oberen Fragments aus dem Roman von de Sade findet eine Veränderung statt: das Substantiv „die Dummen" (vgl. poln. *głupcy*) wird durch das Wort „Durchschnittsmenschen" (poln. *przeciętni*) ersetzt. Die vorliegende semantische Veränderung kann als Paraphrase mit der Umwandlung des Sinns (Kontrafaktur: gegensätzliche Seite desselben Phänomens) bezeichnet werden. Sie veranschaulicht die Bemühungen der Protagonistin Anna, die um jeden Preis zum Kreis der überdurchschnittlichen Menschen gehören will: zu Hegelschen „Herren", die als die einzigen über die Freiheit verfügen, deren Urform das Verhältnis zwischen der Herrschaft und der „sklavischen" Unterdrückung ist. Anna vereinfacht zwar die Bedeutung des Herren-Begriffes, strebt jedoch nach individueller Freiheit auf Kosten anderer und führt eine begriffliche Rationalisierung der gesamten Wirklichkeit und aller menschlichen Lebenserscheinungen durch, die nach Hegel eine Freiheit garantieren soll.

Daher wählt sie die Sprache von de Sade, dessen Sprache – nach Georges Bataille – die Sprache des Opfers ist. Dies ist dadurch bedingt, dass nur das Opfer in der Lage ist, die Tortur zu beschreiben. Die Sprache des Henkers hingegen ist zwangsläufig die heuchlerische Sprache der bestehenden Ordnung und der herrschenden Macht.[65] Bataille zufolge ist bei de Sade die Annahme zu vermerken, er sei ein bestrafter Mensch und ein unschuldiges Opfer. Demgemäß äußert er sich, ohne zu schweigen, und bringt seine Empörung zum Ausdruck, indem er den moralisch integreren guten Menschen angreift.[66] Die Empörung der Protagonisten bei Jelinek ist das Resultat einer unverdienten Bestrafung und resultiert aus der gesellschaftlichen und familiären Situation. Die Empörung von Anna und Rainer gilt Institutionen, die für die Aufrechterhaltung der Außen- und Innenwelt verantwortlich sind, insbesondere Schule und Familie. Dies ist der Grund, warum Anna im Deutschunterricht, als sie das literarische Schaffen Stifters bespricht, der durch die eifrige Suche nach Sicherheit in der Landschaft gekennzeichnet ist, dessen Worte entstellt und de Sade zitiert.

Zwei Seiten früher findet der Leser nicht nur das weitere Zitat von de Sade, sondern auch einen direkten Hinweis auf den französischen Autor:

> De Sade sagt, man muß Verbrechen begehen. Dafür benutzt man das Wort Verbrechen, um sich nach der allgemeinen Übereinkunft zu richten, aber unter uns würden wir keine unserer Handlungen so bezeichnen (Anna). Wir brauchen die allgemein gültige Norm, um uns an unserer eigenen Maßlosigkeit aufzugeilen. Wir sind monströs, wenn wir auch zur Tarnung wie Bürger aussehen. Wir sind die Kinder von Bürgern, bleiben dort aber nicht stehen. Wir sind innen zerfressen von bösen Taten, außen sind wir Gymnasiasten. (AUS, 54)

> De Sade mówi, należy dokonywać zbrodni. Używa się przy tym wprawdzie słowa zbrodnia, żeby zastosować się do przyjętych zwyczajów, lecz między nami nie będziemy tak nazywać naszych czynów (Anna). Potrzebne nam jest ogólnie obowiązujące prawo, aby lubieżnie rozkoszować się naszą własną bezumiarowością. Jesteśmy monstrualni, mimo że dla niepoznaki wyglądamy jak mieszczanie. Jesteśmy dziećmi mieszczan, ale nimi nie pozostaniemy. Od środka przeżarci jesteśmy złymi czynami, od zewnątrz jesteśmy licealistami. (WY, 53) [Herv. v. d. V.]

Die Funktion des Signals für den intertextuellen Dialog mit dem Prätext wird in diesem Fall von der Information in Klammern übernommen (vgl. „(Anna)“), die auf die „fremde Rede“ (Bachtin) der Protagonistin verweist. Die scheinbare Randbemerkung nimmt in diesem Kontext eine bedeutende Rolle ein, da sie als eine implizite Markierung des intertextuellen Bezugs fungiert und gleichzeitig das ‚intertextuelle Bewusstsein‘ der Leser*innen verstärkt, indem sie die „fremde Rede“ im jeweiligen Kapitel mit Anna in Verbindung setzen. Die zitierten Worte konstituieren den ersten Satz von *Statuten der*

---

65 G. Bataille, *Erotyzm*, übers. v. M. Schab, słowo/obraz terytoria, Gdańsk 1999, S. 186.
66 Ebd.

Gesellschaft der Freunde des Verbrechens, welche im besagten Roman *Die Geschichte der Juliette* zu finden sind:

> La Société se sert du mot *crime*, pour se conformer aux usages reçus, mais elle déclare qu'elle ne désigne ainsi aucune espèce d'action de quelque sorte qu'elle puisse être. (*Histoire de Juliette*, S. 551)

> Die Gesellschaft bedient sich des Wortes ‚Verbrechen', um sich nach den allgemeinen Bräuchen zu richten, aber sie erklärt, dass sie selbst keinerlei Handlung, was es auch immer sein möge, so bezeichnet. (*Die Geschichte der Juliette*, S. 604)

> Stowarzyszenie posługuje się słowem *zbrodnia*, by zastosować się do przyjętych zwyczajów, oświadcza jednak, że nie określa w ten sposób żadnego czynu, bez względu na jego charakter. (*Julietta. Powodzenie występku*, S. 137) [Herv. v. d. V.]

Die Worte aus dem Roman werden fast wörtlich zitiert. Die grammatischen Veränderungen und lexikalischen Abweichungen (Substitution des Verbs ‚bedienen'→ ‚benutzen', des Substantivs ‚allgemeine Bräuche' → ‚allgemeine Übereinkunft'), die aus der Anpassung an den neuen Kontext (Romanhandlung) resultieren, sind semantisch im Bereich der intertextuellen Transformationen einzuordnen, die die nachahmende Handlung der Protagonisten akzentuieren. Eine Seite weiter wird den aufmerksamen Leser*innen eine weitere Stelle präsentiert, in der die „fremde Rede" Anwendung findet:

> Rainer findet das irgendwie revolutionär. Anna sagt, das ist es nicht, denn nicht Gleichheit aller ist das Ziel, die ja gegen die Natur und deren Vererbungslehre wäre, sondern das Gegenteil ist der Fall. Die völlige Separierung und Isolation. Die Gleichheit kann nur dem gefallen, der nicht in die Klasse der Starken aufzusteigen vermag. Er entschädigt sich durch Herabsetzung dieser Starken und glaubt, dann sind auch diese schwach. (AUS, 55)

> Rainer uważa to w pewnym sensie za rewolucyjne. Anna mówi, to nie tak, ponieważ celem nie jest równość wszystkich, co byłoby wbrew naturze i teorii dziedziczności, chodzi tu o coś zupełnie odwrotnego. O całkowitą separację i izolację. Równość może podobać się wyłącznie temu, kto nie osiąga klasy silnych. Kompensuje to sobie poniżaniem silnych, i jest przekonany, że ci też są słabi. (WY, 54–55) [Herv. v. d. V.]

Im vorliegenden Kontext wird eine Anmerkung zu dem ersten Punkt der *Statuten der Gesellschaft der Freunde des Verbrechens* zitiert, in welcher dargelegt wird: „Es gibt keinen Unterschied zwischen den Individuen, aus denen diese Gesellschaft zusammengesetzt ist".[67] Es geht nicht darum, dass die Gesellschaft daran glaubt, „dass alle Menschen in den Augen der Natur gleich sind (sie ist weit entfernt von diesem populären Vorurteil, Frucht der Schwäche und der falschen Philosophie). Aber sie [die Gesellschaft] ist überzeugt, dass jeglicher Unterschied für die Freunden der Gesellschaft hemmend ist und dass er sie notwendigerweise früher oder später stört"[68]. Die am Rande der Seite von de Sade zugeschriebene Bemerkung liefert zu dem Satz in Klammern eine Erläuterung, die wie folgt klingt:

> Il n'y aura jamais que le faible qui prêchera ce système absurde de l'égalité; il ne peut convenir qu'à celui qui ne pouvant s'élever à la classe du fort, est, au moins, dédommagé en rabaissant à lui cette classe; mais il n'est pas de système plus absurde, plus contre la nature que celui-là; et l'on ne le verra jamais s'ériger que chez la canaille, qui elle-même y renoncera, sitôt qu'elle aura eu le temps de dorer ses haillons. (*Histoire de Juliette,* S. 552)

> Nur der Schwache wird dieses absurde System der Gleichheit predigen. E s k a n n n u r d e m j e n i g e n g e f a l l e n , d e r s i c h n i c h t i n d i e K l a s s e d e r S t a r k e n e r h e b e n k a n n u n d d e r s i c h e n t s c h ä d i g t , i n d e m e r d i e s e K l a s s e f ü r s i c h h e r a b - s e t z t . Aber es gibt nichts Absurderes, nichts Widernatürlicheres als dieses System. Man wird es nur bei Gesindel finden, und selbst das wird ihm entsagen, sobald die Zeit gekommen ist, da es seine Lumpen wegwerfen kann. (*Die Geschichte der Juliette,* S. 605)

> Ów absurdalny system równości zawsze zalecał człowiek słaby; system ten o d p o w i a - d a t y l k o t e m u , kto nie m o g ą c o s i ą g n ą ć k l a s y s i l n e g o , przynajmniej k o m - p e n s u j e sobie własną niemoc p o n i ż e n i e m t e j k l a s y ; nie ma jednak systemu bardziej absurdalnego, bardziej sprzecznego z naturą; a ustanowić go może tylko motłoch, który sam się go wyrzeknie, gdy tylko zdoła pozłocić swe łachmany. (*Julietta. Powodzenie występku*, S. 340) [Herv. v. d. V.]

Jelinek vollzieht nicht nur die Zerlegung der zitierten Sätze (syntaktische Modifikation), sondern modifiziert diese zudem grammatisch und lexikalisch (Änderung des Verbs: erheben → „vermag aufzusteigen", Nominalisierung: herabsetzen → „durch Herabsetzung dieser Starken" – grammatikalisch-lexikalische Modifikationen). Im Hinblick auf die Markierung der intertextuellen Beziehung wird den Leser*innen jedoch keine „Hilfs-

67 D.A.F., de Sade, *Die Geschichte der Juliette,* in: D.A.F. de Sade, *Ausgewählte Werke*, Bd. 3, übers. v. M. Luckow, Merlin Verlag, Hamburg 1965, S. 605.

68 Ebd., S. 605. Im Original: „Il n'y aura aucune distinction parmi les individus qui composent la Société, non qu'elle croie tous les hommes égaux aux yeux de la nature ; elle est loin de ce préjugé populaire, fruit de la faiblesse et de la fausse philosophie ; mais elle est persuadée que toute distinction serait gênante dans les plaisirs de la Société, et qu'elle les troublerait nécessairement tôt ou tard". D.A.F. de Sade, *Histoire de Juliette,* in: D.A.F. de Sade, *Œuvres,* Bd. 3., Gallimard, Paris 1998, S. 552.

mittel“ zur Verfügung gestellt, die ihnen das Entschlüsseln des Prätextes ermöglichen sollten. Nur aufgrund ihres Wissens (das heißt aufgrund ihrer Kenntnis des Prätextes) sind sie in der Lage, die Worte von Anna als „fremde Rede“ zu deuten.

Es scheint, es sei das Zitat von Anna aus dem Werk de Sades, das die „naturgewollte“ Aufteilung der Schöpfung in Starke und Schwache betrifft und das Recht des „Stärkeren“ auf Vernichtung der „Schwächeren“ eindeutig zum Ausdruck bringen, kein Zufall gewesen. Anna entwickelt eine Begründung für das Böse, das sie selber in ihrem Leben erfährt, und nimmt es als eine absolute universelle Kategorie an. Dies ist auch der Grund, warum sie aus *Histoire de Juliette* zitiert. In dem Roman manifestiert sich insbesondere das Konzept der Libertin, eines Menschen, der sich einer moralischen und symbolischen Gesetzgebung entzieht. Das Konzept fungiert für Anna und ihren Zwillingsbruder als eine Simplifizierung der Rechtfertigung für ihre Gewalttätigkeiten und Raubüberfälle (Gewalt als Gebot der Natur) sowie als eine Erklärung für die Perversion und psychische bzw. emotionale Misshandlung seitens des Vaters. Es sei jedoch angemerkt, dass die Geschwister das Sadesche Konzept signifikant vereinfachen. Den Libertins ist nicht die Rückkehr zur verbrecherischen ‚Unschuld‘ der Natur, also die bloß sklavische Befolgung der ‚Gesetze‘ der Natur, die die höchste Lust bereitet, sondern das freie Bewusstsein, moralische bzw. symbolische Gesetze zu verletzen, der bewusste Wille zur Lust an der Überschreitung.[69] Das vereinfachte Verständnis der Sadeschen ‚Philosophie‘ bestätigt die These, dass die Protagonist*innen von Jelinek das Werk (hier: *Statuten der Gesellschaft der Freunde des Verbrechens*) zielgerichtet gelesen haben, nach dem Prinzip, dass die Kenntnis eines Werkes dazu genutzt werden kann, dieses besser nachahmen zu können.

Es sei an dieser Stelle die Frage aufgeworfen, aus welchem Grund Stifter mit dem Marquis de Sade im Roman von Jelinek assoziiert wurde. Um dies zu verifizieren, wird hier ein Fragment herangezogen, in dem Rainer, der Zwillingsbruder von Anna, den Gegenstand seiner Aussage darstellt. Im Deutschunterricht (*sic*!) werden von ihm einerseits schmachvolle Momente des Lebens von Stifter referiert und andererseits Fragmente aus dessen Werken erwähnt, die Stifters Opportunismus, gepflegte Häuslichkeit, Vorliebe für bestimmte Themen (idealisierte und idyllische Landschaftsschilderungen) und Huldigung spießiger Ideale andeuten:

> Der Selbstmörder Stifter erhebt seine Stimme über die unruhige Deutschstunde, Opfer eigener verfehlter Lebensplanung und einer kaputten Ehe, hat er nichts Besseres zu tun als über ein hohes Pfingstfest zu salben, an dem er hinausgeht zum stillen Waldesrand, nein, nicht wo munter ein Rehlein stand (bleibt sich schon wurscht, was ihm steht oder nicht, frei nach Anna), sondern wo er spazierengeht in etwas, das er für eine sozusagen unendliche Landschaft hält, was weiß der schon von der Unendlichkeit. Sein Geist kann sie gar nicht erfassen. Rainer fühlt die Unendlichkeit eines Schriftstellers in sich, der alle Fesseln sprengt. Er und nicht Stifter spürt sie, Stifter bewies das

69 Vgl. M. Schwerzler, *Über mafiostische bzw. verbrecherische Männlichkeit bei Donatien Alphonse Francois Marquis de Sade* (Seminararbeit), Wien 2003, S. 11–12, http://evakreisky.at/onlinetexte/schwerzler_de_sade_.pdf (Zugriff am 01.07.2023).

mit seinem verpfuschten Leben, in dem er sich nichts getraut hat. Adalbert Stifter hält wieder Heerschau über irgendwelche Schönheiten, nicht nur über lebende, sondern auch über unbelebte. Die Natur hat die Tendenz, in Unbelebtheit zu sinken, denkt Rainer, wir helfen ihr nur dabei nach. (AUS, 52)

Samobójca Stifter podnosi głos podczas niespokojnej lekcji niemieckiego, ofiara własnego chybionego życiowego planu i nieudanego małżeństwa, nie ma nic lepszego do roboty, jak z namaszczeniem rozwodzić się o Zielonych Świątkach, podczas których zmierza na zaciszny skraj lasu, nie, nie tam, gdzie jako żywo stał jelonek (wszystko jedno, czy mu stał czy nie, w wolnym przekładzie Anny), lecz tam, gdzie przechadza się po czymś, co uznaje jakby za bezkresny krajobraz, a cóż on wie o bezkresie. Jego duch nie potrafi tego ogarnąć. Rainer czuje w sobie bezkresność pisarza wyzwalającego się z okόw. On, a nie Stifter, to czuje, Stifter dowiódł tego spartaczonym życiem, w którym na nic się nie odważył. Adalbert Stifter nadal przyjmuje defiladę jakichś piękności nie tylko żywych, ale również nieożywionych. Natura ma skłonność do pogrążania się w nieożywioności, twierdzi Rainer, a my jeszcze jej w tym pomagamy. (WY, 51)

In dem vorliegenden Fragment werden die signifikanten Stationen aus dem Leben Stifters erörtert. Dazu zählen die misslungene Ehe mit Amalie Mohaupt („über die Hintergrunde dieser letztlich sehr ungleichen Bindung immer wieder spekuliert wurde“[70]), der Rückzug in die Privatheit und der Konformismus (vgl. „Leben, in dem er sich nichts getraut hat“), der versehentliche Selbstmord (er hat sich, vermutlich bei einem Schmerzanfall, eine Schnittwunde am Hals beigefügt).[71] Auf das zeichnerische Interesse, welches auf eine sensualistische Naturauffassung auch im literarischen Schaffen gerichtet war,[72] wird im folgenden Satz verwiesen: „Die Heerschau über irgendwelche Schönheiten, nicht nur über lebende, sondern auch über unbelebte“. Die Aussage lässt eine gewisse Ironie erkennen und bewertet die Schreibprinzipien Stifters zugleich negativ. Dies betrifft nicht nur die Naturschilderungen, sondern auch die von Stifter in seinen Werken geförderte Idee einer geordneten heilen Welt (vgl. „Heerschau“). Jelinek scheint hier Thesen von Adorno zu folgen.[73] Laut Adorno versenkte sich Stifter „ins Gegenständliche“ und zog Wirkung „aus der Fülle und Plastik des demütig hingenommenen Angeschauten“.[74] Zudem treibt den Stifter der Drang „einen Schild wie eine Landschaft zu beschreiben und eine Metapher zur Aktion durchzubilden, bis sie, selbstständig geworden, das Gewebe der Erzählung zerreißt“ an, „zu zeichnen und zu malen anstatt zu schreiben.“[75]

70 M. Mayer, *Adalbert Stifter: Erzählen als Erkennen*, Reclam, Stuttgart 2001, S. 14.

71 Ebd., S. 22.

72 Ebd., S. 19.

73 Das Echo der Lektüre Adornos von Jelinek spürt man in ihren vielen Werken. Besonders in der Frühprosa bezieht sie sich auf sein Essay *Kulturindustrie, Aufklärung als Massenbetrug*.

74 Th. W. Adorno, *Standort des Erzählens im zeitgenössischen Roman*, in: T. W. Adorno, *Noten zur Literatur* (Gesammelte Schriften, Bd. 11), Suhrkamp Verlag, Frankfurt am Main 1974, S. 41.

75 Th. W. Adorno, *Über epische Naivetät*, in: Th. W. Adorno, *Noten zur Literatur*, S. 37.

Das in dem oben angeführten Fragment enthaltene Motiv von Pfingsten findet sich auch im Kapitel *Waldwanderung* wieder, das Teil der Erzählung *Der Hochwald* aus dem Jahr 1841 ist. Diese Erzählung erfuhr eine breite Zustimmung und Stifter selbst äußerte sich, dass er „einen erheblichen Teil seiner Anerkennung“[76] dafür erhielt. Aus eben jenem Fragment des Prätextes stammt zudem die Gestalt des jungen Mannes mit der Röte, welcher auch im Roman von Jelinek eine wiederkehrende Präsenz aufweist. In Bezug auf diese Gestalt lässt sich eine thematische Referenz zum Stifterschen Protagonisten feststellen, der „als Knabe jenen gestraften Baum immer mit einer Art Scheu an[schaute], und seine ewige Unruhe war [...] [ihm] wie Pein.“[77] In *Den Ausgesperrten* verkehrt Rainer den Sinngehalt des beschriebenen Bildes:

> Während Adalbert Stifter weiterhin über die Röte von jungen Menschen referiert, die diese Gesichtsfarbe aufweisen, sieht man sie unversehens an, er hat diese Gattung Scham so gern, sabbert der alte Päderast, spaziert Anna in völliger Ruhe aufs Klo und zum rotgesichtig lauernden Gerhard. (AUS, 57)

> Gdy Adalbert Stifter dalej rozprawia o zarumienionych młodzieńcach, którzy odznaczają się takim kolorem twarzy, gdy się nagle na nich spojrzy, on bardzo lubi ten rodzaj wstydu, ten stary śliniący się pederasta, to Anna z całkowitym spokojem zmierza do ubikacji i do czerwieniącego się, wyczekującego jej Gerharda. (WY, 20)

Eine Stellung zu Stifter und dessen literarischem Schaffen, die eine pejorative Bewertung enthält, lässt die intertextuellen Relationen als eine axiologische Modifikation klassifizieren. Die implizite Bewertung wird nicht nur der Literatur (und dem Stillleben) des Biedermeiers unterzogen, die durch einen resignierten Rückzug in die unpolitische Privatheit, in die Idylle und die Abwendung von den gesellschaftspolitischen Zeitfragen gekennzeichnet ist, sondern auch diesem Teil der österreichischen Literatur, der die Apologie der ästhetischen Provinz in den Vordergrund stellt. Zu den Charakteristika dieser Apologie zählen die Naturmetaphorik, der subjektive Idealismus und der Geschichtsverlust.[78]

In Jelineks Werk wird Stifter zum Objekt der Ironie. Einerseits wird es direkt in den Aussagen von Rainer deutlich, und andererseits wird es indirekt in den Ausführungen von Anna erkennbar. In diesem Kontext wird der französische Denker als Werkzeug ironischer Eingriffe betrachtet, der im Vergleich zu Stifter einen moralischen Gegenpol repräsentiert, da er ein entgegengesetztes Konzept der menschlichen Natur vertritt.

---

76 Der große Publikumserfolg schlug sich in Einzelausgaben sowie in immerhin vier Übersetzungen zu Lebzeiten des Autors nieder. Vgl. M. Mayer, *Adalbert Stifter: Erzählen als Erkennen*, Reclam, Stuttgart 2001, S. 40.

77 A. Stifter, *Der Hochwald*, in: http://gutenberg.spiegel.de/index.php?id=19&autorid=571&autorvorname=+Adalbert&autornachname=Stifter&cHash=b31bbae2c6 (Zugriff am 2.04.2023).

78 Vgl. Ch. Hirte, *Anmerkungen zur österreichischen Literatur*, in: Weimarer Beiträge, 1981, H. 6, S. 129–158.

Es lässt sich ein weiterer Aspekt anführen, der die Referenz zu Marquis de Sade und dessen Roman *Histoire de Juliette* erklärt. Unter der Prämisse, dass eine Weltanschauung als ideologisch zu bezeichnen ist, sofern sie die Wirklichkeit nach ihren eigenen Bedürfnissen, bewusst oder unbewusst, zurechtbiegt, können sowohl Werke von Marquis de Sade als auch von Adalbert Stifter als ideologisch klassifiziert werden. Adornos Feststellung stützt diese These, da die Ideologie als die verzerrte Gestalt der Wahrheit interpretiert werden kann, und „die Genauigkeit des beschreibenden Wortes sucht die Unwahrheit aller Rede zu kompensieren".[79] Adorno zufolge zeigen sich in Œvres Stifters „nicht nur die konservativ-restaurativ ausgewählten Stoffe und das fabula docet, sondern auch die objektivistische Formgebarung, welche mikrologisch zarte Empirie, ein sinnvoll richtiges Leben, von dem sich erzählen ließe, suggeriert."[80] Aus diesem Grund wurde auch Stifter „zum Abgott eines edel-retrospektiven Bürgertums", das „ihm seine halb esoterische Popularität verschaffte."[81]

Gemäß der oben angeführten Erläuterungen ist der Dialog von Jelinek mit Stifter als ein wesentliches, sinnstiftendes Element im Roman *Die Ausgesperrten* zu betrachten. Infolgedessen ist er als Aspekt der obligatorischen Intertextualität zu verstehen. Aus diesem Grund ist es essenziell, dass er auch in der Übersetzung nachvollziehbar bleibt. Der herangezogene Text wird zweimal aus dem Kontext gerissen: Einmal, wenn er mit dem späteren Text in Beziehung gesetzt wird, und zum zweiten Mal, wenn der Text durch die Übersetzung in einen neuen Kontext versetzt wird, der der Zielkultur entspricht. Diese doppelte Kontextänderung erschwert den Nachvollzug des intertextuellen Dialogs wesentlich und stellt eine Einschränkung im Rezeptionsprozess des Werkes von den Zielrezipient*innen dar.

Des Weiteren konstituiert die Kenntnis des vorgegebenen Textes eine unabdingbare Voraussetzung für die Lektüre des zu übersetzenden Werkes und dessen Verständnis. Die Bestimmung der vorausgesetzten Texte stellt folglich das zentrale Problem dar. Die Tätigkeit der Übersetzer*innen kann daher als philologische und hermeneutische Arbeit bezeichnet werden, die eine Interpretation des Impliziten im Text beinhaltet. Die vorliegende Analyse lässt sich dahingehend zusammenfassen, dass die intertextuelle Lektüre der Übersetzer*innen als eine Form der Expertenanalyse zu betrachten ist. Es besteht die Möglichkeit, dass der/die Übersetzer/in den Text als erster/erste Leser/in zu schnell liest und die ‚Spuren' des Prätextes missachtet. In diesem Fall wird er/sie vergeblich nach

79 Th. W. Adorno, *Über epische Naivetät*, S. 37. Der Denker fügt zu: „Die letzten Novellen Stifters geben vom Übergang der gegenständlichen Treue in die manische Obsession die deutlichste Kunde, und keine Erzählung hat je Teil an der Wahrheit gehabt, die nicht in den Abgrund hinabgeblickt hätte, in welchen die Sprache einstürzt, die sich selbst aufheben möchte in Namen und Bild". Ebd.

80 Th. W. Adorno, *Ästhetische Theorie* (Gesammelte Schriften, Bd. 7), Suhrkamp Verlag, Frankfurt am Main 1990 (5. Auflage), S. 346.

81 Ebd., S. 346. Adorno liefert folgende Erklärung: „Ideologische Überspannung verleiht dem Werk mittelbar seinen unideologischen Wahrheitsgehalt, seine Überlegenheit über alle Literatur trostenden Zuspruchs und beflissen landschaftlicher Geborgenheit und erwirbt ihm die authentische Qualität, die Nietzsche bewunderte". Ebd.

sinnstiftenden Elementen im zu übersetzenden Text suchen, insbesondere wenn im Ausgangstext (Original) neben den markierten auch die impliziten Zitate auftreten.

Die in diesem Kontext angesprochenen Zielleser*innen sind demnach Personen, die über eine ausgeprägte ästhetische Sensibilität sowie eine fundierte literarische Bildung verfügen und bereits Erfahrung im Umgang mit anspruchsvolleren Literaturwerken vorweisen können. Das Ausmaß dessen ist an dieser Stelle signifikant, da es eine Vielzahl an bedeutenden Werken – sowohl in polnischer Sprache als auch in deutscher, österreichischer und französischer Sprache[82] – aus unterschiedlichen literarischen Epochen sowie die Einsicht in die historischen Entwicklungsprozesse der Literatur umfasst.

Ein weiteres Problem besteht darin, dass die von Übersetzer*innen aufgedeckten und in der Übersetzung wieder verdeckten intertextuellen Relationen von den Zielleser*innen nachvollzogen werden können. Es besteht demnach die prinzipielle Möglichkeit, dass die Zielleser*innen ‚aus ihrer Bibliothek' schöpfen können, um den intertextuellen Dialog zu entdecken. Die Kontextverschiebung trägt nicht zur Erleichterung der Suche nach Vortexten bei. Der Text leitet die Lektüre jedoch in gewissem Sinne so, dass den Leser*innen ausreichend „Steuerungssignale" an die Hand gegeben werden, um die Aussagen von Anna mit denen von Marquis de Sade in Verbindung zu setzen. Der Text verlangt nach einer detaillierten Rezeption, die mit Verwendung eines ‚Bleistifts' sowie der Kenntnis der Hauptwerke der angesprochenen Autoren (bzw. mit deren Begleitlektüre) einhergeht. Dabei ist zu berücksichtigen, dass die Texte in der Muttersprache der Rezipient*innen verfügbar sein müssen, um dessen Verständnis zu gewährleisten. Multilinguale Leser*innen, die auch unübersetzte Texte im Original lesen können, sind in dieser Hinsicht im Vorteil. Für die polnischen Leser*innen lassen sich Verweise auf den Roman *Histoire de Juliette* identifizieren, da die Werke von Marquis de Sade seit einigen Jahren in polnischer Fassung erhältlich sind.[83] Eine Ausnahme bildet der österreichische Schriftsteller, der in Polen keinerlei Bekanntheit genießt und dessen Werke folglich eine andere Kategorie dar-

82 Genauere Informationen enthält die Monographie der Verfasserin. Vgl. A. Majkiewicz, *Intertekstualność – implikacje dla teorii przekładu. Wczesna proza Elfriede Jelinek*.

83 Vgl. D.A.F. de Sade, *Julietta. Powodzenie występku*, ausgewählt u. übers. v. B. Banasiak u. K. Matuszewski, Wydawnictwo Mireki, Kraków 2003. Fragmente des Romans wurden in der Zeitschrift Literatura na świecie veröffentlicht. Vgl. D.A.F. de Sade, *Stowarzyszenie Miłośników Zbrodni*, übers. v. B. Banasiak, in: Literatura na świecie, 1994, Nr. 10, S. 24–45. Eine polnische umfassende Monographie über de Sade wurde erst 2006 publiziert und von dem Übersetzer und Philosophieprofessor Bogdan Banasiak verfasst. Vgl. B. Banasiak, *Integralna potworność. Markiz de Sade – Filozofia libertynizmu, czyli konsekwencje śmierci Boga*, Wydawnictwo Thesaurus, Łódź–Wrocław 2006.

stellen.[84] Bislang sind in zwei Anthologien drei Erzählungen des Autors *Bergkristall*,[85] *Der Kondor* [86] und *Brigitta*[87] erschienen. Das vierte Prosastück *Bunte Steine* wurde in einer Zeitschrift veröffentlicht.[88] Die Verweise Jelineks auf die Novelle *Der Hochwald* werden dann von den polnischen Leser*innen, die nicht des Deutschen mächtig sind, nicht entschlüsselt, und das gleiche gilt auch für den intertextuellen Dialog der Autorin mit Adalbert Stifter. Die Übersetzung stößt daher an ihre Grenzen. In der polnischen Fassung des Romans von Jelinek muss eine dem Prätext von Stifter zugeschriebene dialogische Funktion, wobei dialogisch als disharmonisch interpretiert wird, verdeckt bleiben.

3.3 Enträumlichung der Paratexte infolge der Versetzung

Die Bezugnahme auf andere Texte beginnt häufig bereits im Titel eines Werkes, welcher als eine Art Paratext (Gérard Genette[89]) den ersten Hinweis auf die Erzählstruktur eines fiktionalen, narrativen Textes vermittelt und die Erwartungshaltung sowie das Rezeptionsverhalten des Lesers/der Leserin prägt. Des Weiteren fungiert ein Motto als eine Art Schwelle zum Text und kann eine öffnende Funktion aufweisen. Um Zugang zum Text zu erlangen, ist das Passieren beider Stufen erforderlich. Sowohl Titel als auch Motto können demnach als Leseanweisungen für den nachfolgenden Haupttext fungieren, sofern sie von den Leser*innen trotz ihrer peripheren (marginalisierten) Lage in Betracht gezogen werden. Im Folgenden wird der Versuch unternommen, die Frage zu beantworten, inwiefern sich im Original und in der polnischen Übertragung des Prosatexts *Lust* und des Romans *Die Ausgesperren* der Raum der dem Haupttext vorangestellten Textelemente infolge der Verortung in eine andere Kultur gestaltet.

---

84 Professionelle Leser von Stifter sind in diesem Fall Germanisten. Im Jahr 2005 wurde auch eine Monographie über A. Stifter publiziert. Da sie in deutscher Sprache verfasst wurde, trug sie zur Bekanntmachung Stifters Werke in Polen nicht bei. Vgl. M. Jakubów, „*...weil man durch Menge und Mannigfaltigkeit der Teile nicht leicht zum Ganzen kommt...*“*: zur Problematik der ganzheitlichen Weltwahrnehmung im Werk von Annette von Droste-Hulshoff und Adalbert Stifter*, Wydawnictwo KUL, Lublin 2005. In 1990er Jahren sind auch zerstreute Beiträge über Stifter und sein Schaffen in Zeitschriften erschienen. Vgl. A. Mazur, *Łagodne prawo pozytywizmu czyli katastrofista Adalbert Stifter*, in: Znak, 1996, Nr. 2, S. 20–23; A. Milanowska, *Iluzoryczne królestwo rozsądku*, in: Dekada Literacka, 1993, Nr. 4, S. 10; U. K. Ketelsen, *Adalbert Stifters Roman „Der Nachsommer“: Die Selbstformierung eines Erzählers*, in: Orbis Linguarum, 1994, Bd. 1, S. 5–14; J. Wolski, *Adalbert Stifter – Stanisław Vincenz*, in: Teksty Drugie, 1999, Nr. 3, S. 121–129.

85 A. Stifter, *Górski kryształ* [Bergkristall], übers. v. J. Sikorski, in: *Górski kryształ. Antologia dawnej noweli austriackiej*, ausgewählt und mit Vorwort v. S. H. Kaszyński, Wydawnictwo Poznańskie, Poznań 1990, S. 133–176.

86 Vgl. A. Stifter, *Kondor* [Der Kondor], übers. v. G. Mycielska, in: *Górski kryształ. Antologia dawnej noweli austriackiej*, S. 122–132.

87 A. Stifter, *Brigitta*, übers. v. M. Gero-Rożniewicz, in: *Dawna nowela niemieckojęzyczna*, Auswahl und Vorwort v. G. Koziełek, PIW, Warszawa 1979, S. 651–696.

88 A. Stifter, *Kolorowe kamienie* [Bunte Steine], übers. v. A. Mazur, in: Znak 1996, Nr. 2, S. 24–28.

89 Vgl. G. Genette, *Palimpseste. Die Literatur auf zweiter Stufe*, S. 11–12.

3.3.1 Intertextuelle Atopie im Roman *Lust*

Der Prosatext *Lust* reflektiert in seiner hochartifiziellen Sprache über die Unmöglichkeit, „unschuldig" von Liebe und Sexualität zu sprechen, d.h. jenseits ihrer historischen Deformationen. Eine Analyse der vorliegenden Diskurse ergibt, dass sie durch eine Ideologisierung und Inadäquatheit gekennzeichnet sind. Aus diesem Grund werden sie im Roman in einer Art und Weise versammelt und „in einem aufwendigen und komplexen sprachlichen Verfahren destruiert".[90] Die Autorin versucht, die Räume verschiedener männlicher Diskurse der (zeitgenössischen) Gesellschaft zu durchqueren, sei es des Diskurses des Fernsehens, der Werbung, der Pornoindustrie oder der obszönen Literatur, um dann deren Macht- und Gewaltstrukturen, die sich auch in der Sexualität manifestieren, zu entlarven. Da diese Diskurse dem Zitationsverfahren und dem Verfahren der Überlagerungen unterliegen, werden sie aus ihren ursprünglichen Kontexten (man könnte sagen: „kulturellen Räumen")[91] herausgerissen und in einen neuen textuellen Kontext (Ort) versetzt. Diese Verortung wird zudem durch die Verschiebung aus der Peripherie ins Zentrum des Textes ergänzt. In *Lust* spielt die Handlung eine untergeordnete Rolle, im Gegensatz zum eher traditionell erzählten Roman *Die Klavierspielerin*. Der Fokus liegt nicht länger auf der Narration einer Geschichte, auch wenn ein Handlungsgerüst vorhanden ist,[92] sondern auf der Sprache selbst. Aus diesem Grund bezeichnet Marlies Janz den Prosatext *Lust* als ein „sprachliches" Projekt, das als „Projekt der Reflexion und Destruktion einer ideologisierten Sprache der Sexualität"[93] zu begreifen ist. Im Fokus steht die Sprache, die als Sprachmontage zu verstehen ist und als Ort der Manifestation gesellschaftlicher Hierarchien und Machtverhältnisse dient. Die Autorin konzipiert den Text als ein ‚bewegliches' Gefüge, indem sie (ideologisierte) (inter)textuelle Räume in Bewegung setzt. Der Text ist nicht statisch, sondern mobil, er bezieht sich auf andere Texte und durchkreuzt sie, er ist ebenso reproduktiv wie produktiv. In dem vorliegenden Kontext konstituiert sich ein Raum, innerhalb dessen eine inter- oder intratextuelle Verdichtung erfolgt. Die Verdichtung des textuellen Raumes wird durch die Zitation als dominierende Schreibtechnik in *Lust* erreicht.[94]

Der Prosatext *Lust* scheint eine Anspielung auf den Roman *Lust* (*Il Piacere*, 1889) des skandalumwitterten italienischen Dichters Gabriele D'Annunzio zu sein, dessen Werk jahrelang auf dem Index Librorum Prohibitorum (Verzeichnis der verbotenen Bücher) stand und in der deutschen Übersetzung von Claudia Denzler im Jahre 1909 erschien. Der Verweis auf diesen Intertext liegt nahe, da D'Annunzio als Figur schon im Stück

90 Vgl. M. Janz, *Elfriede Jelinek*, S. 113.

91 Raum wird nicht im Sinne von Territorialität verstanden, sondern als „eine spezifische Verortung kultureller Praktiken". Vgl. D. Bachmann-Medick, *Cultural Turns. Neuorientierungen in den Kulturwissenschaften*, S. 290.

92 Darüber äußert sich detailliert Uda Schestag. Vgl. U. Schestag, *Sprachspiel als Lebensform. Strukturuntersuchungen zur erzählenden Prosa Elfriede Jelineks.*

93 M. Janz, *Elfriede Jelinek*, S. 113.

94 Mit der strukturierenden Intertextualität bei Jelinek befasst sich u.a. Uda Schestag. Vgl. U. Schestag, *Sprachspiel als Lebensform*, S. 194ff.

Clara S. Eine musikalische Tragödie von Jelinek eingesetzt und in den Zusammenhang eines faschistoiden Sexismus gestellt wurde.[95] In *Il Piacere* manifestiert sich D'Annunzios „Idealbild eines jungen Mannes, der sich durch seine Herkunft, seine literarische und künstlerische Begabung, seinen Geschmack, Reichtum, Schönheit und Vitalität deutlich abhebt."[96] Kunst und Leben – genauer: Lebenslust – sind die beiden Pole, zwischen denen sein Leben oszilliert.[97] Als Gefangener seiner Natur, seines schwachen Willens und Wankelmutes, ist er für alle Arten von Reizen und Einflüssen besonders empfänglich. In Konsequenz dessen mangelt es seinen Gefühlen an Tiefe und Beständigkeit. Zwischen seinen Gefühlen für die *Femme fatale* Elena Muti und die madonnenhafte Maria Ferres schwankend, erkennt Andrea Sperelli in einem Moment der Selbstanalyse, dass er wankelmütig, falsch, widersprüchlich, unbeständig ist.[98] Zur Selbstreflexion ist der Hauptprotagonist in Jelineks *Lust* nicht fähig. Hermann ist in gewissem Sinne ein Gegensatz zu Andrea Sperelli zu betrachten: Er ist brutal, despotisch, es scheint, als sei ihm das Geistige nicht besonders wichtig, und es fehlt ihm auch an raffinierter Sensibilität. Dennoch ist eine Gemeinsamkeit zwischen den beiden männlichen Figuren festzustellen: das starke Bedürfnis, dem Trieb nachzugehen. Der wesentliche Unterschied besteht darin, dass Jelineks Protagonist im Sinnesrausch die Grenzen der Besessenheit überschreitet. Nicht die Verwirklichung eines idealen Daseins des sinnlichen Genusses steht im Zentrum Jelineks Roman. Die vollständige Aneignung des Titels (Titelzitat) deutet zwar auf die männliche Lust („in der extremen Variante der alltäglichen häuslichen Vergewaltigung und der kommerziellen Gewalt-Pornographie"[99]) als Thema des Romans hin. Die Anspielung auf D'Annunzio lässt sich auch als Verwirrspiel lesen, wie es im Nachwort zu *Der Name der Rose* zu Umberto Ecos Werk gefordert wird: „Ein Titel soll die Ideen verwirren, nicht ordnen."[100] Diese Interpretation gewinnt an Bedeutung, wenn man die weiblichen Protagonistinnen in Betracht zieht. Elena Muti (die Verkörperung der *Femme fatale*) oder die madonnenhafte Maria Ferres weisen keine Ähnlichkeiten mit der Figur Gerti auf, die aus reiner Verzweiflung zur Mörderin wird. So manifestiert sich eine Triade der weiblichen Gestalten: Femme fatale – Madonna – Mörderin, die als drei (negative) Haltungen der männlichen Welt der Lüste gegenüber verstanden werden können. Ist eine positive Haltung möglich? Gewiss nicht in der Sprache, die traditionell dem männlichen Diskurs zugeordnet wird.[101] Vielleicht aus diesem Grund lässt sich der Titel des Romans als Refe-

95 Vgl. M. Janz, *Elfriede Jelinek*, S. 111–112.

96 N. Riedler, *Der Niedergang des Humanismus. Zwischen Vitalismus und Aristokratie des Geistes*, in: *Humanismus polyphon: Menschlichkeit im Zeit-alter der Globalisierung*, hrsg. v. G. Rebane, K. Bendels u. N. Riedler, transcript, Bielefeld 2009, S. 71–88, hier 80.

97 Ebd., S. 80.

98 Vgl. G. D'Annunzio, *Lust*, übers. v. C. Denzler, Reclam, Stuttgart 1995, S. 333.

99 M. Janz, *Elfriede Jelinek*, S. 111.

100 U. Eco, *Nachschrift zum ‚Namen der Rose'*, übers. v. B. Kroeber, dtv, München 1986, S. 11.

101 Will die Autorin jenen Raum erobern, in dem die Frau sich zu artikulieren vermag? Gewiss. Auf welche Weise es sicher nicht geht, zeigt u.a. ihr Roman *Die Klavierspielerin* am Beispiel der „Damen Kohut". Mehr darüber bei H. Appelt, *Die leibhaftige Literatur: Das Phantasma und die Präsenz der Frau in der Schrift*, Quadriga, Weinheim 1989, S. 211–218.

renz zu den christlichen Todsünden interpretieren, wobei insbesondere die dritte Sünde – *Luxuria* – Wollust, die mit Ausschweifung, Genusssucht und Begehren assoziiert wird, im Fokus steht. Eine ähnliche Titulierung findet sich in anderen Romanen von Jelinek, wie etwa *Gier* oder *Neid*. Gemäß dem Brief des Apostels Paulus an Timotheus (2. Timotheus 3, 2–5) wird in der Bibel vom Verfall der Frömmigkeit in der Endzeit gesprochen:

> 1 Das sollst du aber wissen, dass in den letzten Tagen schlimme Zeiten kommen werden. 2 Denn die Menschen werden viel von sich halten, geldgierig sein, prahlerisch, hochmütig, Lästerer, den Eltern ungehorsam, undankbar, gottlos, 3 lieblos, unversöhnlich, verleumderisch, zuchtlos, wild, dem Guten Feind, 4 Verräter, unbedacht, aufgeblasen. Sie lieben die Wollust mehr als Gott; 5 sie haben den Schein der Frömmigkeit, aber deren Kraft verleugnen sie; solche Menschen meide![102] [Herv. v. d. V.]

Menschen, die in Abhängigkeiten leben, bedürfen einer Befreiung. Es stellt sich die Frage, ob es sich hierbei um eine Warnung oder eine positive Prognose handelt, auch wenn diese einen Kontrapunkt zum Haupttext bildet. Eine mögliche Antwort auf diese Frage könnte in der Analyse des Paratextes liegen, also eines raumschaffenden Elements, das auf den Titel folgt. Unter der Prämisse, dass Paratexte laut Wirths Auffassung einen Zugang zum Haupttext eröffnen, kann auch das Motto als Übergangszone betrachtet werden, in der „die Grenzen zwischen all dem, was fiktiver Text ist und all dem, was nicht fiktiver Text ist, verhandelt werden."[103] Somit impliziert die Rede vom Paratext (Motto) als Übergangszone auch den Aspekt der Räumlichkeit als Form der Bewegung, durch die diese überhaupt erst konstituiert wird. Es handelt sich um „eine ‚Praktik im Raum', durch die der Leser den Weg aus der realen Lebenswelt in die fiktionale Welt des Textes finden soll."[104] Der paratextuelle Raum, mit Buchstaben gefüllt, verwandelt den leeren (schriftlosen) Raum in einen belebten, lebendigen Raum, der die genannte Bewegung ermöglicht. Obwohl dieser Raum im Vergleich zum nachfolgenden Haupttext eine marginale (periphere) Position einnimmt, darf seine Signifikanz nicht unterschätzt werden, da er die Erschließung neuer Texträume ermöglicht. Dies geschieht, wenn die Übergangszone von den Leser*innen durchschritten wird, wodurch sie Zugang zum Folgetext erhalten. Das Motto wird folglich zu einem Ort, an dem die Leser auf eine spezifische Lektürehaltung eingestimmt werden. Es ist eine Vor-Schrift im doppelten Sinne: das Motto ist schriftlich vor dem Haupttext positioniert und enthält Leseanweisungen, wodurch es regelnd den Text einwirkt und dazu dient, einen Zugang zum Text herzustellen.

Die Übergangszone in *Lust* bildet ein Zitat des berühmten spanischen Mystikers aus dem 16. Jahrhundert, Johannes vom Kreuz (span. Juan de la Cruz):

---

102 *Bibel*, in: http://www.bibel-online.net/buch/dual/luther_1912/2_timotheus/3/schlachter_1951/2_timotheus/3/ (Zugriff am 12.02.2023).

103 U. Wirth, *Paratext und Text als Übergangszone*, in: *Raum und Bewegung in der Literatur. Die Literaturwissenschaften und der Spatial Turn*, hrsg. v. W. Hallet u. B. Neumann, transcript, Bielefeld 2009, S. 167–177, hier 167.

104 Ebd., S. 157.

Tief in versenktem Raume
trank ich vom Freund ... Als ich zum Tag mich wandte,
war bis zum fernsten Saume
kein Ding, das ich noch kannte –
die Herde war entrückt, mit der ich rannte.
Johannes vom Kreuz (*Lust*, S. 5)[105]

Der in diesem Zitat verwendete Quellentext ist *Der Geistliche Gesang* (*Cántico espiritual*), der neben den Werken *Die dunkle Nacht der Seele* (*Noche oscura del alma*) und *Die lebendige Flamme der Liebe* (*Llama de amor viva*) zu den bekanntesten dieses Mystikers gehört. Es handelt sich um einen Dialog in Liedstrophen zwischen Bräutigam (Personifizierung Gottes bzw. Christus) und Braut (die Menschenseele), in dem die Metapher der Seelenrückkehr zu Gott eine Form der Liebeslyrik erhält. Inspiriert von dem *Hohelied* aus der Bibel, symbolisiert der Gesang die mystische Vereinigung des Menschen mit Gott. Der Autor selbst liefert einen Prosakommentar zu dem Gesang:

> Die Menschenseele erzählt in dieser Strophe von dem unübertrefflichen Gnadengeschenk, das Gott ihr machte, als er sie in das Innerste seiner Liebe hineinzog, nämlich in die Liebeseinung oder -gleichgestaltung mit Gott; und sie spricht über die Früchte, die sie daraus gewonnen hat, nämlich Vergessen und Entfremdung von allen Dingen der Welt und Absterben all ihrer Strebungen und Wohlgefühle.[106]

Das dem Roman vorangestellte Zitat wird aus dem Kontext seines Quellentextes herausgelöst und in einen neuen textuellen Raum eingebettet. In der Folge dissoziiert es sich von seiner ursprünglichen Bindung an den Quellentext und stellt eine neue Verbindung zum Empfängertext her. Es wird durch eine bestimmte Funktion, die ihm zugewiesen wurde, definiert. Das Motto, das traditionell als Leit- und Wahlspruch dient, kann die Funktion haben, die Idee des Werkes anzudeuten, bzw. den Leser auf den Inhalt des Folgetextes vorzubereiten.[107] Rosemarie Gläser weist mit Recht darauf hin, dass das Motto in der Regel nicht ausschließlich einer dekorativen Funktion unterliegt.[108] In der Regel bewirkt das Motto eine thematische Kohärenz zwischen dem Buchtitel und dem Folgetext, wobei ein Schlüsselwort entweder als „Primärnomination oder als Kontextsynonym in dem Folgetext wieder auftritt oder mit Hilfe inhaltlicher Assoziationen und Implikaturen, die der

---

105 E. Jelinek, *Lust*, Rowohlt Verlag, Reinbek bei Hamburg 2000. Polnische übersetzung: E. Jelinek, *Pożądanie*, übers. v. E. Kalinowska, W.A.B., Warszawa 2007.

106 J. vom Kreuz, *Der Geistliche Gesang. Vollständige Neuübertragung*, hrsg. v. U. Dobhan, E. Hense u. E. Peeters, Herder, Freiburg 1997, S. 134.

107 Diese Definitionselemente werden in allgemeinen Lexika aufgeführt, z.B. im *Sachwörterbuch für den Literaturunterricht Klasse 9 bis 12*, hrsg. v. K. Kasper, Volk und Welt, Berlin 1983, S. 123. Vgl. R. Gläser, *Das Motto im Lichte der Intertextualität*, in: *Textbeziehungen. Linguistische und Literaturwissenschaftliche Beiträge zur Intertextualität*, hrsg. v. J. Klein u. U. Fix, Stauffenburg Verlag, Tübingen 1997, S. 259–301, hier 260.

108 R. Gläser, *Das Motto im Lichte der Intertextualität*, S. 297.

Rezipient durch eine kognitive Handlung selbst herstellen muss."[109] Dies lässt sich auch auf *Lust* übertragen. Im Motto findet sich das Wort „Herde" wieder („die Herde war entrückt, mit der ich rannte"), das im Folgetext wiederkehrt und „den gesamten Diskurs von *Lust* durchzieht als Metapher für den an der Frau wie an der Natur sich bloß »weidenden« Konsum"[110]. Es ist daher als kohärenzstiftendes Schlüsselwort zu betrachten, das jedoch eine neue Bedeutung erhält. Der Begriff ‚Herde' ist in der Bibel über hundert Mal präsent (Luther: 122, Gute Nachricht Bibel: 180, Einheitsübersetzung: 137).[111] Im *Hohelied* hingegen erscheint er acht Mal und wird positiv konnotiert. Dort wird er als eine Bezeichnung für eine zusammengehörige Menge Vieh bezeichnet, die als „Begleitpersonen" der Gefährten personifiziert wird: „Du, den meine Seele liebt, sag mir: Wo weidest du die Herde? Wo lagerst du am Mittag? Wozu soll ich erst umherirren bei den Herden deiner Gefährten?" (Einheitsübersetzung, *Hohelied*, 1, 7).[112]

Diese Bedeutungsfärbung manifestiert sich ebenfalls im Gesang von Johannes vom Kreuz. In *Lust* wird aber das Schlüsselwort „Herde" verächtlich im Sinne von Horde, Masse verwendet und in den Folgetext voll integriert. Dies hat nicht nur die Desakralisierung des Begriffes zur Folge hat, sondern auch die „Entmystifikation der Heilung von (männlicher) Sexualität."[113] Das vorliegende Motto fungiert folglich nicht als Rezeptionsanreiz oder zur emotionalen Einstimmung der Leser*innen. Es trägt auch nicht zur Argumentation, zur weltanschaulichen Überzeugung und zum Autoritätsbeweis bei. Das Motto fungiert in diesem Kontext nicht als eine Art Bekenntnis oder einer Devise.[114] In

109 Ebd., S. 297.

110 M. Janz, *Elfriede Jelinek*, S. 117. Die Forscherin zitiert hier Fliedl. Vgl. K. Fliedl, *Natur und Kunst. Zu neueren Texten Elfriede Jelineks*, in: *Das Schreiben der Frauen in Österreich seit 1950*, hrsg. v. W. Buchebner Literaturprojekt, Böhlau, Wien 1991, S. 95–118, hier 98–99.

111 Daten nach *Bibel*, http://www.bibleserver.com (Zugriff am 10.09.2023).

112 Luther: „Sage mir an, du, den meine Seele liebt, wo du weidest, wo du ruhst am Mittag, damit ich nicht herumlaufen muss bei den Herden deiner Gesellen" (*Hohelied*, 1, 7). Unrevidierte Elberfelder: „Sage mir an, du, den meine Seele liebt, wo weidest du, wo lässest du lagern am Mittag? Denn warum sollte ich wie eine Verschleierte sein bei den Herden deiner Genossen?" (*Hohelied*, 1, 7). Rev. Elberfelder: „Erzähle mir, du, den meine Seele liebt, wo weidest du? Wo lässt du lagern am Mittag? Wozu denn sollte ich wie eine Verschleierte sein, bei den Herden deiner Gefährten?" (*Hohelied*, 1, 7). Gute Nachricht Bibel: „Sag mir, Geliebter, wo kann ich dich finden? Wo ruhn deine Schafe mittags, wenn's heiß wird? Andere Hirten, was sollen sie denken, wenn ich nach dir frage, überall suche?" (*Hohelied*, 1, 7). Ebd.

113 M. Janz, *Elfriede Jelinek*. S. 116. Konstanze Fliedl legt überzeugend dar, wie Jelinek das im Motto etablierte Bild der Herde im Haupttext wiederholt und mit sämtlichen bedrohlichen Konnotationen verbindet. Vgl. K. Fliedl, *Natur und Kunst. Zu neueren Texten Elfriede Jelineks*, S. 98. Dies erwähnt auch Karl Wagner. Vgl. K. Wagner, *Lieblingsheiliger? San Juan de la Cruz in der österreichischen Literatur nach 1945*, in: *Transkulturelle Beziehungen. Spanien und Österreich im 19. und 20. Jahrhundert*, hrsg. v. M. Siguán u. K. Wagner, Rodopi, Amsterdam 2004, S. 281–292, hier 288.

114 Auf diese Arten von Funktionen verweist Rosemarie Gläser (R. Gläser, *Das Motto im Lichte der Intertextualität*, S. 263–264) in Bezug auf Rudolf Böhm, der folgende Funktionen des Mottos differenziert: 1. Emotionale Einstimmung (der Leser soll sich innerlich auf die Lektüre einstellen), 2. Rationale Vorbereitung (der Leser soll sich intellektuell mit Motto und Folgetext auseinandersetzen und konzeptionelle Parallelen erkennen), 3. Inhaltsbezogene Information (das Motto kann

Lust dient dieser Paratext vielmehr der „rationalen Vorbereitung", die darin besteht, dass die Lesenden sich mit dem Motto sowie dem Folgetext auseinandersetzen und konzeptionelle Parallelen identifizieren.[115] Es sei darauf hingewiesen, dass zwar kein Quellenwerk genannt wird, jedoch der Name des Autors des Zitats angegeben ist. Die Leser*innen müssen mithilfe ihrer Verstehensvoraussetzungen in der Lage sein, das Motto in den neuen Kontext (Empfängertext) einzugliedern, d.h. die thematische Kohärenz selbst herzustellen. Eine Betrachtung des Mottos sowie der abschließenden Worte im Prosatext *Lust*: „Aber nun rastet eine Weile!", lässt sich mit Tom Mustroph konstatieren, dass „Jelinek einen Ausbruch aus dem alternativlosen Lust durchziehenden Machtgefüge, eine Flucht aus dem hermetischen Raum der Herde für möglich hält."[116] Gemäß dem Motto „Als ich zum Tage mich wandte" (*Lust*, S. 5) wird eine grundsätzliche Möglichkeit einer Veränderung angedeutet, wozu auch die Veränderbarkeit der gesellschaftlichen Machtverhältnisse zählt.[117] Aber nur unter der Prämisse, wenn eine Abkehr von der als „entrückt" (*Lust*, S. 5) beschriebenen Herde vollzogen wird, nur weil man eben Lust dazu hätte. Diese Interpretation könnte als eine positive Prognose verstanden werden, die die in der Titeldeutung geschilderte Befreiung miteinbezieht und somit die Antwort auf die verkehrte Bedeutung des Titels liefert.

Es stellt sich die Frage, welche Form der Titel in der polnischen Übersetzung annimmt und welche Reaktion bei Rezipient*innen durch die polnische Übertragung der „Primärbotschaft des Textes"[118] hervorgerufen wird, sowie ob die von der Autorin des Ausgangstextes intendierten Bedeutungen bzw. Funktionen auf die Empfänger*innen der Zielkultur übertragen worden sind. Auf der semantischen Ebene lassen sich im Polnischen einige Lexeme identifizieren, die den Bedeutungsfeldern des deutschen Wortes „Lust" entsprechen. Den Bedeutungsumfang des deutschen Substantivs „Lust" spiegeln folgende polnische Nomen wider: 1. ochota, chęć (dt. Lust, Verlangen), 2. przyjemność, zadowolenie, radość (dt. Vergnügen, Behaglichkeit, Freude), 3. żądza, pożądliwość, chuć (dt. Begierde, Begehren, Wollust). Die zwei ersten Bedeutungsfelder sind positiv konnotiert und wirken asexuell, wobei das erste dem auf die Befriedigung eines Wunsches gerichteten Verlangen (dem inneren Bedürfnis, etwas Bestimmtes zu tun, haben zu wollen) und

---

zur Titel-Erhellung dienen und ein „stofflicher Vorwurf", d.h. Vorgriff sein), 4. Autorenkommentar (die in der Ich-Form gehaltenen Motti haben die „Funktion der Beglaubigung" und stützen die Argumente des Autors), 5. Spannungserregung (Anreiz zur Lektüre; Wecken des Interesses des Lesers), 6. Kontrast (Die Aussage des Mottos kann der Aussage des Werkes, dem es vorangestellt ist, entgegengesetzt sein, woraus ein besonderer Reiz entstehen kann), 7. Integration (die Aussage des Mottos bietet Aufschluss über das Gesamtwerk eines Autors). Vgl. R. Böhm, *Das Motto in der englischen Literatur des 19. Jahrhunderts*, Fink, München 1975, S. 110–111.

115 Vgl. R. Gläser, *Das Motto im Lichte der Intertextualität*, S. 263.

116 T. Mustroph, *Lektüren. Von der Autorintention hin zur freien Semiose. Schleiermacher – Gadamer – Iser – Derrida. Pynchon – Kundera – Jelinek*, Tectum Verlag, Marburg 2000, S. 114.

117 Matthias Luserke gelangt zu der Schlussfolgerung, dass Jelineks Buch zugleich eine Art Restutopie beinhaltet. Vgl. M. Luserke, *Ästhetik des Obszönen. Elfriede Jelineks „Lust" als Protokoll einer Mikroskopie des Patriarchats*, in: Text und Kritik, 1993, Heft 117, S. 60–67, hier 66.

118 L. Lubimova-Bekman, *Rezeption von Aphorismen: Eine textlinguistische Studie*, Erich Schmidt Verlag, Berlin 2001, S. 72.

das zweite angenehmen freudigen Gefühlen (auch gesteigerte Freude; Vergnügen) entspricht. Das dritte Feld betrifft sinnliche (fleischliche) Triebe und Leidenschaften. Die vorliegende Vielfalt an translatorischen Lösungen erschwert grundsätzlich die adäquate Wiedergabe des mehrdeutigen Titels mit einem Wort. Auf der Ebene der intertextuellen Bezüge scheint die Übertragung eine größere Leichtigkeit aufweisen. Die polnische Übersetzung des Romans *Il Piacere* trägt den Titel *Rozkosz*.[119] Das Vorhandensein des Intertextes in der Zielkultur ermöglicht die intertextuelle Verortung von Jelineks Titel in der Zielkultur, sofern seitens des Übersetzers/der Übersetzerin das intertextuelle Verfahren zur bewussten Strategie der Transposition des Textes in die Zielsprache zur Anwendung kommt. Im Falle des Werks von Jelinek ist eine zusätzliche translatorische „Vereinfachung" festzustellen: das polnische Substantiv „rozkosz" trägt die Bedeutung, die auch vom deutschen Substantiv „Lust" abgedeckt wird. Das Wort „rozkosz" kann einerseits als Synonym für die höchste Stufe der Freude, Annehmlichkeit und Sinnesrausch (poln. „najwyższy stopień uczucia przyjemności, upojenia, radości"[120]), und andererseits bedeutet es in der Pluralform etwas Angenehmes für die Sinne, Genuss, Lustgefühl (poln. „to, co wywołuje to uczucie, rzecz przyjemna, miła dla zmysłów"[121]) sowie auch ‚sinnliches Vergnügen'. Die Entscheidung der Übersetzerin für das Titelzitat wäre dann aus zwei Gründen legitim. Erstens würde der potenzielle Titel *Rozkosz* intertextuell bleiben, da er auf D'Annunzios Roman verweist. Zweitens würde er dialogisch wirken, da er eine positive Färbung enthält (Freude und Wohlgefühl miteinschließend). Dadurch würde er zum Folgetext teilweise im Widerspruch stehen. Dies würde den Leser bzw. die Leserin zusätzlich zur intellektuellen Auseinandersetzung mit Titel und Haupttext anspornen. Infolgedessen würde auch der Raum des Paratextes eröffnet, mit (Leser-)Bewegung verbunden und somit zu einer dynamischen Größe werden. Es könnte eine Überlegung wert sein, ob die Entscheidung für das semantisch besser passende Nomen „rozkosz" nicht eine zu große Nähe zu D'Annunzios Roman evoziert.[122] Diese Überlegung verliert ihre Stärke, wenn der Bedeutungsumfang des polnischen Titels *Pożądanie* reflektiert wird. Das von dem Verb abgeleitete Substantiv „pożądanie" bedeutet im Polnischen das Verlangen, das Streben nach etwas (im weiten Sinne), besonders nach Befriedigung der Triebe. Der polnische Titel scheint eine Anpassung an die Handlung zu sein, da er die Befriedigung der sexuellen Bedürfnisse des Hauptprotagonisten in den Fokus stellt. In der

119 G. D'Annunzio, *Rozkosz*, übers. v. J. Ruffer, Księgarnia Polska B. Połonieckiego, Lemberg 1906.

120 *Słownik Języka Polskiego*, Bd. 3, hrsg. v. M. Szymczak, Wydawnictwo Naukowe PWN, Warszawa 1996, S. 88.

121 Ebd.

122 Diesen Zweifel äußert Elisabeth Klocker in Bezug auf die italienische Übertragung. Sie meinte, dass das Titelzitat in übermäßiger Weise auf D'Annunzio verweist, während dies im Original in seiner Wirkung nicht in demselben Maße erreicht wird. In der italienischen Übertragung von *Lust* wird im Titel das Wort ‚La voglia' anstelle von ‚Il piacere' verwendet. Vgl. E. Klocker, *Von „Lust" zu „La voglia". Betrachtungen zur literarischen Übersetzung* [Diplomarbeit], Universität Wien, Wien 2009, in: https://jelinetz.com/2009/ (Zugriff am 25.06.2024).

Konsequenz manifestiert sich der Titel als monologisch, immobil und adiskursiv.[123] Er wird in seiner Bedeutung eingeschränkt, wodurch dessen Funktion als Primärbotschaft des Textes nicht gewährleistet wird. Die polnischen Rezipient*innen werden in Bezug auf den Folgetext nicht vorbereitet, sondern sogar des weiteren Paratextes ‚beraubt', bei dem es sich immerhin um einen bedeutenden Hinweis für die Erschließung der intertextuellen Schreibstrategie der Autorin handelt – das Motto.[124] In der polnischen Version bleibt dieser paratextuelle Raum zwischen dem Titel und dem Haupttext jedoch leer. Es wurde also der Eindruck vermittelt, dass dieser Raum nicht existiert und ist zur Ortlosigkeit – zur (intertextuellen) Atopie (griechisch ατοπία – atopía) – ‚verurteilt'. Dem ‚leeren' Raum, der durch Unverortbarkeit charakterisiert wird, wird selbst ein leeres Blatt verwehrt: Im Original erscheint nach der Titelseite und einer Seite mit dem Motto eine leere Seite, erst dann folgt das erste Kapitel. In der polnischen Druckversion beginnt der Haupttext nach der Titelseite, sodass die Lesenden unmittelbar mit der fiktiven Welt konfrontiert werden, ohne dass sie durch die Lektüre des Mottos zum Nachdenken angeregt werden. Das leere Blatt fungiert als eine unsichtbare Markierung, die den Paratext vom Folgetext abgrenzt, jedoch nicht „im Sinne einer klar definierten Grenzlinie, sondern als mehr oder weniger unbestimmte Grenzzone, das heißt als Grenze im Sinne der ‚frontier', nämlich als unbewohntes Niemandsland."[125] Der Begriff „frontier" bezeichnet einen unbegrenzten, freien Raum, der die Möglichkeit künftiger Besiedlung eröffnet.[126] Die „Frontier" kann demnach als ein Raum interpretiert werden, der als Möglichkeitsraum für die „intellektuelle Besiedlung" seitens der Rezipient*innen des (Para)Textes infolge einer engagierten Lektüre betrachtet werden kann. Der damit angesprochene Aspekt der Bewegung (= Besiedlung) im Raum findet dann keine Realisierung. Dies ist zum einen auf die Abwesenheit einer Bewegung im Sinne einer Lesebewegung zurückzuführen, bei der Schriftzeichen mit dem Auge in Worte und Sätze zusammengefasst werden. Zum anderen findet sich keine Lesebewegung in Verbindung mit der Auslegung. ‚Intellektuelle Besiedlung' der paratextuellen Räume seitens der polnischen Leser*innen kann demnach nicht stattfinden. Die Rezipient*innen werden somit nicht zur rationalen Auseinandersetzung mit dem textuellen Raum des Prosatextes aufgefordert.

3.3.2 Zielkulturbedingte Entortung des Romantitels *Die Ausgesperrten*

Im Übersetzungsprozess sind Bezüge auf andere Texte von entscheidender Bedeutung, da sie einen essentiellen Interpretationsschlüssel darstellen und dazu beitragen, die In-

123 Diskursiv sein heißt buchstäblich in Bewegung sein, den Ort wechseln, hin und her und fortlaufen. Vgl. H. Appelt, *Die leibhaftige Literatur: Das Phantasma und die Präsenz der Frau in der Schrift*, S. 215.

124 Da das Motto hinsichtlich der Makrostruktur des aufnehmenden Textes einen ähnlichen Status wie das Vorwort, die Widmung, die Danksagung, der Titel und/oder Untertitel hat, soll es in der Übersetzung nicht fehlen.

125 U. Wirth, *Paratext und Text*, S. 169.

126 Ebd.

tention des Textes zu rekonstruieren. Die Analyse des kontextuellen Kanons durch die potenziellen Übersetzer*innen ist von signifikanter Relevanz, da diese Analyse eng mit der dargestellten Welt, der referentiellen und konnotativen Ebene im Sinne von Verweisen auf kulturelle Texte verbunden ist (die Frage nach der Exotisierung bzw. Naturalisierung der Übersetzung – nach Schleiermachers Terminologie der sog. eingebürgerten Übersetzung und der verfremdeten Übersetzung – sei an dieser Stelle vernachlässigt, da sie bereits die Übersetzungsstrategie der Übersetzer*innen betrifft). Aus den genannten Gründen erscheint es für die Zwecke der Übersetzungskritik und Rezeptionsgeschichte sinnvoller, eine Typologie der intertextuellen Bezüge nicht nach dem Kanon, sondern nach ihrer Gültigkeit, semantischen Ladung oder der *intentio operis* (Eco) zu erstellen. Es ist wichtig, zwischen primären Verweisen, die für die Dekontextualisierung und Rekontextualisierung obligatorisch sind, und sekundären Verweisen, die den Sinn des Werks ergänzen oder einen ‚semantischen Überschuss' darstellen, zu unterscheiden. Innerhalb der primären (und sekundären) Bezüge sollte eine Differenzierung zwischen expliziten und impliziten Bezügen erfolgen. Die expliziten Bezüge stellen in der Regel kein Übersetzungsproblem dar, da die Tatsache, dass sie offengelegt und explizit sind, eine Strategie der Dekontextualisierung und (möglichen) Rekontextualisierung inkludiert. Implizite Verweise hingegen, die z.B. in Form eines Zitats mit einer semantischen Veränderung, bzw. als Anspielung mit einer Umkehrfigur usw. realisiert werden, können für die nicht ‚forschenden' Übersetzer*innen durchaus ein Problem darstellen und zur Folge haben, dass den Übersetzer*innen die Rolle eines Forschers, eines ausgezeichneten Hermeneutikers, eines Experten für beide Kanons (den literarischen und den kontextuellen) auferlegt wird. Es gibt weitere Aspekte zu berücksichtigen. In Anbetracht der Tatsache, dass die Übersetzer*innen das Original zunächst dekontextualisieren und dann rekontextualisieren und – laut Bożena Tokarz – aufgrund ihrer Zugehörigkeit zu mindestens zwei Kulturen und aufgrund ihres doppelten Bewusstseins – des Empfängers und des Senders zugleich – die intertextuellen Möglichkeiten des Textes erweitern („rozszerza on możliwości intertekstualne tekstu dzięki swej przynależności do dwóch, co najmniej, kultur oraz ze względu na podwójną świadomość – odbiorcy i nadawcy jednocześnie"[127]), lässt sich feststellen, dass die Übersetzer*innen aufgrund der doppelten Kompetenz mindestens zwei Kulturmodelle und damit – im Extremfall – vier Referenzkanons (zwei obligatorische und zwei kontextuelle) aktivieren. In einigen Fällen kann es dazu kommen, dass ein literarisches Werk in einen doppelten Kulturkontext verstrickt ist, wobei die Ausgangskultur und die referenzierte Kultur zu berücksichtigen sind. Die Übersetzung eines solchen Werkes aktiviert demnach eine dritte Kultur, die als zusätzliche Übersetzung in der Zielkultur betrachtet werden kann. Diese dritte Kultur fungiert folglich als eine Art Linse, durch die die referenzierte Kultur ‚betrachtet' wird. In der Folge ist es die Aufgabe der Übersetzer*innen, die Rolle der Forscher*innen und Expert*innen für die drei Kulturen zu übernehmen.

127 B. Tokarz, *Wzorzec, podobieństwo, przypominanie*, Śląsk, Katowice 1998, S. 22–23.

Ein Beispiel für ein Werk, dessen Übersetzung in einen dreifachen kulturellen Kontext eingebunden ist, ist der Roman *Die Ausgesperrten*. Er wird als ein Musterbeispiel für einen intertextuellen Text betrachtet, in dem die Dechiffrierung intertextueller Bezüge gewährleistet wird, um garantiert die Intention des Textes zu erfassen. Der Titel des Romans weist bereits intertextuelle Elemente auf. Jelinek behandelt den Titel (Paratext) immer als eine Aussage über das Werk. Es kann demnach konstatiert werden, dass die Romantitel als eine initiale „Meta-Aussage" (*inicjalna metawypowiedź*[128]) fungieren und in diesem Fall weniger auf einen einzelnen Gegenstand verweisen (Identifikationsfunktion), sondern ihn kommentieren. Der Titel manifestiert sich folglich – um mit Danuta Danek zu sprechen – in seiner vollständigen und unantastbaren Form, d.h. in seiner semantischen Aufladung („funkcjonuje w pełnej, nienaruszalnej postaci – bo w pełni swego obciążenia znaczeniowego"[129]). Dies lässt sich auch im Roman *Die Ausgesperrten* veranschaulichen, da der Titel einen Dialog mit einem anderen Text (Prätext) führt. Der einzige Indikator (Signal) für den intertextuellen Bezug ist, dass auf der Erzählebene ein ähnliches Motiv wie im Prätext aufgegriffen wird. Erst etwa in der Mitte des Romans findet sich eine Stelle, die einen intertextuellen Hinweis auf den ‚Dialograum' enthält. Die Hauptfigur, Rainer, unternimmt gemeinsam mit seinem Vater einen Sonntagsausflug ins Waldviertel. Auf der Rückfahrt reflektiert er sein Verhalten und ist beschämt sowie entsetzt über die Onanie seines Vaters. Er wägt den verzweifelten Schritt ab:

> Rainer lenkt das Fahrzeug durch Nebenstraßen auf den Stausee zu, schon kommt er der Natur bedrohlich nahe, die einen saugenden Schlund öffnet, um ihn in sich hineinzuziehen. [...] Jetzt gehen wir beide gemeinsam drauf, horribel, denkt Rainer und steigt aufs Gas, sofort röhrt der relativ schwache, doch ausreichend starke Motor auf. (AUS, 149)

> Bocznymi drogami Rainer kieruje pojazd prosto na sztuczne jezioro, dociera niebezpiecznie blisko natury, która otwiera przed nim wciągającą otchłań, by go pochłonąć. [...] Teraz nas obydwu diabli wezmą, to makabryczne, myśli Rainer i dodaje gazu, natychmiast zaczyna wyć stosunkowo słaby, lecz wystarczająco mocny silnik. (WY, 150)

Die suizidale Autofahrt, die zum Tod von Vater und Sohn führen soll, erinnert an die Schlussszene aus Jean-Paul Sartres Stück *Les séquestrés d'Altona*. Am 23. September 1959 wurde das Stück in Paris am Théâtre de la Renaissance uraufgeführt.[130] Ein Jahr später am 29. April wurde es in München an den Kammerspielen unter dem Titel *Die Einge-*

128 D. Danek, *Dzieło literackie jako książka. O tytułach i spisach rzeczy w powieści*, PWN, Warszawa 1980, S. 76–77

129 Ebd., S. 82.

130 J.-P. Sartre, *Les séquestrés d'Altona*, Gallimard, Paris 1960, S. 8.

schlossenen von Altona auf Deutsch[131] aufgeführt. Es ist daher nicht davon auszugehen, dass der Protagonist Rainer es kannte (die Handlung des Romans spielt Mitte der 1950er Jahre). Die Wiederholung der Szene dient in diesem Fall nicht der Charakterisierung des Protagonisten, da es sich nicht um eine Nachahmung der Handlungen von literarischen Figuren handelt, sondern um eine Erklärung des Titels.

Das Substantiv „Eingeschlossenen" bezeichnet auf allen Seiten von etwas umgebene Personen, die keine Möglichkeit haben, einen Bereich oder Ort zu verlassen, und inkludiert auch Gefangene. Die deutschen Übersetzer verwenden metaphorisch das französische Substantiv *séquestrés*, das in der Rechtssprache eine Sequestration (einstweilige Inbesitznahme oder Verwaltung einer umstrittenen Sache durch einen Dritten) oder einen Sequester (einstweiligen Verwalter einer Sache) bezeichnet. Die Verbform *séquestrer* verweist nicht nur auf Sequestration selbst, sondern impliziert zudem, dass einer Person (oft unrechtmäßig) die Freiheit genommen wird. Das semantische Feld, das durch das französische Wort *séquestrés* evoziert wird, fungierte folglich als Ausgangspunkt für die deutschen Übersetzer bei der Suche nach einem geeigneten Äquivalent. Die Verwendung des Wortes „Eingeschlossenen" verweist auf das zentrale Motiv des Stücks, nämlich auf die Isolation der Hauptfigur Franz Gerlach von der Welt. Diese Isolation manifestiert sich in der Handlung dadurch, dass er sich in einem Zimmer mit zugemauertem Fenster im Haus seines Vaters in Altona einschließt. Die deutsche Fassung des Stücktitels von Sartres wird für Jelinek zum Gegenstand der Modifikation, indem sie eine Umkehrung des Titels vornimmt und so eine andere Lesart aufzwingt. Das von Jelinek verwendete Substantiv „Ausgesperrten" leitet sich vom Verb „aussperren" ab und evoziert Bedeutungen, die folgende Formulierungen ‚jemandem die Tür verschließen', ‚ihn nicht hereinlassen' suggerieren. Das Substantiv bezeichnet daher Menschen, die nicht hereingelassen wurden und denen man – umgangssprachlich – die Tür vor der Nase zugeschlagen hat. Das Verb „aussperren" ist zudem in der (wirtschaftlichen) Fachsprache im Sinne von ‚Arbeiter aussperren' zu verwenden. Die Aussperrung (poln. *lokaut*) ist eine Form des Konflikts zwischen Arbeitgebern und Arbeitnehmern, die in der Regel als Repressionsmaßnahme gegen einen Streik eingesetzt wird. Sie beinhaltet die Schließung von Betrieben und die Entlassung von Arbeitnehmern, mit dem Ziel, diese zu zwingen, schlechtere Arbeitsbedingungen zu akzeptieren.

Bei der Untersuchung der Bedeutung des Titels für Jelineks Roman ist es erforderlich, sich mit folgenden Fragen auseinanderzusetzen: Gegen wen die Tür verschlossen wird; welche Personengruppen von der Aufnahme auszuschließen sind; was unter dem Begriff „Innere" zu verstehen ist; ob sich der Titel auch auf Arbeitsverhältnisse bezieht. Jelineks Protagonisten sind keine Außenseiter und keine Individuen außerhalb der Gesellschaft, obwohl sie zufällige Passanten überfallen, ausrauben, verprügeln oder schließlich eine unschuldige Katze ertränken, um eine unmotivierte Tat (*acte gratuie*) zu begehen, oder auch eine Bombe in der Turnhalle legen. Anna ist eine der leistungsstärksten Schülerin-

131 J.-P. Sartre, *Die Eingeschlossenen von Altona*, übers. v. T. König, Rowohlt Verlag, Reinbek bei Hamburg 1991, S. 179. Die erste deutsche Übersetzung des Stücks erschien 1960, ebenfalls im Rowohlt Verlag, übersetzt von Herbert Liebmann und Renate Gerhardt.

nen in der Klasse und hat sich für ein Stipendium in Amerika beworben. Rainer verfügt über eine höhere Intelligenz und Lesefertigkeit. Sophie entstammt einer wohlhabenden großbürgerlichen Familie und Hans ist als Elektriker in einem der größten Unternehmen der Elektroindustrie, in der Elin-Union, tätig und arbeitet vorbildlich. Die Jugendlichen partizipieren am Familien- und am Schulleben, schaffen sich jedoch parallel dazu ihre eigene Welt, die von kriminellen Handlungen geprägt ist. Der Romantitel könnte metaphorisch auf den Ausschluss der Protagonisten aus der ‚transparenten' Welt verweisen, d.h. aus einer Welt, die nicht durch die jüngste Geschichte belastet ist und ein erkennbares Wertesystem sowie verlässliche Autoritäten besitzt. Die Protagonisten erleben die existenzielle Absurdität der Wirklichkeit, indem sie die verbrecherischen ‚Gesten' der Nazzizeiten direkt miterlebt (Familie Witkowski) und zugleich der Vergangenheit und des Todes der Opfer des Faschismus gedenken (Mutter von Hans). Diese Interpretation wird durch die semantische Implikationen des Titels bestätigt, der auf die Schlussszene aus Sartres Stück verweist. In dieser Szene wird die selbstmörderische Fahrt in einem schnellen Sportwagen am Elbufer entlang und dann über die als gefährlich eingestufte Teufelsbrücke beschrieben, welche Erinnerungen an Franz' Kindheit wachruft. Als achtjähriger Junge fuhr er mit seinem Vater einen Mercedes. Der beabsichtigte Doppelselbstmord von Vater und Sohn soll Franz' dreizehnjährige Isolierung beenden, die durch die Schuldzuweisung an den Vater für dessen eigene Taten (das Bewusstsein, Opfer der Erziehungsmethoden des Vaters zu sein) sowie durch seine eigene Schuld und Reue für das Verbrechen von Smolensk (als Täter bei der Folterung russischer Partisanen, Akt V, Szene 1) verursacht wurde. Für den Vater soll der Selbstmord, die Last der Verantwortung für das Schicksal seines Sohnes enden und das endgültige Urteil über seine Mitschuld an dem Verbrechen bedeuten. Franz' Vater hat das Familiengrundstück für ein Konzentrationslager verkauft,[132] wobei er nicht dazu gezwungen wurde, sondern lediglich die gnadenlosen Mechanismen der Wirtschaft und die kriegsbedingte Konjunkturförderung in der Metallindustrie genutzt, um seinen Reichtum zu mehren.[133] Bei Sartre manifestiert

132 In der polnischen Übersetzung ist von einem „Ort für ein Zwangslager" („miejsce na lagry", S. 49) die Rede, es heißt aber im Original „un camp de concentration" (*Les séquestrés d'Altona*, S. 71), auch in der deutschen Fassung „Konzentrationslager" (*Die Eingeschlossenen von Altona*, S. 34). Die semantische Verschiebung in der polnischen Übersetzung, die durch die Verwendung des Wortes „lagry" verursacht wird, reduziert die Intention von Sartres Werk.

133 So erklärt der Vater dieses Ereignis: „Seit Kriegsbeginn gab der Staat uns Aufträge. Die Flotte haben wir gebaut. Im Frühjahr 1941 liess mich die Regierung wissen, dass sie mir ein bestimmtes Gelände abkaufen wollen, für das wir keine Verwendung hatten" (*Die Eingeschlossenen von Altona*, Akt I, 2. Szene, S. 33–34). Im Original: „Depuis le début de la guerre, l'État nous passait des commandes. La flotte, c'est nous qui l'avons faite. Au printemps 41, le gouvernement m'a fait savoir qu'il désirait m'acheter certains terrains don't nous n'avions pas l'emploi" (*Les séquestrés d'Altona*, S. 70). In der polnischen Übersetzung: „Od wybuchu wojny wykonywaliśmy zamówienia rządowe. To myśmy stworzyli flotę. Wiosną 41r. zawiadomiono mnie z kancelarii Reichu, że chcą odkupić od nas pewne tereny, które stały bezużyteczne" (*Więźniowie z Altony*, S. 49). Die Vorwürfe von Franz, er habe den Nazis zu Diensten gestanden, werden von seinem Vater mit folgendem Satz entkräftet: „Ein bisschen weiter westlich, ein bisschen weiter östlich, die gleichen Häftlinge hätten unter den gleichen Kapos zu leiden gehabt, und ich hätte mir Feinde in der Regierung gemacht. [...] Diese Leute sind

sich der einzige Weg, dem Bösen zu widerstehen und die Schuld zu sühnen, im Konzept des doppelten Selbstmordes: dem des Vaters und dem des Sohnes.

In Jelineks Roman ist keine Reue oder der Wunsch zu beobachten, sich durch einen Doppelselbstmord zu erlösen. Im Gegenteil: Der Vater Witkowski agiert weiterhin im ‚nationalsozialistischen' Geist, indem er seine Ehefrau missbraucht und seine Kinder malträtiert.[134] Rainer hingegen, der von einem tiefen Hass auf seinen Vater durchdrungen ist, ist einen Moment lang bereit, sein Leben zu opfern, wird aber schließlich von der Angst überwältigt:

> Im letzten Augenblick wird der Vatermord, kombiniert mit Selbstmord, abgeblasen, weil man zu feige ist, seinem eigenen Leben ein vorzeitiges Ende zu bereiten, man hat noch zuviel vor sich, was immer ein Irrtum ist, man glaubt es aber, und darauf kommt es an. Rainer sitzt zitternd und käseweiß am Ufer, kriegt eine Tätschn und sagt, ich wollte dich doch bloß erschrecken, ich hab genau gewusst, wann ich bremsen muß, ich bin ein geübter Autofahrer, Papa. [...] Soo, das wäre überstanden.
> Langsam wird gewendet, vorsichtig, (die Krise ist für heute überwunden) und in die Stadt zurückgefahren." (AUS, 150)

> W ostatniej chwili zabójstwo ojca, zespolone z samobójstwem, zostaje odwołane, gdyż nie starcza odwagi, by swemu życiu położyć przedwczesny kres, zbyt wiele ma się jeszcze przed sobą, co zawsze jest pomyłką, ale w to się wierzy, i o to właśnie chodzi. Rainer siedzi na brzegu blady jak ściana i drży jak osika, od ojca dostaje w twarz i mówi, przecież chciałem cię tylko wystraszyć, tato, dokładnie wiedziałem, kiedy zahamować, jestem doświadczonym kierowcą. [...] No, po wszystkim.
> Wycofują się powoli, ostrożnie, (na dzisiaj kryzys zażegnany) i wracają do miasta. (WY, 151– 152)

Sartes bietet in seinem Stück die Möglichkeit der Befreiung von der Vergangenheit an, welche letztlich nicht nur in Frage gestellt, sondern auch zum Gegenstand ironischer Be-

---

der Pöbel auf dem Thron. Aber sie führen Krieg, um uns neue Märkte zu erschließen, und ich werde mich wegen eines Geländes nicht mit ihnen überwerfen" (*Die Eingeschlossenen von Altona*, S. 35, 36). Im Original: „Un peu plus à l'ouest, un peu plus à l'est, les mêmes prisonniers souffriraient sous les mêmes kapos et je me serais fait des ennemis au sein du gouvernement" [...] „Ces gens-là c'est la plèbe sur le trône. Mais ils front la guerre pour nous trouver des marchés et je n'irai pas me brouiller avec eux pour une affaire de terrains" (*Les séquestrés d'Altona*, S. 77). In der polnischen Übersetzung: „Trochę dalej na wschód, trochę dalej na zachód, tych samych więźniów męczyliby ci sami kapo, a ja zyskałbym wrogów rządzie" [...] „Ci ludzie – to plebs na tronie. Prowadzą wojnę, aby znaleźć dla nas rynki zbytu i nie będę się z nimi kłócił o głupie tereny" (*Więźniowie z Altony*, S. 50).

134 Dieser private Terror erklärt sich aus der SS-Vergangenheit des Vaters. Dieser hatte während der SS-Zeit Gelegenheit, seine Aggressionen an Lagerinsassen auszuleben, die er quälte und ermordete. Er schöpfte sein Selbstbewusstsein aus seinen grausamen Handlungen. Die faschistische Haltung des Vaters überdauert die Zeit des Nationalsozialismus, sie überlebt in der Privatsphäre der Familie. Mehr darüber: V. Vis, *Darstellung und Manifestation von Weiblichkeit in der Prosa Elfriede Jelinek*, Peter Lang Verlag, Frankfurt am Main 1998, S. 368–369.

handlungen wird.[135] Der im Titel enthaltene Verweis auf Sartres Stück erleichtert die Identifikation der eigentliche Intention (*intentio operis*) in Jelineks Roman. In der polnischen Übersetzung von *Den Ausgesperrten* wird dieser implizite Verweis ausgelassen, da Sartres Stück den polnischen Titel *Więźniowie z Altony*[136] [Die Gefangenen von Altona] trägt. Der vorliegende Titel, der als erste Aussage über den Text fungiert und auf diese Art und Weise dessen Lektüre maßgeblich beeinflusst, erfüllt die Mitteilungsfunktion, indem er über den Inhalt des Textes informiert. Daher ist es unvermeidlich, dass die polnische Version des Titels von Jelineks Roman *Die Ausgesperrten* auf einer rein thematischen Ebene verhaftet ist (wirtschaftliche und soziale Verhältnisse, die das Schicksal der jungen Nachkriegsgeneration und ihre Verstrickung in die jüngste Geschichte bestimmen), ohne den intertextuellen Dialog mit dem französischen Prätext zu aktivieren. Dies betrifft insbesondere die Frage der Verantwortung für die Verbrechen des Nationalsozialismus, die ein Tabuthema im Nachkriegsösterreich darstellte. Den Übersetzer*innen bleiben in ähnlichen Fällen jedoch philologische Werkzeuge wie Anmerkungen in Nebentexten (Vorwort, Nachwort, Fußnoten, Kommentare usw.) als Kompensationsmittel zur Verfügung.

***

Der Prosatext *Lust* in der polnischen Übersetzung von Elżbieta Kalinowska wirkt als ein Buch über männliche Gewalt. Er wird nicht in einem (inter)textuellen Raum verortet, sondern ist dem Prozess der intertextuellen ‚Entortung' bzw. intertextuellen ‚Entterritorialisierung' unterzogen. Es mangelt an intertextuellen Bezügen zu anderen Texträumen, sodass der Text selbst als o r t l o s (atopisch), d.h. intertextuell nicht lokalisierbar, bezeichnet werden kann. Der paratextuelle ‚Vorraum' konstituiert sich ebenfalls nicht als Übergangszone. Der Titel des Romans *Die Ausgesperrten* erscheint in seiner polnischen Version auch als atopisch. Im Gegensatz zu *Lust* ist die Ortlosigkeit jedoch in erster Linie eine Folge der Ausgangskultur und nicht, wie man vielleicht annehmen könnte, eine von Übersetzer*innen abhängige Angelegenheit. Der Paratext im Original liefert zwar einen wesentlichen Leseschlüssel und gilt als ein ‚Integrationselement' im Roman, jedoch wird

135 Es ist zu erinnern, dass Rainer seine Schwester und seine Eltern auf grausame Weise in der Schlussszene ermordet. Den Hintergrund für seine Bluttat bildet – laut Veronika Vis – einerseits die Kleinfamilie des Witkowskis und andererseits seine Auseinandersetzung mit dem Existentialismus Sartres und Camus'. Vgl. ebd., S. 368. Weitere Erklärungen zum Massaker an der Familie liefert Heidi Strobel und interpretiert es einerseits als einen psychischen „Abwehrvorgang, mit dem er [Rainer] die Verleugnung der ihn traumatisierenden Wirklichkeit, des eigenen Ohnmachtsgefühls aufrechterhält" und andererseits symbolisch „als Zerschlagung der autoritären Kleinfamilie als repressiver Sozialisationsinstanz". H. Strobel, *Gewalt von Jugendlichen als Symptom gesellschaftlicher Krisen: literarische Gewaltdarstellungen in Elfriede Jelineks „Die Ausgesperrten" und in ausgewählten Jugendromanen der neunziger Jahre*, Peter Lang Verlag, Frankfurt am Main–Wien [u.a.] 1998, S. 272.

136 Damit schwächte der Übersetzer den Titel inhaltlich ab und nahm eine semantische Verschiebung vor. Vgl. J.-P. Sartre, *Więźniowie z Altony,* übers. v. J. Kott, in: Dialog, Nr. 5, 1961, S. 37–107. Die polnische Premiere fand im Teatr Narodowy in Warszawa am 3. Mai 1961 unter der Regie von Władysław Krasnowiecki.

die Umkehrung des Dramas Sartes subtil erst im Haupttext markiert. In der Konsequenz erscheint diese implizite Übernahme eines fremden ‚Zitats' als weniger relevant als im Falle von *Lust*. Es kann angenommen werden, dass die Leser*innen bei der Lektüre des deutschen Titels *Die Ausgesperrten* nicht zwangsläufig an den Intertext Jean-Paul Sartres denken.

Die durch die Paratexte garantierte Räumlichkeit beider Prosatexte wird in der polnischen Übersetzung signifikant eingeschränkt. Dieser paratextuelle ‚Engpass' deformiert die *intentio operis* und *intentio auctoris* (Eco), wodurch Leserbewegungen sowohl im paratextuellen Vorraum beider Romane als auch Bewegungen zwischen Paratext und Text reduziert werden. In der Folge ist ein anderer als intellektuell engagierter (intertextueller) Modus der Lektüre aufzunehmen. Lässt sich eine solche Abweichung als unvermeidlicher Verlust (Differenz) der kulturellen Deplatzierung eines literarischen Werkes interpretieren? Diese Hypothese kann mit Sicherheit ausgeschlossen werden. Der Übersetzungsprozess muss nicht zwangsläufig eine vollständige ‚Verfremdung' des Textes – im Sinne der Verfehlung – bedeuten. Der Rezeptionsprozess des Prosatextes *Lust* und des Romans *Die Ausgesperrten* im polnischen Kulturraum wird erst dann in vollem Umfang einsetzen, wenn insbesondere Begleittexte in Form von Besprechungen, Kommentaren, Feuilletons, die eine Neuverortung der Paratexte und eine „intellektuelle Besiedlung" beider Texte seitens der polnischen Leser*innen ermöglichen werden, zur Verfügung stehen.

Schlusswort

Literarische Texte existieren nicht in einem abstrakten System, sondern sind immer in einem konkreten kulturellen (und textuellen) Kontext eingebettet. Ein zentrales Problem bei der literarischen Übersetzung besteht darin, dass es dabei um Sachverhalte geht, die nur in der einen Kultur bekannt oder vorhanden sind. In vielen Fällen ist es in der Zielkultur unmöglich, adäquate Kultursysteme zu erstellen. Darüber hinaus messen verschiedene Kulturen vielen auf den ersten Blick ähnlichen oder zumindest vergleichbaren Sachverhalten unterschiedliche Bedeutung zu. Es ist von eminenter Wichtigkeit, dass die Spezifika des fremden Kontextes im Zieltext eine signifikant höhere Gewichtung erhalten. Die Akzeptanz des kulturellen Ansatzes bedingt nämlich eine Reihe von Konsequenzen: Erstens sollte jede literarische Übersetzung den fremden Charakter des Textes respektieren und zweitens können Abweichungen vom Original nicht mehr primär als übersetzerische Fehlleistungen gelten oder sich von vornherein als „freie" Übersetzungen verstehen. Stattdessen gehen sie – bewusst oder unbewusst – aus der systematischen Opposition zwischen unterschiedlichen kulturellen Systemen hervor. Diese Annahme erfordert demnach ein neues Kulturverständnis seitens der Übersetzer*innen. Gemäß Sigrid Kupsch-Losereit sollte dieses im Idealfall folgende Komponenten umfassen: die Gesamtheit symbolischer Ausdrucksformen (Literatur, Musik, bildende Kunst etc.), die Gesamtheit der Praktiken, welche zur Gestaltung der Lebenswelten beitragen (Verwaltung, Gastronomie, Handwerk etc.), sowie die Gesamtheit der kollektiven Denk- und Wahrnehmungsmuster, Mentalitäten und der für die Kommunikation relevanten sozialen Interaktionen. Dieser Ansatz setzt einen erweiterten Kulturbegriff voraus, der Kultur als ein komplexes System von Artefakten, sozialen Praktiken, Bedeutungen und Vorstellungen, sowie Normen und Konventionen begreift, welche die Wahrnehmung der Welt maßgeblich prägen.[1] Die Kulturkompetenz der Übersetzer*innen ist demnach nicht länger als Randbereich der übersetzerischen Qualifikation zu betrachten, sondern als ein wichtiger Teil übersetzerischer Fertigkeit. Dies ermöglicht die Verwendung des Begriffs ‚kultursensitiv' für die Herangehensweise bzw. ‚kultursensitive' Arbeit der Übersetzer*innen am jeweiligen (literarischen) Text. Diese garantiert nämlich, dass der Zieltext als komplexes Gefüge aus Sprache, Weltbildern und Kulturelementen – obwohl er fremdkontextuell verortet ist – nicht an innerer Kohärenz verliert und die Struktur des ‚offenen Werkes' erhalten bleibt.

1 S. Kupsch-Losereit, *Ver-rückte Kulturen: Zur Vermittlung von kultureller Differenz beim Übersetzen*, in: *Quo vadis Translatologie? Ein halbes Jahrhundert universitäre Ausbildung von Dolmetschern und Übersetzern in Leipzig. Rückschau, Zwischenbilanz und Perspektive aus der Außensicht*, hrsg. v. G. Wotjak, Frank & Timme, Berlin 2007, S. 210.

Die Wiedergabe der sprachlichen Oberfläche (und damit verbundener lexikalischer Bedeutungen) erweist sich bei kulturkontextuellen Texten als unzulänglich, um den Anspruch auf eine äquivalente Übersetzung zu erfüllen. Der Kulturkontext sowie die kulturelle Spezifik des Textes führen somit nicht nur zu einem anderen Verständnis des Phänomens „Übersetzung" sondern auch zu einer veränderten Rezeption der Texte durch deren Rezipient*innen. Der Übersetzungsprozess lässt sich als ein Prozess begreifen, in dem scheinbar ‚Sprach- und Kulturbarrieren' überwunden werden. Allerdings ist der Kulturkontakt, der durch die Tätigkeit des/der Übersetzers/in entsteht, nur partiell. Da ein Zieltext aufgrund der Unterschiedlichkeit von Ausgangs- und Zielkultur von der Leserschaft ‚anders' als der Ausgangstext rezipiert wird – d.h. die Zieltextrezipient*innen treten mit anderen Erwartungsnormen und einem anderen Erwartungshorizont an –, sollte die Aufgabe der Übersetzer*innen darin bestehen, der Leserschaft möglichst viele Signale zu liefern, die dieser helfen, im Leseprozess die Aufmerksamkeit auf kulturbedingte Inhalte zu lenken. Diese Annahme impliziert die Existenz von ‚suchenden' Leser*innen, die gewillt sind, eine Art ‚Detektiv-Arbeit' zu leisten. Aufgrund kultureller Divergenz können die Übersetzer*innen auf Umschreibungsstrategien bzw. auf Paratexte zurückgreifen, um Leser*innen Denkanstöße zu vermitteln, die der Bewusstmachung der kulturellen Einbettung des Textes dienen. Diese Denkanstöße können bei den Lesenden eine (kulturelle) Sensibilität hinsichtlich der Fremdheit erwecken. Zudem können sie als Vermittler*innen dieser Fremdheit fungieren. In diesem Zusammenhang ist ebenfalls die literaturwissenschaftliche ‚Empfindlichkeit' gegenüber dem literarischen Werk zu erwähnen. Sie erweist sich für die Übersetzer*innen als eine wesentliche Komponente ihrer Fertigkeit im Lese- und Übertragungsprozess.

Kultursysteme stellen die kulturellen Muster einer jeweiligen Kultur dar. Daher können diese Muster nicht mit fremden Konzepten aufgefüllt werden. Dies wirft die Frage auf, ob kulturelle Phänomene hinsichtlich ihrer Eigentümlichkeit für die Zieltextrezipient*innen überhaupt ‚lesbar' sind. Eine positive Antwort bedingt demnach eine explizite Einbettung des Textes in die Ausgangskultur, während eine negative eine implizite, nur angedeutete, kulturelle Kontextualisierung des Originals voraussetzt. Daher scheint die Vermittlung kultureller Inhalte über die konnotative Ebene hinsichtlich der Überwindung von Grenzen, die beim Transfer zwischen unterschiedlichen Kulturen nicht immer überwunden werden können, problematisch zu sein. Dies ist der Grund, warum sich die Wege der Rezeption und szenischen Bearbeitungen in der Zielkultur von der Ausgangskultur unterscheiden.

Das Übersetzen ist ein Phänomen, das zwischen zwei Kulturen vermittelt. Aus dieser Erkenntnis lassen sich für die Übersetzungsforschung folgende Ziele ableiten: Zu einem können sich durch den Prozess der Übersetzung und den Vergleich zwischen Original und Übersetzung besondere Einsichten über die in den Texten repräsentierten Kulturen gewonnen werden. Zum anderen kann die Übersetzungsforschung oft als eine geeignete Grundlage für die vergleichende Kultur- und Literaturwissenschaft betrachtet werden. Daher ist die Übersetzungswissenschaft in der Lage, einen spezifischen und eigenständigen Beitrag zum Verständnis der Komplexität von Literaturwerken zu leisen.

Bibliografische Anmerkung

Quellen für die veröffentlichten Erstfassungen der Kapitel

A. Majkiewicz, *Asymmetrien im Kulturtransfer der Geschichtsverdrängung am Beispiel des Wassermotivs in der polnischen Übersetzung von „Die Kinder der Toten" Elfriede Jelineks*, in: *Translatio et Histoire des idées. Idées, langue, déterminants*, hrsg. v. Anna Kukułka-Wojtasik, Eryk Stachurski u. Magdalena Dobrowolska de Tejerina, Peter Lang Verlag, Berlin–Bern–Bruxelles–New York–Oxford 2018, S. 59–67.

A. Majkiewicz, *Elfriede Jelinek und Adalbert Stifter im intertextuellen Dialog („Die Ausgesperrten" in der polnischen Übersetzung),* in: Stifter Jahrbuch, München 2011, 25, S. 109–123.

A. Majkiewicz, *Elfriede Jelineks „Prinzessinnendramen" auf der polnischen Bühne – im Spagat zwischen Innovation und Repetition,* in: *Wiederholung im Theater. Zur deutschsprachigen Gegenwartsdramatik und ihrer Inszenierung*, hrsg. v. Paul Martin Langner, Agata Mirecka u. Anna Majkiewicz, Vandenhoeck & Ruprecht Verlage, Göttingen 2021, S. 61–76.

A. Majkiewicz, J. Ziemska, *Jelineks Dramen in Polen – zwischen feministischer Sicht und (un)scharfer Sprache*, in: *Theatrale Grenzgänge. Jelineks Theater in Europa*, hrsg. v. Peter Clar u. Christian Schenkermayr, Edition Praesens, Wien 2008, S. 305–320.

A. Majkiewicz, *Granice wolności tłumacza przy „naturalizowaniu" kultury (polski przekład sztuki „Präsident Abendwind" Elfriede Jelinek)*, in: *Przekład – Język – Kultura II*, hrsg. v. R. Lewicki, Wydawnictwo Uniwersytetu Marii Curie-Skłodowskiej, Lublin 2010, S. 155–164.

A. Majkiewicz, *Krytyczna recepcja prozy Elfriede Jelinek w Polsce*, in: *Jelinek po polsku. Tłumaczenia i inscenizacje*, hrsg. v. Monika Szczepaniak, Wydawnictwo Uniwersytetu Kazimierza Wielkiego, Bydgoszcz 2014, S. 11–45,

A. Majkiewicz, *„...ein Ort, an dem die Sonne aufgeht und untergeht..." Szenische Bearbeitung und Rekontextualisierung des Romans „Die Liebhaberinnen" von Elfriede Jelinek in Polen*, in: *Hier ist mein Zuhause. Gegenwartsdrama in Mitteleuropa*, hrsg. v. Anna Majkiewicz u. Agata Mirecka, Harrasowitz Verlag, Wiesbaden 2021, S. 151–163.

A. Majkiewicz, *(Para)textuelle Räume und (inter)textuelle Atopien: Bemerkungen zu „Lust" in der polnischen Übersetzung*, in: *Jelineks Räume,* hrsg. v. Monika Szczepaniak, Agnieszka Jezierska u. Pia Janke, preasens verlag, Wien 2017, S. 157–178.

A. Majkiewicz, J. Ziemska, *Probleme der intertextuellen Harmonisierung von Translaten („Die Ausgesperrten" in der polnischen Sprache)*, in: *Elfriede Jelinek. „Ich will kein Theater". Mediale Überschreitungen*, hrsg. v. Pia Janke, Praesens Verlag, Wien 2007, S. 220–232.

A. Majkiewicz, *Theorie der literarischen Übersetzung nach der „kulturellen Wende"*, in: *Translation im Spannungsfeld der cultural turns* (= Studien zur Germanistik, Skandinavistik und Übersetzungskultur 7), hrsg. v. Katarzyna Lukas, Izabela Olszewska u. Marta Turska, Peter Lang Verlag, Frankfurt am Main 2013, S. 57–70.

A. Majkiewicz, *Zwischen Kunst und Politik Der Theaterskandal um die polnische Inszenierung von Jelineks „Prinzessinnendramen" im Teatr Polski*, in: *Jelinek(Jahr)Buch. Elfriede Jelinek-Forschungszentrum 2020–2021*, hrsg. v. Pia Janke u. Susanne Teutsch, praesens Verlag, Wien 2021, S. 229–241.

Verwendete Sigle

KdT – E. Jelinek, *Die Kinder der Toten*, Rowohlt Verlag, Reinbek bei Hamburg 1995.
DzU – E. Jelinek, *Dzieci umarłych*, übers. v. Agnieszka Kowaluk, W.A.B., Warszawa 2009.
AUS – E. Jelinek, *Die Ausgesperrten*, Rowohlt Verlag, Reinbek bei Hamburg 1985.
WY – E. Jelinek, *Wykluczeni*, übers. v. A. Majkiewicz u. J. Ziemska, W.A.B., Warszawa 2005.
PA – E. Jelinek, *Präsident Abendwind*, https://original.elfriedejelinek.com/, [= Elfriede Jelineks Website, Rubriken: Theatertexte].
PWZ – E. Jelinek, *Prezydent Wietrzyk Zachodni. Darmoperetka (swobodne naśladowanie z Nestroya)*, übers. v. J. Zychowicz, in: Lewą nogą. Półrocznik polityczno-artystyczny, hrsg. v. P. Wielgosz u. S. Zgliczyński, 2002, Nr. 14, S. 451–479.

Literatur

Primäre Literatur

Jelinek, Elfriede, *bukolit. hörroman*, mit Bildern von Robert Zeppel-Sperl, hrsg. v. Vintila Ivanceanu, Rhombus Verlag, Wien 1979.
Jelinek, Elfriede, *wir sind lockvögel baby!*, Rowohlt Verlag, Reinbek bei Hamburg 1996.
Jelinek, Elfriede, *jesteśmy przynętą kochanie!* (*wir sind lockvögel baby!*), übers. v. Anna Majkiewicz u. Joanna Ziemska, W.A.B., Warszawa 2009.
Jelinek, Elfriede, *Die Liebhaberinnen*, Rowohlt Verlag, Reinbek bei Hamburg 1999.
Jelinek, Elfriede, *Amatorki* (*Die Liebhaberinnen*), übers. v. Anna Majkiewicz u. Joanna Ziemska, W.A.B., Warszawa 2005.
Jelinek, Elfriede, *Die Ausgesperrten*, Rowohlt Verlag, Reinbek bei Hamburg 1985.
Jelinek, Elfriede, *Wykluczeni* (*Die Ausgesperrten*), übers. v. Anna Majkiewicz u. Joanna Ziemska, W.A.B., Warszawa 2005.
Jelinek, Elfriede, *Präsident Abendwind,* in: *Anthropophagen im Abendwind.* Band 2: Texte aus dem Literaturhaus Berlin, hrsg. v. Herbert Wiesner, Berlin 1988, S. 19–36.
Jelinek, Elfriede, *Präsident Abendwind,* https://original.elfriedejelinek.com/ [= Elfriede Jelineks Website, Rubriken: Theatertexte].
Jelinek, Elfriede, *Prezydent Wietrzyk Zachodni. Darmoperetka (swobodne naśladowanie z Nestroya),* (*Präsident Abendwind,*) übers. v. Jacek Zychowicz, in: Lewą nogą. Półrocznik polityczno-artystyczny, hrsg. v. Przemysław Wielgosz u. Stefan Zgliczyński, 2002, Nr. 14, S. 451–479.
Jelinek, Elfriede, *Die Klavierspielerin*, Rowohlt Verlag, Reinbek bei Hamburg 1986.
Jelinek, Elfriede, *Pianistka* (*Die Klavierspielerin*), übers. v. Ryszard Turczyn, Sic!, Warszawa 1997.
Jelinek, Elfriede, *Pianistka* (*Die Klavierspielerin*), übers. v. Ryszard Turczyn, W.A.B., Warszawa 2004 (korr. Aufl).
Jelinek, Elfriede, *Pianistka* [Fragment] (*Die Klavierspielerin*), übers. v. Ryszard Turczyn, in: Gazeta. Magazyn, 1997, Nr. 21, S. 41–42.
Jelinek, Elfriede, *Lust*, Rowohlt Verlag, Reinbek bei Hamburg 2000.
Jelinek, Elfriede, *Pożądanie* (*Lust*), übers. v. Elżbieta Kalinowska, W.A.B., Warszawa 2007.
Jelinek, Elfriede, *Gier*, Rowohlt Verlag, Reinbek bei Hamburg 2000.
Jelinek, Elfriede, *Żądza* (*Gier*), übers. v. Agnieszka Kowaluk, W.A.B., Warszawa 2007.
Jelinek, Elfriede, *Die Kinder der Toten*, Rowohlt Verlag, Reinbek bei Hamburg1995.
Jelinek Elfriede, *Dzieci umarłych* (*Die Kinder der Toten*), übers. v. Agnieszka Kowaluk, W.A.B., Warszawa 2009.
Jelinek, Elfriede, *Der Tod und das Mädchen I–V. Prinzessinnendramen*, Rowohlt Verlag, Berlin 2004.
Jelinek, Elfriede, *Śmierć i dziewczyna I–V: dramaty księżniczek* (*Der Tod und das Mädchen I–V. Prinzessinnendramen*), übers. v. Mateusz Borowski u. Małgorzata Sugiera, Panga Pank, Kraków 2007.
Jelinek, Elfriede, *Nora; Clara S.; Zajazd*, (*Was geschah, nachdem Nora ihren Mann verlassen hatte oder Stützen der Gesellschaft, Clara S. musikalische Tragödie, Raststätte oder sie machen's alle*),

übers. v. Sława Lisiecka, Dorota Sajewska u. Krzysztof Sajewski, Księgarnia Akademicka, Kraków 2021.

Jelinek, Elfriede, *Theaterstücke: Was geschah, nachdem Nora ihren Mann verlassen hatte oder Stützen der Gesellschaft, Clara S. musikalische Tragödie, Burgtheater, Krankheit oder Moderne Frauen*, hrsg. v. Regine Friedrich u. Ute Nyssen, Rowohlt Verlag, Reinbek bei Hamburg 1992.

Jelinek, Elfriede, *Choroba albo współczesne kobiety. Jak sztuka*, (*Krankheit oder Moderne Frauen*), übers. v. Marek Zeller, in: Dialog 1994, Nr. 6, S. 24–66.

Jelinek, Elfriede, *Ein Sportstück*, Rowohlt Verlag, Reinbek bei Hamburg 1999.

Jelinek, Elfriede, *Die Kontrakte des Kaufmanns; Rechnitz (Der Würgeengel); Über Tiere*, Rowohlt Verlag, Reinbek bei Hamburg 2009.

Jelinek, Elfriede, *O zwierzętach; Chór sportowy* (*Über Tiere, Ein Sportstück*), übers. v. Karolina Bikont, Teatr Polski, Bydgoszcz 2008.

Jelinek, Elfriede, *Begierde & Fahrerlaubnis (eine Pornographie)*, https://original.elfriedejelinek.com/, [= Elfriede Jelineks Website, Rubriken: Theatertexte].

Jelinek, Elfriede, *Pożądanie i prawo jazdy: (pornografia)* (*Begierde und Fahrerlaubnis (eine Pornographie)*), übers. v. Mateusz Borowski u. Małgorzata Sugiera, in: Pogranicza: szczeciński kwartalnik kulturalny, 2008, Nr. 5, S. 11–16.

Jelinek, Elfriede, *Winterreise. Ein Theaterstück*, Rowohlt Buchverlag, 2011.

Jelinek, Elfriede, *Babel. Podróż zimowa* (*Babel, Winterreise*), übers. v. K. Bikont, Agencja Dramatu i Teatru ADiT, Warszawa 2013.

Jelinek, Elfriede, *Die Schutzbefohlenen*, in: Theater heute, Bd. 55, 2014, 7, S. 3–19.

Jelinek, Elfriede, *Podopieczni* (*Die Schutzbefohlenen*), übers. v. Karolina Bikont, in: Dialog (Warszawa, 1956), 60, 2015, Nr. 4 S. 75–121.

Jelinek, Elfriede, *Ich will kein Theater. Ich will ein anderes Theater*, in: *Autorinnen: Herausforderungen an das Theater*, hrsg. v. Anke Roeder, Suhrkamp Verlag, Frankfurt am Main 1989, S. 143–160.

Jelinek, Elfriede, *Nie dziwią mnie zbrodnie popełniane w Austrii,* interv. v. Magdalena Miecznicka u. Karolina Wigura, in: Dziennik, [Ausg. 2], 2008, Nr. 191, S. 20–21.

Jelinek, Elfriede, *Das Parasitärdrama*, https://www.elfriedejelinek.com/ [Zugriff am 10.04.2024], datiert mit 2011 [= Elfriede Jelineks Website, Rubriken: Archiv 2011, zum Theater].

Jelinek, Elfriede, *Sinn egal. Körper zwecklos,* https://original.elfriedejelinek.com/fsinn-eg.html [Zugriff am 10.5.2021], datiert mit 1997 [= Elfriede Jelineks Website, Rubriken: zum Theater].

Sekundäre Literatur

[Autor:] @Vernau, *Nienawidzę siebie, nienawidzę Austrii…* [*Dzieci umarłych*, Rezension], datiert mit 5.12.2022, https://nakanapie.pl/recenzje/nienawidze-siebie-nienawidze-austrii-dzieci-umarlych [Zugriff 15.12.2024].

[N.N.], *Amatorki,* https://galeria.trojmiasto.pl/Amatorki-online,5,1676.html [Zugriff am 3.03.2021].

[N.N.], *Amatorki,* https://www.rp.pl/artykul/962372–Wyszydzone-stereotypy-milosne.html [Zugriff am 3.03.2021].

[N.N.], *Amatorki*, https://teatrwybrzeze.pl/spektakle/amatorki [Zugriff am 9.03.2021].

[N.N.], *Ewelina Marciniak 2012,* https://www.polskieradio.pl/9/29/Artykul/799464,Ewelina-Marciniak-2012, datiert mit 11.3.2013 [Zugriff am 9.03.2024].

[N.N.], *Jelinek, Pianistka*, in: Gazeta. Magazyn, 1997, Nr. 21, S. 41–42.

[N.N.], *Nagroda dla „Amatorek"*, in: https://www.portalpomorza.pl/wiadomosci/43960,nagroda-dla-amatorek [Zugriff am 9.03.2021].

[N.N.], *O okrutnej sile pożądania („Pożądanie", Jelinek)*, v. 27.11.2008, in: http://e-splot.pl/?pid=magazyn&code=article&id=234 [Zugriff am 12.03.2024].

[N.N.], *Sopot. ‚Śmierć i dziewczyna' przed wakacjami*, http://encyklopediateatru.pl/artykuly/139261/sopot-smierc-i-dziewczyna-przed-wakacjami [Zugriff am 4.04.2024].

Adorno, Theodor W., *Ästhetische Theorie,* [Gesammelte Schriften, Bd. 7], Suhrkamp Verlag, Frankfurt am Main 1990 [5. Auflage].

Adorno, Theodor W., *Standort des Erzählens im zeitgenössischen Roman,* in: Theodor W. Adorno, *Noten zur Literatur* [Gesammelte Schriften, Bd. 11], Suhrkamp Verlag, Frankfurt am Main 1974, S. 41–48.

Adorno, Theodor W., *Über epische Naivetät*, in: Theodor W. Adorno, *Noten zur Literatur* [Gesammelte Schriften, Bd. 11], Suhrkamp Verlag, Frankfurt am Main 1974, S. 34–40.

Ahnlund, Knut, *Noblowska katastrofa: spór o literacką Nagrodę Nobla*, übers. v. Katarzyna Tubylewicz, in: Gazeta Wyborcza [WAW], 2005, Nr. 247, S. 20.

Akademia Sztuk Teatralnych im. Stanisława Wyspiańskiego w Krakowie, *Spektakle*, https://krakow.ast.krakow.pl/spektakle/amatorki-rez-pawel-miskiewicz/ [Zugriff am 6.06.2024].

Ambrose, *Pożądanie" Elfriede Jelinek – O patologicznej potrzebie dominacji*, datiert mit 7.04.2025, https://klub-aa.blogspot.com/2025/04/pozadanie-elfriede-jelinek-o.html [Zugriff 20.04.2025].

Annuß, Evelyn, *Elfriede Jelinek. Theater des Nachlebens*, Fink, München 2005.

Antoniewicz, Grażyna, *Teatr: Jelinek w Off de Bicz. Recenzja*, https://dziennikbaltycki.pl/teatr-jelinek-w-off-de-bicz/ar/477312 [Zugriff am 3.04.2024].

Appelt, Hedwig, *Die leibhaftige Literatur: Das Phantasma und die Präsenz der Frau in der Schrift,* Quadriga, Weinheim1989.

austriackie forum kultury, *Seminar im Zyklus „Österreichische Literatur und Psychoanalyse",* Teil 1: https://austria.org.pl/veranstaltungen/elfriede-jelinek-die-kinder-der-toten; Teil 2: https://austria.org.pl/wydarzenia/elfriede-jelinek-dzieci-umarlych-cz-ii; Teil 3: https://austria.org.pl/veranstaltungen/kopie-elfriede-jelinek-die-kinder-der-toten-tl-2 [Zugriff am 20.4.2024].

b.k., *Premiera sztuki ‚Śmierć i dziewczyna'. Szarpanina z policją i zatrzymania przed Teatrem Polskim we Wrocławiu*, in: Portal Polskiego Radia SA, v. 21.11.2015, https://www.polskieradio.pl/5/3/Artykul/1547514,Premiera-sztuki-Smierc-i-dziewczyna-Szarpanina-z-policja-i-zatrzymania-przed-Teatrem-Polskim-we-Wroclawiu [Zugriff am 10.10.2023].

Bachmann-Medick, Doris, *Cultural Turns. Neuorientierungen in den Kulturwissenschaften*, Rowohlt Verlag, Reinbek bei Hamburg 2006.

Bajkiewicz-Grabowska Elżbieta, *Hydrologia ogólna*, Wydawnictwo Naukowe PWN, Warszawa 2007.

Balbus, Stanisław, *Między stylami*, Towarzystwo Autorów i Wydawców Prac Naukowych UNIVERSITAS, Kraków 1996.

Balcerzan, Edward, *Poetyka przekładu artystycznego,* in: Nurt 1968, Nr. 8, S. 23–26.

Banasiak, Bogdan, *Integralna potworność. Markiz de Sade – Filozofia libertynizmu, czyli konsekwencje śmierci Boga*, Wydawnictwo Thesaurus, Łódź–Wrocław 2006.

Bartoszyński, Kazimierz, *Pogranicza krytyki literackiej*, in: *Badania nad krytyką literacka*, hrsg. v. Janusz Sławiński, Zakład Narodowy Ossolińskich Wydawnictwo Polskiej Akademii Nauk: Wrocław–Warszawa–Kraków–Gdańsk 1974, S. 95–120.

Baßler, Moritz, *New Historicism und der Text der Kultur: Zum Problem synchroner Intertextualität*, in: *Literatur als Text der Kultur*, hrsg. v. Moritz Csáky u. Richard Reichensperger, Passagen Verlag, Wien 1999, S. 23–40.

Bataille, Georges, *Erotyzm,* übers. v. Maryna Schab, słowo/obraz terytoria, Gdańsk 1999.

Baudrillard, Jean, *O uwodzeniu*, übers. v. Janusz Margański, Wydawnictwo Sic!, Warszawa 2005.

Bauer, Zbigniew, *Ślamazarna walka płci,* in: Nowe Książki, 1998, Nr. 4, S. 34–35.

Bauer, Zbigniew, *Literacki Nobel dla Jelinek*, in: Nowe Książki, 2004, Nr. 11, S. 1.

Bauer, Zbigniew, *Amatorki i kochanice*, in: Nowe Książki, 2005, Nr. 11, S. 12–13.

Bednarczyk, Anna, 2000, *Różnice strategii (aspekt intertekstualny w oryginale i w przekładzie literackim),* in: *Komparatystyka literacka a przekład,* hrsg. v. Piotr Fast u. Katarzyna Żemła, Śląsk, Katowice, S. 157–172.

Bibel, http://www.bibel-online.net/buch/dual/luther_1912/2_timotheus/3/schlachter_1951/2_timotheus/3/ [Zugriff am 12.02.2023].

Bibel, http://www.bibleserver.com [Zugriff am 10.09.2023].

Bibliografia Zawartości Czasopism, http://bn.org.pl/katalogi-i-bibliografie/bibliografia-narodowa/bibliografia-zawartosci-czasopism [Zugriff am 10.04.2023].

Blum-Heisenberg, Barbara, *Die Symbolik des Wassers. Baustein der Natur – Vielfalt der Bedeutung*, Kösel-Verlag, München 1988.

Bochenek, Zbigniew, *Elfriede Jelinek – i jej pierwsza biografia,* in: Odra, 46, 2006, Nr. 7/8, S. 131–133.

Böhm, Rudolf, *Das Motto in der englischen Literatur des 19. Jahrhunderts,* Fink, München 1975.

Bolecki, Włodzimierz, *Co to jest krytyka? Wypowiedzi metakrytyczne 1918–1939,* in: *Badania nad krytyką literacką*, hrsg. v. Michał Głowiński u. Krzysztof Dybciak, Zakłada Narodowy im. Ossolińskich Wydawnictwo Polskiej Akademii Nauk, Wrocław–Warszawa–Kraków–Gdańsk–Łódź 1984, S.101–114.

Bończa-Szabłowski, Jan, *Wyszydzone stereotypy miłosne*, in: Rzeczpospolita, v. 17.12.2012, https://www.rp.pl/artykul/962372-Wyszydzone-stereotypy-milosne.html [Zugriff am 9.03.2024].

Borek, Paweł, *Kurczowe trzymanie się brzytwy*, in: https://e-teatr.pl/kurczowe-trzymanie-sie-brzytwy-46099, datiert mit 21.02.2024 [Zugriff am 6.06.2024].

Borowska-Stankiewicz, Anna Maria, *„Die Klavierspielerin" von Elfriede Jelinek,* in: Zeszyty Naukowe. Colloquia Germanica Stetinensia [Uniwersytet Szczeciński], Nr. 11, 2001, S. 123–134.

Borowski, Mateusz u. Sugiera, Małgorzata, *Das Gedächtnis den Mythen zurückgeben oder wie mach man Prinzessinnen?*, in: *Positionen der Jelinek-Forschung. Beiträge zur Polnisch-Deutschen Elfriede Jelineks-Konferenz Olsztyn 2005*, hrsg. v. Claus Zittel u. Marian Holona, Peter Lang, Frankfurt am Main u.a. 2008, S. 239–255.

Bratkowski, Piotr, *Nobel za kontrowersje*, in: Newsweek 2004, 42, S. 96.

Broich, Ulrich, *Formen der Markierung von Intertextualität,* in: *Intertextualität. Formen, Funktionen, anglistische Fallstudien*, hrsg. v. Ulrich Broich u. Manfred Pfister, Max Niemeyer Verlag, Tübingen 1985, S. 31–47.

Brudnicki, Jan Zdzisław, *Noblistka Jelinek ostrzega!*, in: Trybuna, 2006, Nr. 53, S. 11–12.

Burckhardt, Barbara, *Wer ist die Schönste im ganzen Land? „Prinzessinnendramen" von Elfriede Jelinek – um die Wette inszeniert im Deutschen Schauspielhaust Hamburg beim Steirischen Herbst in Graz und am Deutschen Theater Berlin*, in: Theater heute, v. 1.3.2013, S. 44–48.

Burzyńska, Alicja, *Kulturowy zwrot teorii*, in: *Kulturowa teoria kultury. Główne pojęcia i problemy,* hrsg. v. Michał Paweł Markowski u. Ryszard Nycz, Towarzystwo Autorów i Wydawców Prac Naukowych UNIVERSITAS, Kraków 2006, S. 41–91.

Butler, Judith, *Ciała, które znaczą*, übers. v. Monika Rogowska-Stangert, in: Przegląd Filozoficzno-Literacki, 2011, 4, S. 13–45.

Butler, Judith, *Uwikłani w płeć*, übers. v. Karolina Karuska, Wydawnictwo Krytyki Politycznej, Warszawa 2008.

Camus, Albert, *Obcy,* übers. v. Maria Zenowicz, PIW, Warszawa 1958.

Chołuj, Bożena, *Ciało i postcielesność – u Jelinek i w polskich wersjach jej utworów*, in: *Jelinek po polsku. Tłumaczenia i inscenizacje*, hrsg. v. Monika Szczepaniak, Wydawnictwo Uniwersytetu Kazimierza Wielkiego, Bydgoszcz 2014, S. 46–56.
Chołuj, Bożena, *Mutter Polin nach der Wende*, in: VIA REGIA – Blätter für internationale kulturelle Kommunikation, 2000, 68–69, http://www.via-regia.org/bibliothek/pdf/heft6869/choluj_mutter.pdf [Zugriff am 1.4.2023].
Ciechemska, Maria, *Antypornografia Elfriede Jelinek*, in: Czas Kultury, 1990, Nr. 21, S. 69–72.
Clar, Peter u. Schenkermayr, Christoph, *Themen und Diskurse – Zur Rezeption zentraler inhaltlicher Aspekte von Jelineks Theatertexten am Beispiel ausgewählter Inszenierungen*, in: *Theatrale Grenzgänge. Jelineks Theatertexte in Europa*, hrsg. v. Peter Clar u. Christoph Schenkermayr, praesens, Wien 2008, S. 167–257.
Cuber, Marta, *Rozważna i romantyczna,* in: Odra, 45, 2005, Nr. 12, S. 120–121.
Cypher, Jennifer u. Eric Higgs, *Colonizing the imagination: Disney's wilderness lodge*, in: Capitalism Nature Socialism, 1997, 4, S. 107–130.
Cyranowicz, Maria, *Instrumentaliści*, in: Pogranicza, 2002, Nr. 1, S. 55–65.
Cyranowicz, Maria, *Jak krytyka nie służy krytykowi – czyli o tym, co traci krytyk jako czytelnik, pisząc recenzję*, in: *Dyskursy krytyczne u progu XXI wieku. Między rynkiem a uniwersytetem*, hrsg. v. Dorota Kocicka u. Tomasz Cieślik-Sokołowski, Towarzystwo Autorów i Wydawców Prac Naukowych UNIVERSITAS, Kraków 2007, S. 235–244.
Czas Kultury. Niezależny Miesięcznik Literacki, http://katalog.czasopism.pl/index.php/Czas_Kultury [Zugriff am 4.4.2024].
D'Annunzio, Gabriele, *Rozkosz, übers. v. Józef Ruffer*, Księgarnia Polska B. Połonieckiego, Lemberg 1906.
D'Annunzio, Gabriele, *Lust*, übers. v. Claudia Denzler, Reclam, Stuttgart 1995.
Danek, Danuta, *Dzieło literackie jako książka. O tytułach i spisach rzeczy w powieści,* PWN, Warszawa 1980.
Darska, Bernadetta, *Kontrakty płci u Elfriede Jelinek*, in: Pogranicza. Szczeciński Kwartalnik Kulturalny, 2009, Nr. 5, S. 23–27.
Darska, Bernadetta, *Tak boli, że aż nudzi* (rec. E. Jelinek, *Pożądanie*), in: artPapier 84, 2007 12, datiert mit 15.06.2007, https://www.artpapier.com/index.php?page=artykul&wydanie=37&artykul=810 [Zugriff am 10.07.2024].
De Sade, Donatien Alphonse François, *Die Geschichte der Juliette,* in: de Sade, D.A.F., *Ausgewählte Werke*, Bd. 3, übers. v. Marion Luckow, Merlin Verlag, Hamburg 1965, S. 473–923.
De Sade, Donatien Alphonse François, *Histoire de Juliette,* in: de Sade, D.A.F., *Œuvres*, Bd. 3. Gallimard, Paris 1998.
De Sade, Donatien Alphonse François, *Julietta. Powodzenie występku,* ausgewählt und übers. v. Bogdan Banasiak u. Krzysztof Matuszewski, Wydawnictwo Mireki, Kraków 2003.
De Sade, Donatien Alphonse François, *Stowarzyszenie Miłośników Zbrodni*, übers. v. Bogdan Banasiak, in: Literatura na świecie, 1994, Nr. 10, S. 24–45.
Debatte über die Preisverleihung an Jelinek, www.literaturkritik.de/public/rezension.php?rez_id=8743 [Zugriff am 20.04.2024].
Derdowski, Krzysztof, *Udręczona*, in: Odra, 45, 2005, Nr. 4, S. 110–111.
Drajewski, Stefan, *Drogi miłości*, in: Głos Wielkopolski, Nr 255, v. 2.11.2007.
Drajewski, Stefan, *Współczesność a klasyka,* in: Głos Wielkopolski, Nr. 304, v. 31.12.2007, http://www.e-teatr.pl/pl/artykuly/49324.html [Zugriff am 10.04.2024]
Drewniak, Łukasz, *Skarb teatromana*, in: Dziennik, 2007, Nr. 215, Beilage Kultura, v. 13.09.2007.
Drotkiewicz, Agnieszka, *Austria Drei,* in: Nowe Książki, 2006, Nr. 1, S. 12–13.

Drotkiewicz, Agnieszka, *Mówmy sobie wszystko: Elfriede Jelinek i Sławomir Shuty w walce z dyskursem elementarza,* in: Krytyka Polityczna, 2005, Nr. 9/10, S. 312–317.

Drotkiewicz, Agnieszka, *Proces Elfriede J.*, in: Gazeta Wyborcza, 2006, Nr. 6, S. 21.

Duden online-Wörterbuch, http://www.duden.de/rechtschreibung/Schwelle#Bedeutung3 [Zugriff am 20.01.2023].

Duden, online-Wörterbuch, https://www.duden.de/suchen/dudenonline/Wildbach [Zugang am 22.01.2023].

Dybciak, Krzysztof, *Istota i struktura krytyki literackiej*, in: *Problemy teorii literatury*, ausgewählt v. Henryk Markiewicz, Bd. 3, Zakład Narodowy im Ossolińskich – Wydawnictwo, Wrocław–Warszawa–Kraków–Gdańsk–Łódź 1988, S. 485–500.

Dybciak, Krzysztof, *Personalistyczna krytyka literacka. Teoria i opis nurtu z lat trzydziestych,* Zakład Narodowy im. Ossolińskich Wydawnictwo Polskiej Akademii Nauk, Wrocław–Warszawa–Kraków–Gdańsk–Łódź 1981.

dziennik.pl, *Prowokacyjny spektakl we Wrocławiu. Powszechne zgorszenie czy wiele hałasu o nic?,* https://kultura.dziennik.pl/teatr/galeria/506325,smierc-i–dziewczyna-w-teatrze-polskim-minister-kultury-protestuje.html, datiert mit 23.11.2015 [Zugriff am 10.12.2023].

Eco, Umberto, *Nachschrift zum ,Namen der Rose'*, übers. v. Burkhart Kroeber, dtv, München 1986.

Eliot, Thomas Stearns, *Die Grenzen der Literaturkritik*, übers. v. Ursula Clemen, in: Merkur, Jg. 11, Heft 117, 1957, S. 1005–1022.

Eliot, Thomas Stearns, *Granice krytyki literackiej*, übers. v. Apolonia Bejska, in: *Współczesna teoria badań literackich za granicą, Antologia*, Bd. 1, bearbeitet v. Henryk Markiewicz, Wydawnictwo Literackie, Kraków 1976, S. 354–373.

Feyer, Cornelia, *Wasser als Raum in Literatur und Kultur: Wasserkonzepte im interkulturellen Vergleich*, in: Kalbotyra, 59, 2008, 3, S. 77–87.

Filipiak, Izabela, *Strumień nadświadomości,* in: Tygiel Kultury, 2004, Nr. 10/12, S. 36–41.

Flaake, Karin, *A body of one's own: Sexual development and the female body in the mother-daughter relationship*, in: *Daughtering and mothering: female subjectivity reanalyzed*, hrsg. v. Janneke van Mens-Verhulst, Karlein Schreurs u. Liesbeth Woertman, Routledge, London–New York: 1993. S. 7–14.

Fliedl, Konstanze, *Natur und Kunst. Zu neueren Texten Elfriede Jelineks*, in: *Das Schreiben der Frauen in Österreich seit 1950* (Buchebner Walter Literaturprojekt), Böhlau, Wien–Köln 1991, S. 95–118.

Flitner, Christine, *Frauen in der Literaturkritik: Gisela Elsner und Elfriede Jelinek im Feuilleton der Bundesrepublik Deutschland*, Centaurus-Verlagsgesellschaft, Pfaffenweiler 1995.

Gadawa, Malwina, *Seks na żywo w teatrze. Będzie protest z różańcami*, in: Gazeta Współczesna, v. 17.11.2015, https://wspolczesna.pl/seks-na-zywo-w-teatrze-bedzie-protest-z-rozancami/ar/9094498 [Zugriff am 10.10.2021].

Gaik, Marta, *Śmierć i dziewczyna – notatki ze skandalu*, https://www.terazteatr.pl/aktualnosci/smierc-i-dziewczyna-notatki-ze-skandalu,2380 [cache:http://https://www.terazteatr.pl/aktualnosci/smierc-i–dziewczyna-notatki-ze-skandalu,2380], datiert mit 23.11.2015 [Zugriff am 10.4.2021].

Galant, Arleta, *Fizjologia przemocy,* in: Pogranicza, 2005, Nr. 6, S. 106–108.

Ganzer, Burkhard, *Lewis Henry Morgan*, in: *Klassiker der Kulturanthropologie*, hrsg. v. Wolfgang Marschall, Beck, München 1990, S. 88–108.

Genette, Gérard, *Palimpseste. Die Literatur auf zweiter Stufe*, übers. v. Wolfram Bayer u. Dieter Hornig, Suhrkamp, Frankfurt am Main 1993.

Genette, Gérard, *Palimpsesty*, übers. v. Aleksander Milecki, in: *Współczesna teoria badań literackich za granicą. Antologia*, Bd. 4, H. 2, hrsg. v. Henryk Markiewicz, Wydawnictwo Literackie, Kraków 1992, S. 317–366.

Gläser, Rosemarie, *Das Motto im Lichte der Intertextualität*, in: *Textbeziehungen. Linguistische und Literaturwissenschaftliche Beiträge zur Intertextualität*, hrsg. Josef Klein u. Ulla Fix, Stauffenburg Verlag, Tübingen 1997, S. 259–301.

Głowiński, Michał, *O intertekstualności*, in: Pamiętnik Literacki, 1986, H. 4, S. 75–100.

Goethe von, Johann Wolfgang, *Gesang der Geister über den Wassern*, in: Goethe von, Johann Wolfgang, *Gedichte in zeitlicher Folge*, Insel, Frankfurt am Main 1982, S. 230–231.

Gołaszewska, Maria, *Filozoficzne podstawy krytyki literackiej*, PWN, Warszawa 1963.

Górny, Grzegorz, *Lewy sztokholmski*, in: Wprost 2004, Nr. 42, S. 108–110.

Górny, Justyna, *Elfriede Jelinek und die polnische Öffentlichkeit. Ein Beitrag zur Wahrnehmung der Schriftstellerin in der polnischen Presse*, in: *Positionen der Jelinek-Forschung. Beiträge zur polnisch-deutschen Elfriede-Jelinek-Konferenz Olsztyn 2005*, hrsg. v. Claus Zittel u. Marian Holona, Peter Lang Internationaler Verlag Der Wissenschaften, Bern 2008, S. 13–28.

Górny, Justyna, *Nobel dla Jelinek a prasa,* in: Tygiel Kultury, 2004, Nr. 10/12, S. 42–47.

Górny, Justyna, *Twórczość i biografia Elfriede Jelinek w gazetach i czasopismach polskich*, in: *„Mówię i mówię": teatralne maski Elfriede Jelinek*, hrsg. v. Monika Szczepaniak, Wydawnictwo Uniwersytetu Kazimierza Wielkiego, Bydgoszcz 2008, S. 159–178.

Górski kryształ. Antologia dawnej noweli austriackiej, Auswahl u. Vorwort v. Stefan H. Kaszyński, Wydawnictwo Poznańskie, Poznań 1990.

Grabowska, Barbara, *Czy literatura „kobieca" przyczynia się do poszerzania wspólnoty „nas"?*, in: Ruch Filozoficzny, 65, 2008, Nr. 4, S. 697–708.

Greiner, Norbert, *Übersetzung und Literaturwissenschaft. Grundlagen der Übersetzungsforschung*, Universität Tübingen, Tübingen 2004.

Guderian-Czaplińska, Ewa, *Stanąć obok postaci*, in: Teatr (Warszawa), 2007, Nr. 3, S. 24–27.

Gulielmetti, Angela *Häuptling Abendwind* und *Präsident Abendwind. Nestroy und Elfriede Jelinek*, in: Nestroyana. Bd. 17, 1997, S. 39–49.

Gwóźdź, Andrzej, *Labirynty estetyczne filmu między mediami*, in: *Piękno w sieci. Estetyka a nowe media*, hrsg. v. Krystyna Wilkoszewska, Towarzystwo Autorów i Wydawców Prac Naukowych UNIVERSITAS, Kraków 1999, S. 141–154.

Helbig, Jörg, *Intertextualität und Markierung. Untersuchungen zur Systematik und Funktion der Signalisierung von Intertextualität,* Universitätsverlag C. Winter, Heidelberg 1996.

Hirte, Chris, A*nmerkungen zur österreichischen Literatur*, in: Weimarer Beiträge, 1981, H. 6, S. 129–158.

Hołownia, Szymon, *Między nami, kobietami,* in: Książki. Gazeta, 1997, Nr. 12, S. 11.

Holthuis, Susanne, *Intertextualität. Aspekte einer rezeptionsorientierten. Konzeption.* Stauffenburg Verlag, Tübingen 1993.

Honsza, Norbert, *Elfriede Jelinek – aktuell und agresiv,* in: Zbliżenia Polska-Niemcy – Annäherungen Polen Deutschland, 1999, Nr. 3, S. 116.

IAR, PAP, *Premiera sztuki „Śmierć i dziewczyna". Szarpanina z policją i zatrzymania przed Teatrem Polskim we Wrocławiu*, https://www.polskieradio.pl/5/3/Artykul/1547514,Premiera-sztuki-Smierc-i-dziewczyna-Szarpanina-z-policja-i-zatrzymania-przed-Teatrem-Polskim-we-Wroclawiu, datiert mit 21.11.2015 [Zugriff am 10.10.2021].

Isaacs, William, *Kapazitäten für neues Verhalten*, in: Isaacs, William, *Dialog als Kunst gemeinsam zu denken*, übers. v. Irmgard Hölscher, EHP, Köln 2011, S. 84–158.

Iwanowski, Adam, *Pożądanie*, in: Akant, 127, 2007, 10, S. 50.

Jabłkowska, Joanna u. Saryusz-Wolska, Magdalena, *An- und abwesend. Weiblichkeitsmodelle in der deutschen und polnischen Kultur*, in: *Deutsch-polnische Erinnerungsorte*, Bd. 3: *Parallelen*, hrsg. v. Hans Henning Hahn u. Robert Traba, Schöningh, Paderborn 2012, S. 337–359.

Jabłoński, Artur, *Machejek kontr Internet – rzecz o zmieniającym się obliczu recenzji*, in: *Na recenzowanym. Recenzje niezależne i drapieżne*, hrsg. v. Rafał Moczkodan, Wydawnictwo Naukowe UMK, Toruń 2011, S. 13–26.

Jakubów, Marek, *„...weil man durch Menge und Mannigfaltigkeit der Teile nicht leicht zum Ganzen kommt...": zur Problematik der ganzheitlichen Weltwahrnehmung im Werk von Annette von Droste-Hulshoff und Adalbert Stifter*, Wydawnictwo KUL, Lublin 2005.

Janion, Maria, *Kuźnia Natury*, słowo/obraz, Gdańsk 1994.

Janke, Pia, *Die Nestbeschmutzerin. Jelinek & Österreich*, Jung und Jung, Salzburg 2002.

Janke, Pia, *Jelinek und die Musik*, in: *Elfriede Jelinek: Tradition, Politik und Zitat. Ergebnisse der internationalen Elfriede Jelinek-Tagung 1.–3. Juni 2006 in Tromsø*, hrsg. v. Sabine Müller u. Cathrine Theodorsen, Praesens Verlag, Wien 2008, S. 271–285.

Janz, Marlies, *Elfriede Jelinek*, Metzler, Stuttgart 1995.

Jarzębski, Jerzy, *Krytyka: kilka słów wstępu*, in: *Dyskursy krytyczne u progu XXI wieku. Między rynkiem a uniwersytetem*, hrsg. v. Dorota Kocicka u. Tomasz Cieślik-Sokołowski, Towarzystwo Autorów i Wydawców Prac Naukowych UNIVERSITAS, Kraków 2007, S. 5–9.

Jezierska, Agnieszka, *Anatomia słowa, anatomia tekstu: język w „Pożądaniu" Elfriede Jelinek*, in: Acta Philologica, 2007, Nr. 33, S. 174–178.

Jezierska, Agnieszka, *Jelineks polnische Räume*, in: *Jelineks Räume*, hrsg. v. Monika Szczepaniak, Agnieszka Jezierska, u. Pia Janke, Praesens Verlag, Wien 2017, S. 179–196.

Jezierska, Agnieszka, *Neuere Theatertexte Jelineks und ihr langer Weg auf die polnischen Bühnen. Anmerkungen zum Theatertransfer*, in: Transfer. Reception Studies 2, 2017, S. 157–173, https://doi.org/10.16926/trs.2017.02.08 [Zugriff am 10.04.2024].

Jezierska, Agnieszka, *Powieść zwana Pożądaniem. Elfriede Jelinek a przekład*, in: OderÜbersetzen [Deutsch-polnisches Übersetzungsjahrbuch], 1, 2010, S. 149–159.

Kaczorowski, Aleksander, *Pianistka, co gra na nerwach*, in: Polityka, 2004, Nr. 42, S. 106.

Kastberger, Klaus, *Aufweichung der Toten, Sintfluten bei Hans Lebert und Elfriede Jelinek*, in: *Wassersprachen. Flüssigtexte aus Österreich. Ausstellung im StifterHaus*, hrsg. v. Klaus Kastberger [=Literatur im StifterHaus, Bd. 18], Stifter-Haus, Linz 2007, S. 130–141.

Katalog des Elfriede Jelinek-Forschungszentrums, https://katalog.elfriede-jelinek-forschungszentrum.com/Search/Results?filter%5B%5D=carrier_type_custom_txtF_mv%3A%22Book%22&lookfor=kinder+der+toten&type=AllFields [Zugriff am 20.12.2023].

Kaźmierska, Marta, *Miłość według Jelinek*, in: Gazeta Wyborcza (Poznań), Nr. 12, v. 15.01.2007.

Kecht, Maria-Regina, *Elfriede Jelinek in absentia oder die Sprache zur Sprache bringen*, in: Seminar. A Journal of Germanic Studies 43, 2007, 3, S. 351–365.

Kempna, Magdalena, *„Pożądanie" Elfriede Jelinek*, in: https://www.granice.pl/recenzja/pozadanie/757 [Zugriff am 12.03.2024].

Ketelsen, Uwe-K., *Adalbert Stifters Roman „Der Nachsommer": Die Selbstformierung eines Erzählers*, in: Orbis Linguarum, 1994, Bd. 1, S. 5–14;

Kiejna, Anna, *Co powiedzą kobiety: „Pianistka", czyli apologia wstrętu*, in: Rzeczpospolita, 2001, Nr. 263 , S. D2.

Klocker, Elisabeth, *Von „Lust" zu „La voglia". Betrachtungen zur literarischen Übersetzung*, Diplomarbeit, Universität Wien 2009, in: https://jelinetz.com/2009/ [Zugriff am 25.6.2024].

Kobierski, Radosław, *Rękawiczka, która stworzyła dłoń,* in: Tygodnik Powszechny, 2012, Nr. 28, Beilage Książki w Tygodniku, S. 10–11.

Kopacki, Andrzej, *Zgasło na panewce,* in: Literatura na Świecie, 2007, Nr. 1/2, S. 422–425.

Kopacz, Mateusz, *Recenzje*, in: http://www.carpenoctem.pl/recenzje/dzieci-umarlych/ [Zugriff am 10.04.2023], vgl. https://web.archive.org/web/20250211000000*/https://carpenoctem.pl/recenzje/dzieci-umarlych/.

Kopania, Jerzy, *Etyczny wymiar cielesności*, Aureus, Kraków 2002.

Köppe, Tilmann u. Winko, Simone, *Neuere Literaturtheorien: eine Einführung*, Metzler, J.B. Verlag, Stuttgart 2008.

Korolczuk, Elżbieta, *Kobiecość jako źródło cierpień. Matki i córki w polskim kinie*, in: *Ciało i seksualność w kinie*, hrsg. v. Sebastian Jagielski, Wydawnictwo Uniwersytetu Jagiellońskiego, Kraków 2009, S. 155–172.

Kowalczyk, Janusz R., *Dusza sześciu Walkirii*, in: Rzeczpospolita, Nr. 237, v. 8.10.2004.

Kreuz vom, Johannes, *Der Geistliche Gesang. Vollständige Neuübertragung*, hrsg. v. Ulrich Dobhan, Elisabeth Hense u. Elisabeth Peeters, Herder, Freiburg 1997.

Kridl, Manfred, *Historia literatury a krytyka literacka*, in: Manfred Kridl, *Krytyka i krytycy*, Gebethner & Wolff, Warszawa 1932, S. 30–31.

Kristeva, Julia, *Potęga obrzydzenia. Esej o wstręcie*, übers. v. Maciej Falski, Wydawnictwo Uniwersytetu Jagiellońskiego, Kraków 2007.

Kristeva, Julia, *Słowo, dialog i powieść*, übers. v. Wincenty Grajewski, in: *Bachtin. Dialog – język – kultur*a, hrsg. v. Eugeniusz Czaplejewicz u. Edward. Kasperski, PWN, Warszawa 1983, S. 396–418.

Kuhr, Kamil, *Pożądanie – recenzja książki*, in: http://stacjakultura.pl/1,1,11232,Pozadanie_recenzja_ksiazki,artykul.html [Zugriff am 12.03.2024].

Kupsch-Losereit, Sigrid, *Ver-rückte Kulturen: Zur Vermittlung von kultureller Differenz beim Übersetzen*, in: *Quo vadis Translatologie? Ein halbes Jahrhundert universitäre Ausbildung von Dolmetschern und Übersetzern in Leipzig. Rückschau, Zwischenbilanz und Perspektive aus der Außensicht*, hrsg. v. Gerd Wotjak, Frank & Timme, Berlin 2007, S. 205–220.

Kuźniak, Angelika, *Jelinek: Trzeba tresować mnie jak psa*, in: Gazeta Wyborcza, 2009, Nr. 171, Beilage Duży Format, Nr. 28, S. 16–17.

Kyzioł, Aneta, *Czeskie porno, polska wyobraźnia*, in: Polityka, 2015, Nr. 49, https://www.polityka.pl/tygodnikpolityka/kultura/teatr/1642101,1,recenzja-spektaklu-smierc-i-dziewczyna-rez-ewelina-marciniak.read [Zugriff am 2.4.2024]

Legeżyńska, Anna, *Krytyk jako domokrążca. Lekcje z literatury z lat 90.*, Wydawnictwo Poznańskie, Poznań 2002.

Likowska, Ewa, *Pierwszy Nobel literacki w Austrii*, in: Przegląd, 2004, Nr. 42, S. 29.

Lubczyński, Krzysztof, *Bez lukru proszę!*, in: Bez Dogmatu, Nr. 65, 2005, S. 10.

Lubimova-Bekman, Lada, *Rezeption von Aphorismen: Eine textlinguistische Studie,* Erich Schmidt Verlag, Berlin, 2001.

Luserke, Matthias, *Ästhetik des Obszönen. Elfriede Jelineks „Lust" als Protokoll einer Mikroskopie des Patriarchats,* in: Text und Kritik, Heft 117: *Elfriede Jeline*k, Januar 1993, S. 60–67.

mag, *Elfriede Jelinek przeciw Austriakom*, in: Dialog, 1996, Nr. 8, S. 166–167.

Majkiewicz, Anna, *Strategia przekładu „Dzieci umarłych" Elfriede Jelinek,* in: *Strategie translatorskie od modernizmu do (post)modernizmu*, hrsg. v. Piotr Fast, unter Mitarbeit v. Justyna Pisarska, Śląsk Wydawnictwo Naukowe & Stowarzyszenie Inicjatyw Wydawniczych, Katowice 2014, S. 203–218.

Majkiewicz, Anna, *„Was bisher geschah…". Romananfänge bei Elfriede Jelinek,* in: *Textanfänge – Semantische Aspekte*, hrsg. v. Magdalena Duś, Robert Kołodziej, u. Joanna Konieczna-Serafin, Peter Lang Verlag, Frankfurt am Main 2017, S. 61–76.

Majkiewicz, Anna, *Die Dämonin Lilith in der Prosa Elfriede Jelineks im Kontext jüdisch-christlicher und literarischer Überlieferungen*, in: *Geschlecht und Gedächtnis. Österreichische Autorinnen prü-*

fen Geschichtsmythen, hrsg. v. Andrea Rudolph, Gabriela Jelitto-Piechulik u. Monika Wójcik-Bednarz [=Serie: Transkulturelle Forschungen an den Österreich-Bibliotheken im Ausland, Deutsche Philologie/Germanistik. Bd. 18], New Academic Press, Wien 2020, S. 131–150.

Majkiewicz, Anna, *Intertekstualność – implikacje dla teorii przekładu. Wczesna proza Elfriede Jelinek,* PWN, Warszawa 2008.

Majkiewicz, Anna, *Intertekstualność jako nowe (stare) wyzwanie w teorii i praktyce przekładu literackiego,* in: Rocznik Przekładoznawczy, Bd. 5, 2009, S. 121–131.

Markiewicz, Henryk, *Odmiany intertekstualności*, in: Ruch Literacki, 1988, H. 4–5, S. 245–263.

Masłoń, Krzysztof, *Nagroda za brutalny język*, in: Rzeczpospolita 2004, Nr. 237, S. 1, A14, A2.

Matuszewska, Małgorzata, *Śmierć i dziewczyna. Reżyserka twierdzi, że był seks na scenie*, https://gazetawroclawska.pl/smierc-i-dziewczyna-rezyserka-twierdzi-ze-byl-seks-na-scenie/ar/9127576, datiert mit 27.11.2015 [Zugriff am 10.4.2021].

Mayer, Mathias, *Adalbert Stifter: Erzählen als Erkennen*, Reclam, Stuttgart 2001.

Mayer, Verena u. Koberg Roland, *Elfriede Jelinek: Ein Porträt*, Rowohlt Verlag, Reinbek bei Hamburg 2006.

Mazur, Aneta, *Łagodne prawo pozytywizmu czyli katastrofista Adalbert Stifter*, in: Znak, 1996 Nr. 2, S. 20–23.

Mertens, Moira K., *Die Ästhetik der Untoten in Elfriede Jelineks Roman „Die Kinder der Toten"*, Berlin 2008 [Manuskript], https://jelinetz.com/2013/01/23/moira-mertens-die-asthetik-der-untoten-in-elfriede-jelineks-roman-die-kinder-der-toten/ [Zugang am 15.04.2024].

Mickiewicz, Adam, *Herr Thaddäus oder der letzte Einritt in Lithauen*, in: Adam Mickiewicz, *Poetische Werke*, Leipzig 1882, Band 1. Erstdruck: Paris 1834 (2 Bde), übers. v. Siegfried Lippiner, http://www.zeno.org/Literatur/M/Mickiewicz,+Adam/Versroman/Pan+Tadeusz+oder+Die+letzte+Fehde+in+Litauen [Zugriff am 4.04.2024].

Miecznicka, Magdalena, *Amatorki nienawiści*, in: Gazeta Wyborcza (WAW), 2005, Nr. 126, S. 16.

Miecznicka, Magdalena, *E. Jelinek: Pianistka,* in: Gazeta Wyborcza, 2004, Nr. 288, S. 16.

Miecznicka, Magdalena, *Poetka odrzucenia*, in: Literatura na świecie, 2007, Nr. 1/2, S. 426–430.

Mieszko-Wiórkiewicz, Joanna, *Biopsja z wynikiem pozytywnym, czyli Jelinek w butonierce*, in: Czas Kultury, 20, 2004, Nr. 5/6, S. 118–121.

Milanowska, Anna, *Iluzoryczne królestwo rozsądku*, in: Dekada Literacka, 1993, Nr. 4, S. 10.

Miłkowski, Maciej, *Bez litości dla Myszki Mickey, czyli eksperyment, który wymknął się spod kontroli*, in: Nowe Książki, 2010, Nr. 1, S. 34.

Miłkowski, Maciej, *Żądza narracyjna,* in: Nowe Książki, 2007, Nr. 12, S. 60.

Montrose, Louis Adrian, *Die Renaissance behaupten. Poetik und Politik der Kultur,* in: *New Historicism. Literaturgeschichte als Poetik der Kultur*, hrsg. v. Moritz Baßler, Fischer Taschenbuch Verlag, Frankfurt am Main 1995, S. 60–93.

mr, *Elfriede Jelinek przeciw Austriakom*, in: Dialog, 1996, Nr. 8, S. 166–167;

mr, *Koniec teatru: nibysztuki nibypisarzy*, in: Dialog, 1997, Nr. 12, S. 181–183.

mr, *Tragedia sportowa na osiem godzin*, in: Dialog, 1998, Nr. 5, S. 178–179.

Mrozek, Witold, *Zwroty: Tęcza Marciniak*, http://www.dwutygodnik.com/artykul/6267-zwroty-tecza-marciniak.html [Zugriff am 2.4.2019].

Müller-Dannhausen, Lea, *bukolit; wir sind lockvögelbaby!; Michael. Ein Jugendbuch für die Infantilgesellschaft*, in: *Jelineks Handbuch* [2. Auflage], hrsg. v. Pia Janke, J.B. Metzler, Stuttgart 2024, S. 101–106.

Muskała, Monika, *„Totenauberg" Elfriede Jelinek*, in: Dialog, 1994, Nr. 4, S. 152–154.

Muskała, Monika, *Dawid, smutna feministka i brzytwa w odbycie,* in: Didaskalia, 1998, Nr. 24, S. 62–65.

Mustroph, Tom, *Lektüren. Von der Autorintention hin zur freien Semiose. Schleiermacher – Gadamer – Iser – Derrida. Pynchon – Kundera – Jelinek*, Tectum Verlag, Marburg 2000.

Nakanapie.pl, Website für Buchliebhaber, Kooperationsplattform für Verleger und Autoren, https://nakanapie.pl/wspolpraca [Zugriff 15.12.2024].

Neubert, Wolfgang., *Der unerhörte „hörroman". Elfriede Jelineks ‚bukolit'*, in: *Positionen der Jelinek-Forschung. Beiträge zur Polnisch-Deutschen Elfriede Jelineks-Konferenz Olsztyn 2005*, hrsg. v. Claus Zittel u. Marian Holona, Peter Lang Verlag, Bern 2008, S. 29–38.

Nietzsche, Fryderyk, *O prawdzie i kłamstwie w pozamoralnym sensie*, in: Fryderyk Nietzsche, *Pisma pozostałe 1862–1875*, übers. v. Bogdan Baran, Kraków 1993, S. 181–199.

Nyssen, Ute, *Niеładne problemy Elfriede Jelinek*, übers. v. Barbara Janowska-Michnowska, in: Dialog, Warszawa 1994, Nr. 6, S. 96–101.

Oraić Tolić, Dubravka, *Das Zitat in Literatur und Kunst*, übers. v. Ulrich Dronske, Böhlau Verlag, Wien–Köln–Weimar 1995.

Orosz, Magdolna, *Intertextualität in der Textanalyse*, ÖGS/ISSS, Wien 1997.

Orska, Joanna, *O „lewicowej" strategii współczesnej krytyki literackiej wobec wolnego rynku mediów*, in: *Dyskursy krytyczne u progu XXI wieku. Między rynkiem a uniwersytetem*, hrsg. v. Dorota Kocicka u. Tomasz Cieślik-Sokołowski, Towarzystwo Autorów i Wydawców Prac Naukowych UNIVERSITAS, Kraków 2007, S. 219–234.

Ortner, Jessica, *Poetologie „nach Auschwitz". Narratologie, Semantik und sekundäre Zeugenschaft in Elfriede Jelineks Roman „Die Kinder der Toten"*, Frank & Timme, Berlin 2016.

Pelczar, Jan, *Minister kultury przeciwko wrocławskiej premierze*, https://www.radioram.pl/articles/view/29469/Minister-kultury-przeciwko-wroclawskiej-premierze, datiert mit 20.11.2015 [Zugriff am 10.03.2021].

Pełka, Artur, *„Królowa olch" czyli jak skorzystać na wojnie: Elfriede Jelinek w sporze z „aktorką stulecia"*, übers. v. Sława Lisiecka, in: Tygiel Kultury, 2002, Nr. 4/6 , S. 124–132.

Pełka, Artur, *Körper(sub)versionen. Zum Körperdiskurs in Theatertexten von Elfriede Jelinek und Werner Schwab*, Peter Lang Verlag, Frankfurt am Main–Berlin–Bern–Brüssel–New York–Oxford–Wien, 2005.

Pełka, Artur, *Shoah w austriackiej pamięci zbiorowej na przykładzie „Stecken, Stab und Stangl" Elfriede Jelinek*, in: Teksty Drugie, 2004, Nr. 5, S. 168–178.

Pełka, Artur, *Vampirinnen und Kannibalen: die Dissemination des Herrenmahles im österreichischen Gegenwartsdrama am Beispiel „Krankheit oder ModerneFrauen" Elfriede Jelineks und „Übergewicht, unwichtig: Unform" Werner Schwabs*, in: Zeszyty Naukowe Wyższej Szkoły Humanistyczno-Ekonomicznej w Łodzi, 2002, Nr. 5, S. 57–73.

Pfister, Manfred, *Koncepcje intertekstualności*, übers. v. Małgorzata Łukasiewicz, in: Pamiętnik Literacki, 1991, H. 4, S. 192–194.

Piekarz, Estera, *Emanzipiertes Künstlertum am Beispiel von Werken Elfride Jelineks,* in: Studia Germanica Posnaniensia, 30, 2006, S. 205–216.

Piszczatowski, Paweł, *Przerwane opus magnum: o powieści Elfriede Jelinek „Dzieci umarłych" z Celanem w tle*, in: Acta Philologica, Nr. 45, 2014, S. 195–200.

Pluta, Jerzy, *Translatorskie rodzynki: wypisy z powieści Elfriede Jelinek „Pianistka" (w przekładzie Ryszarda Turczyna) przygotował prostoduszny czytelnik Jerzy Pluta*, in: Pomosty, 2008, Bd. 13, S. 162–165.

Polska Bibliografia Literacka, http://pbl.ibl.poznan.pl/dostep/index.php?s=d_biezacy&f=zapisy&p_tworcaid=15508 [Zugriff am 1.07.2023].

Polska bieżąca bibliografia narodowa: dobór i selekcja materiału, hrsg. v. Jadwiga Sadowska [=Prace Instytutu Bibliograficznego, Nr. 33], Biblioteka Narodowa, Warszawa 1999.

Pontzen, Alexandra, *Pietätlose Rezeption? Elfriede Jelineks Umgang mit der Tradition in „Die Kinder der Toten“*, in: *Elfriede Jelinek: Tradition, Politik, Zitat. Ergebnisse der internationalen Elfriede Jelinek-Tagung 1.–3. Juni 2006 in Tromsø*, hrsg. v. Sabine Müller u. Cathrine Theodorsen, Praesens Verlag, Wien 2008, S. 51–69.

Prunč, Erich, *Einführung in die Translationswissenschaft*, Band 1: *Orientierungsrahmen*, Selbstverlag, Institut für Theoretische und Angewandte Translationswissenschaft, mit Unterstützung der Universität, Graz 2002.

Prykowska-Michalak, Karolina, *Dom lalki – Barbie?,* in: Tygiel Kultury, 2002, Nr. 4/6, S. 34–37.

Pustkowiak, Patrycja, *Na haczyku języka,* in: Dziennik: Polska, Europa, świat, 2009, Nr. 154, Beilage: Kultura, S. 20.

Puszko, Hanna, *Być Stendhalem i Spinozą...: szkic o filozofii Jean-Paula Sartre'a,* Scholar, Warszawa 1997.

Pyzik, Agata, *Rwące potoki języka,* in: Nowe Książki, 2007, Nr. 8, S. 18.

Rawski, Jakub, *Antyporno*, in: http://peku.pl/213/antyporno [Zugriff am 12.03.2024].

Riedler, Nina, *Der Niedergang des Humanismus. Zwischen Vitalismus und Aristokratie des Geistes,* in: *Humanismus polyphon: Menschlichkeit im Zeit-alter der Globalisierung*, hrsg. v. Gala Rebane, Katja Bendels u. Nina Riedler, transcript, Bielefeld 2009, S. 71–88.

Roszak, Joanna, *Trzymać języka (za zębami)*, in: Literatura na świecie, 2005, Nr. 7/8, S. 462–465.

Rudziński, Łukasz, *Jelinek o kobietach. Po premierze ‚Śmierci i dziewczyny‘*, https://www.trojmiasto.pl/kultura/Jelinek-o-kobietach-Po-premierze-Smierci-i-dziewczyny-n53348.html [Zugriff am 12.09.2023].

Rudziński, Łukasz, *Z piekła do piekła, czyli przepis na związek – o „Amatorkach“ Teatru Wybrzeże*, in: Portal Regionalny trojmiasto.pl, v. 25.11.2012, https://www.trojmiasto.pl/kultura/Z-piekla-do-piekla-czyli-przepis-na-zwiazek-o-Amatorkach-Teatru-Wybrzeze-n64154.html [Zugriff am 10.04.2024].

Rutka, Anna, *Geschlechterrollen und -verhältnisse im Zerrspiegel der Hörspiele von Elfriede Jelinek*, in: Kwartalnik Neofilologiczny, 2003, H. 4, S. 435–448.

Sachs, Curt, *Eine Weltgeschichte des Tanzes*, Berlin 1933, Reprint OLMS, Hildesheim 2007.

Sachwörterbuch für den Literaturunterricht Klasse 9 bis 12, hrsg. v. Karlheinz Kasper, Volk und Welt, Berlin 1983.

Sartre, Jean-Paul, *Der Ekel*, übers. v. Heinrich Wallfisch, Rowohlt Verlag, Stuttgart–Hamburg–Baden-Baden, 1949.

Sartre, Jean-Paul, *Die Eingeschlossenen von Altona*, übers. v. Traugott König, Rowohlt Verlag, Reinbek bei Hamburg, 1991.

Sartre, Jean-Paul, *Drogi wolności*, Bd. 1, *Wiek męski*, übers. v. Julian Rogoziński, PIW, Warszawa 1957.

Sartre, Jean-Paul, *L'âge de raison*, Gallimard, Paris 1975.

Sartre, Jean-Paul, *La nausée*, Gallimard, Paris 1975 [1. Auflage 1938].

Sartre, Jean-Paul, *Les séquestrés d'Altona,* Gallimard, Paris 1960.

Sartre, Jean-Paul, *Mdłości*, übers. v. Jacek Trznadel, PIW, Warszawa 1974.

Sartre, Jean-Paul, *Więźniowie z Altony,* übers. v. Jan Kott, in: Dialog, 1961, Nr. 5, S. 37–107.

Sartre, Jean-Paul, *Zeit der Reife*, übers. v. Hans Georg Brenner, Rowohlt Verlag, Stuttgart–Hamburg, Baden-Baden 1949.

Scheidl, Günther, *Ein Land auf dem rechten Weg? Die Entmythisierungen der Zweiten Republik in der österreichischen Literatur von 1985 bis 1995*, Braumüller, Wien 2003.

Schestag, Uda, *Sprachspiel als Lebensform. Strukturuntersuchungen zur erzählenden Prosa Elfriede Jelineks,* Aisthesis, Bielefeld 1997.

Schmid, Wolf, *Sinnpotenziale der Diegetischen Allusion. Alexander Puškin Posthalternovelle und ihre Prätexte*, in: *Dialog der Texte. Hamburger Kolloquium zur Intertextualität*, hrsg. v. Wolf Schmid u. Wolf-Dieter Stempel, Wiener Slawistischer Almanach, Wien 1983, S. 141–187.

Schwerzler, Michael, *Über mafiostische bzw. verbrecherische Männlichkeit bei Donatien Alphonse Francois Marquis de Sade*, [Seminararbeit], Wien 2003, http://evakreisky.at/onlinetexte/schwerzler_de_sade_.pdf [Zugriff am 1.07.2023].

Selbmann, Sibylle, *Mythos Wasser. Symbolik und Kulturgeschichte*, Badenia Verlag, Karlsruhe 1995.

Siwy, Julia, *Amatorki, czyli jak nas zaprogramowano*, in: Didaskalia. Gazeta Teatralna, 2024, Nr. 180, https://didaskalia.pl/pl/artykul/amatorki-czyli-jak-nas-zaprogramowano [Zugriff am 6.06.2024].

Sławiński, Janusz, *Krytyka jako przedmiot badań historycznoliterackich*, in: *Badania nad krytyką literacka*, hrsg. v. Janusz Sławiński, Zakład Narodowy Ossolińskich Wydawnictwo Polskiej Akademii Nauk, Wrocław–Warszawa–Kraków–Gdańsk 1974, S. 7–25.

Słownik Języka Polskiego, Bd. 3, hrsg. v. Mieczysław Szymczak, Wydawnictwo Naukowe PWN, Warszawa 1996.

Słownik pojęć języka staropolskiego, [Stichwort:] *mlecz pacierzowy*, https://spjs.ijppan.pl/haslo/index/3128/33402 [Zugriff am 6.06.2025].

Sobolewska, Justyna, *Trupy pod dywanem*, in: https://www.polityka.pl/tygodnikpolityka/kultura/ksiazki/1501427,1,recenzja-ksiazki-elfriede-jelinek-dzieci-umarlych.read [Zugriff am 10.04.2023].

Sobolewski, Tadeusz, *„Pianistka" z Noblem,* in: Gazeta Wyborcza, 2004, Nr. 42, S. 12–13.

Spodzieja, Renata, *Pianistka,* in: Orbis Linguarum, Wrocław 2005, Nr. 28 , S. 437–439.

Stasiewicz, Anna, *„O zwierzętach" Elfriede Jelinek w Teatrze Polskim*, in: Bydgoski weekend v. 18.01.2008, http://www.pomorska.pl/apps/pbcs.dll/article?AID=/20080118/BYDGOSZCZ08/722207594 [Zugriff am 2.04.2024].

Stasińska, Agnieszka, *Amatorki i amatorzy*, in: Tygiel Kultury, 2005, Nr. 10/12, S. 181–184.

Stifter, Adalbert, *Brigitta*, übers. v. Maria Gero-Rożniewicz, in: *Dawna nowela niemieckojęzyczna,* Auswahl und Vorwort v. Gerard Koziełek, PIW, Warszawa 1979, S. 651–696.

Stifter, Adalbert, *Der Hochwald,* in: https://www.projekt-gutenberg.org/stifter/hochwald/hochwald.html [Zugriff am 2.04.2023].

Stifter, Adalbert, *Bunte Steine,* in: https://www.projekt-gutenberg.org/stifter/buntestn/titlepage.html [Zugriff am 2.04.2023].

Stifter, Adalbert, *Górski kryształ*, übers. v. Janusz Sikorski, in: *Górski kryształ. Antologia dawnej noweli austriackiej*, ausgewählt und mit Vorwort v. Stefan H. Kaszyński, Wydawnictwo Poznańskie, Poznań 1990, S. 133–176.

Stifter, Adalbert, *Kolorowe kamienie*, übers. v. Aneta Mazur, in: Znak" 1996, Nr. 2, S. 24–28.

Stifter, Adalbert, *Kondor*, übers. v. Gabriela Mycielska, in: *Górski kryształ. Antologia dawnej noweli austriackiej,* ausgewählt und mit Vorwort v. Stefan H. Kaszyński, Wydawnictwo Poznańskie, Poznań 1990, S. 122–132.

Strigl, Daniela, *Skandale der Liebe. Über Tiere – Ruedi Häusermanns Jelinek-Uraufführung mit zwölf Klavieren*, https://www.nachtkritik.de/index.php?option=com_content&view=article&id=142&Itemid=100190> [Zugriff am 20.04.2024].

Strobel, Heidi, *Gewalt von Jugendlichen als Symptom gesellschaftlicher Krisen: literarische Gewaltdarstellungen in Elfriede Jelineks „Die Ausgesperrten" und in ausgewählten Jugendromanen der neunziger Jahre*, Lang Verlag, Frankfurt am Main, Wien [u.a.] 1998.

Sugiera, Małgorzata, *Elfriede Jelinek: demontaż powszednich mitów,* in: Dialog, 1997, Nr. 3, S. 176–189.

Szczepaniak, Monika *„Ich rede und rede". Tagungsbericht*, https://jelinetz.com/2007/12/10/monika-szczepaniak-ich-rede-und-rede-tagungsbericht/ [Zugriff am 10.04.2024].

Szczepaniak, Monika, *„Es war ein Unfall" oder die „Unachtsamkeit der Wand": Elfriede Jelineks „Todesarten"*, in: *Elfriede Jelinek: Tradition, Politik und Zitat. Ergebnisse der internationalen Elfriede Jelinek-Tagung 1.–3. Juni 2006 in Tromsø*, hrsg. v. Sabine Müller u. Cathrine Theodorsen, Praesens Verlag, Wien 2008, S. 203–227.

Szczepaniak, Monika, *„kennen Sie dieses schöne Land?" Elfriede Jelinek Anti-Idyllen*, in: *Positionen der Jelinek-Forschung. Beiträge zur Polnisch-Deutschen Elfriede Jelinek-Konferenz– Olsztyn 2005*, hrsg. v. Claus Zittel u. Marian Holona, Peter Lang Verlag, Bern 2009, S. 219–237.

Szczepaniak, Monika, *„Mein Gehirn ist seltsam. Es speichert nur die negativen Dinge". Zur Prosa Elfriede Jelineks*, in: *Die deutsche Sprache und Literatur als Brücke in Europa*, Bd. 2: *Beiträge zur Literaturwissenschaft*, Wydawnictwo Wyższej Szkoły Pedagogicznej, Rzeszów 1996, S. 169–181.

Szczepaniak, Monika, *„Mówię i mówię". Elfriede Jelinek – teatr artykulacji*, in: *„Mówię i mówię". Teatralne maski Elfriede Jelinek*, hrsg. v. Monika Szczepaniak, Wydawnictwo Uniwersytetu Kazimierza Wielkiego, Bydgoszcz 2008, S. 9–22.

Szczepaniak, Monika, *Böse Mütterlichkeit. Dekonstruktion des Mutter-Mythos im Prosawerk Elfriede Jelineks*, in: Convivium. Germanistisches Jahrbuch. Polen, Deutscher Akademischer Austauschdienst Bonn, Poznań 1995, S. 79–91.

Szczepaniak, Monika, *Kto się boi Elfriede Jelinek?*, in: Czas Kultury, 21, 2005, Nr. 5, S. 143–160.

Szczepaniak, Monika, *Pióro jak skalpel: o wiedeńskiej pisarce Elfriede Jelinek,* in: Fraza 1997, Nr. 3, S. 93–100.

Szewczyk, Grażyna, *„Skandale" Elfridy Jelinek*, in: Temat Śląski, 1996, Nr. 2, S. 17.

Szumlewicz, Katarzyna, *Ciała nie własne,* in: Bez Dogmatu, 2005, Nr. 65, S. 11–12.

Szumlewicz, Katarzyna, *Szpetne kulisy rozkwitu*, in: Bez Dogmatu, 2006, Nr. 69, S. 25–26.

Szumlewicz, Katarzyna, *Teatr po Brechcie czyli o radykalnej dramaturgii Elfriede Jelinek, Heinera Müllera i Wernera Schwaba*, in: Bez Dogmatu, Nr 57, 2003, S. 28–30.

Teatr Polski, *Śmierć i dziewczyna*, https://www.teatrpolski.wroc.pl/przedstawienie/smierc-i-dziewczyna/ [Zugriff am 10.10.2023].

Teatr Wałbrzych, https://teatr.walbrzych.pl/edukacja-i-projekty/dni-dramaturgii/ [Zugriff am 12.04.2024].

Teatr Wybrzeże, *Nagroda dla Doroty Androsz i Katarzyny Dałek*, https://teatrwybrzeze.pl/aktualnosci/nagroda-dla-doroty-androsz-i-katarzyny-dalek [Zugriff am 3.03.2024].

Tłuczek, Katarzyna, *Ruch, taniec, symbolika ciała jako formy transgresji konstruktywnej „ku sobie"*, in: Civitas Hominibus: rocznik filozoficzno-społeczny, 9, 2014, S. 105–113.

Tokarz, Bożena, *Wzorzec, podobieństwo, przypominanie*, Śląsk, Katowice 1998.

Tóth, Barbara, *Die „Jetzt erst recht" Wahlbewegung*, in: *1986: das Jahr, das Österreich veränderte*, hrsg. v. Barbara Tóth u. Hubertus Czernin, Czernin Verlag, Wien 2006, S. 25–62.

Treude, Sabine, *O heterotopii upiorności i inwersji maskarady: o powieści „Die Kinder der Toten" Elfriede Jelinek,* übers. v. Zdzisław Owczarek, in: Katedra, 2001, Nr. 4, S. 193–204.

Treude, Sabine, *O ptakach, zającach i innych przytulnościach : przeniesienie przestrzeni u Annetty Messager i Elfriede Jelinek,* übers. v. Zdzisław Owczarek, in: Katedra, 2001, Nr. 2, S. 154–161.

Trznadel, Jacek, *Wolność niezbędna i przeklęta*, in: Sartre, Jean-Paul, *Mdłości*, übers. v. Jacek Trznadel, PIW, Warszawa 1974, S. 5–24.

Tumiłowicz, Bronisław, *Porno i pianistka*, in: Przegląd 49, 30, http://www.e-teatr.pl/pl/artykuly/213595.html [Zugriff am 2.04.2024].

TVN 24, *Prof. Gliński, Koniec z przeznaczaniem pieniędzy publicznych na pornografię*, https://www.wprost.pl/kraj/525682/prof-glinski-koniec-z-przeznaczaniem-pieniedzy-publicznych-na-pornografie.html, datiert mit 21.11.2015 [Zugriff am 10.03.2021].

TVP Kultura, *Hala odlotów. Granice wolności w sztuce,* https://vod.tvp.pl/video/hala-odlotow,granice-wolnosci-w-sztuce-26112015,22609836, datiert mit 26.11.2015 [Zugriff am 2.10.2023].

Umińska, Bożena, *Korpusy kobiece (ale nie wojskowe),* in: Przegląd, 2005, Nr. 28, S. 44–45.

Umińska, Bożena, *Nadejdź, gniewie: polska literatura potrzebuje głosu wściekłego, w rodzaju tego, jakim w Austrii mówi Elfriede Jelinek*, in: Przegląd, 2006, Nr. 2, S. 46–47;

Urbaniak, Mike, *Kołtuństwo i sztuka: nagonka na Teatr Polski we Wrocławiu*, in: Gazeta Wyborcza, Wysokie Obcasy 284, 2015, http://www.e-teatr.pl/pl/artykuly/213814.html [Zugriff am 2.4.2024].

Urbanowski, Maciej, *Centrala? Krytyka literacka w „Gazecie"*, in: *Dyskursy krytyczne u progu XXI wieku. Między rynkiem a uniwersytetem*, hrsg. v. Dorota Kocicka u. Tomasz Cieślik-Sokołowski, Towarzystwo Autorów i Wydawców Prac Naukowych UNIVERSITAS Kraków, 2007, S. 261–282.

‚Über Tiere'. Elfriede Jelinek über das dreckige Geschäft der Ware Frau, in: SRF, Kulturplatz v. 9.05.2007, https://www.srf.ch/play/tv/kulturplatz/video/ueber-tiere--elfriede-jelinek-ueber-das-dreckige-geschaeft-mit-der-ware-frau?id=03f60e1f-41be-45d4-85d2-4d548a1458b3 [Zugriff am 20.04.2024].

Venckute, Jolita, *Lust: Elfriede Jelinek im Zenit des Ruhms? Ein Interview aus Wien*, in: haGalil onLine, v. 07.02.1998, http://www.hagalil.com/archiv/98/12/jellinek.htm [Zugang am 12.03.2023].

Vermeer, Hans Josef, *Übersetzen als kultureller Transfer*, in: *Übersetzungswissenschaft – eine Neuorientierung. Zur Integrierung von Theorie und Praxis*, hrsg. v. Mary Snell-Hornby, UTB, Tübingen 1986, S. 30–53.

Verzeichnis der europaweiten Aufführungen, in: *Theatrale Grenzgänge. Jelineks Theatertexte in Europa*, hrsg. v. Peter Clar u. Christoph Schenkermayr, praesens, Wien 2008, S. 389–401.

Vis, Veronika, *Darstellung und Manifestation von Weiblichkeit in der Prosa Elfriede Jelinek,* Peter Lang Verlag, Frankfurt am Main 1998.

W ogóle mnie nie ma… Elfriede Jelinek rozmawia z Riki Winter, übers. v. Andrzej Kopacki, in: Literatura na Świecie, 1997, Nr. 1/2 , S. 45–53.

Wagner, Kurt, *„Lieblingsheiliger"? San Juan de la Cruz in der österreichischen Literatur nach 1945*, in: *Transkulturelle Beziehungen. Spanien und Österreich im 19. und 20. Jahrhundert*, hrsg. v. Marisa Siguán u. Kurt Wagner, Rodopi, Amsterdam 2004, S. 281–292.

Wapińska, Malwina. *Rozprawa Jelinek z narodowymi demonami*, in: dziennik.pl, https://kultura.dziennik.pl/ksiazki/artykuly/106347,rozprawa-jelinek-z-narodowymi-demonami.html,2 [Zugriff am 10.04.2023].

Wiesner, Herbert, *Nachwort*, in: *Anthropophagen im Abendwind, Helmut Eisendle, Elfriede Jelinek, Libuše Moníková, Oskar Pastior nebst Johann Nepomuk Nestroy. Vier Theatertexte nach Johann Nepomuk Nestroys „Häuptling Abendwind oder Das greuliche Festmahl"*, hrsg. v. Herbert Wiesner, Literaturhaus Berlin, Berlin 1988, S. 113–114.

Wirth, Uwe, *Paratext und Text als Übergangszone*, in: *Raum und Bewegung in der Literatur. Die Literaturwissenschaften und der Spatial Turn*, hrsg. v. Wolfgang Hallet u. Birgit Neumann, transcript, Bielefeld 2009, S. 167–177.

Włodek-Biernat, Ludwika, *Pożądanie, Jelinek Elfriede*, in: http://wyborcza.pl/1,75475,4183800.html#ixzz3i4vIp4kI, datiert mit 28.05.2007 [Zugriff am 12.3.2024].

Wojtyła, Konrad, u. Skrendo, Andrzej, *Recenzja Elfriede Jelinek „Pożądanie"*, in: http://radioszczecin.pl/172,230,recenzja-elfriede-jelinek-pozadanie, datiert mit 1.02.2011 [Zugriff am 12.03.2024].

Wolski, Jan, *Adalbert Stifter – Stanisław Vincenz*, in: Teksty Drugie, 1999, Nr. 3, S. 121–129.

Woschitz, Karl Matthäus, *Fons Vitae – Lebensquell. Sinn- und Symbolgeschichte des Wassers*, Herder, Freiburg 2003.

Wysocki, Grzegorz, *Bigos à la Jelinek,* in: Twórczość, 66, 2010, Nr. 10, S. 112–114.

Wyszydzone stereotypy miłosne, in: Rzeczpospolita, v. 17.12.2012, https://www.rp.pl/artykul/962372-Wyszydzone-stereotypy-milosne.html [Zugriff am 9.03.2021].

Zatora, Anna, *Zdejmowanie uroku z baśni w miniaturach dramatycznych Elfriede Jelinek (Królewna Śnieżka i Śpiąca Królewna z cyklu Śmierć i dziewczyna),* in: Tekstualia 42, 2015, 3, S. 78.

Zieniuk, Agnieszka, *Pełne amatorstwo,* in: Fa-Art, 2005, Nr. 1, S. 52–54.

Zwolińska, Barbara, *Proza kobieca o 1989 roku wobec mitu matki-Polki*, in: *Polska proza i poezja po 1989 roku wobec tradycji*, hrsg. v. Aleksander Główczewski u. Maciej Wróblewski, Wydawnictwo Uniwersytetu Mikołaja Kopernika, Toruń 2007, S. 73–84.

Namensregister